谨以此书纪念古田会议召开八十周年

1929 朱毛红军与古田会议

蒋伯英 著

海峡出版发行集团 | 福建人民出版社
THE STRAITS PUBLISHING & DISTRIBUTING GROUP | FUJIAN PEOPLE'S PUBLISHING HOUSE

图书在版编目(CIP)数据

1929：朱毛红军与古田会议/蒋伯英著．—福州：福建人民出版社，2009.12（2024.11 重印）
ISBN 978-7-211-06106-8

Ⅰ.①1… Ⅱ.①蒋… Ⅲ.①古田会议（1929）—史料 Ⅳ.①D220

中国版本图书馆 CIP 数据核字（2009）第 229912 号

1929：朱毛红军与古田会议
1929：ZHUMAO HONGJUN YU GUTIAN HUIYI

作　　者：蒋伯英
责任编辑：韩腾飞
出版发行：福建人民出版社　　**电　　话：**0591—87533169（发行部）
网　　址：http://www.fjpph.com　**电子邮箱：**fjpph7211@126.com
地　　址：福州市东水路 76 号　　**邮政编码：**350001
印　　刷：福州德安彩色印刷有限公司
地　　址：福州市金山工业区浦上 B 区 42 幢
开　　本：787mm×1092mm　1/16
印　　张：21.5
插　　页：2
字　　数：295 千字
版　　次：2009 年 12 月第 1 版　　2024 年 11 月第 3 次印刷
书　　号：ISBN 978-7-211-06106-8
定　　价：78.00 元

本书如有印装质量问题，影响阅读，请直接向承印厂调换

目　　录

引言

军旗，从井冈山升起

一

1937 年春夏之间，在延安郊外黄土坡上的窑洞里，身为红军总司令的朱德，应美国记者艾格尼丝·史沫特莱的请求，每个星期用两三个晚上的时间，叙述他自己的人生道路。史沫特莱根据朱德的谈话记录，后来写成了名著《伟大的道路——朱德的生平和时代》。

这本书被视为朱德的自传，详细地描述了朱德和陈毅率领的南昌起义余部历经劫难，转战粤东、闽西、赣南，发动湘南起义，不断遭受国民党军队的重兵“围剿”而遇到的艰难险阻。1928 年 4 月，朱德和陈毅率领这支疲惫不堪的部队和湘南农民起义军，被迫从湘南宜章、耒阳、郴县一带往东北方向的湘赣边界撤退，向井冈山靠拢。按照事先商定的计划，他们将同半年以前在井冈山安营扎寨的毛泽东率领的秋收起义余部会合。

毛泽东也在急切地寻找朱德，他派出井冈山的部队下山接应。1928 年 4 月下旬，这两支在大革命失败以后最早发动武装起义的工农革命军，在历经失败与挫折之后，百折千回，终于会合到了一起。史沫特莱用这样的文字记述了毛泽东与朱德在湘赣边界的湖南酃县（今株洲市炎陵县）见面时的感受：

土地革命的两大主流汇合了，这次会见是中国历史上最重要的

事件之一。[1] 朱德曾经见过毛泽东一次，不过是在秘密会议的昏暗大厅中远远相对而坐，没有真正见过面。自从在酃县第一次会见的一刹那起，这两个人的全部生活便浑然成为一体，好像同一身体上的两只臂膀。多少年来，国民党和外国报纸经常把他们说成“赤匪匪首朱毛”，而称红军为“朱毛军”。[2]

1928 年 5 月 4 日，毛泽东率领的起义部队到达江西省宁冈县砻市，与先期到达的朱德率领的起义部队会师，组建为一支更为强大的革命军，正式番号是工农革命军第四军（后改称中国红军第四军）。于是，一面在正中绘有镰刀和铁锤图案，靠旗杆一边拼接的白布条直书有这支部队番号的红色军旗，在井冈山上升起。

红四军军旗

这是中共领导组建的第一支有序列番号的红军。但是为什么不用第一军，也不用第二军、第三军的序号呢？1937 年朱德在延安给另一位美国女记者尼姆·韦尔斯作出了这样的回答：“一九二八年在井冈山，毛泽东和我把两部军队合组成新‘第四军’，所以用这名

---

① 关于毛泽东与朱德此次会见，一些回忆录和学术论著有不同的记述。会见的时间有 4 月 20 日前后说、4 月 24 日说、4 月 28 日说等；会见的地点，有说是湖南省酃县十都或沔渡，有说是江西省宁冈县砻市。本书采信的是中共中央文献研究室编《朱德年谱》（新编本）的记述：朱毛于 4 月 20 日前后在酃县初次晤面；4 月 24 日前后在宁冈县砻市龙江书院再次会见，研究两军会师后的合编事宜。

② 〔美〕艾格尼丝·史沫特莱：《伟大的道路——朱德的生平和时代》，第 261 页，生活·读书·新知三联书店，1979。

字，为要保持国民党第四军‘铁军’的大名，它在大革命中是我们革命的堡垒。我任第四军军长，毛泽东当政治委员。”①

大革命时期被称为“铁军”的国民革命军第四军，是以共产党人为骨干的部队，叶挺独立团就是这个军的中坚，在北伐战争中所向披靡，威名赫赫。朱德的这番话告诉人们，新建立的红军第四军，正是要承继这支英雄部队的精神和传统。

然而由于朱德、毛泽东声名远扬，红四军很快以另外一个名称广为人知，这个名称叫作“朱毛红军”。不仅国民党称之为“朱毛军”，而且共产党自己也把这支部队称之为“朱毛红军”。从 1928 年 5 月红四军成立以后到中央苏区时期，中共江西、湖南、福建省委和中共中央的正式文件，乃至中共中央机关报刊《布尔什维克》《红旗》刊发的报道、特写，无不称其为“朱毛红军”。共产国际的文件中甚至把朱毛红军创建的根据地和活动干脆称为“朱毛地区”和“朱毛运动”。②

“朱毛红军”的称谓除了因为朱德、毛泽东是这支部队的最高指挥员，以及这支部队的骁勇善战，还有一个重要的原因是朱毛二人亲密无间不可分离。从 1928 年他们二人在战场上相见成为红四军的军长与党代表之后，他们统帅的军队征战 21 年，由一支不过数千人、几乎溃不成军的农民武装，发展为百万大军。他们的脚步踏遍了全中国，震撼了世界。

在延安窑洞里分别采访过朱德、毛泽东的史沫特莱和韦尔斯，都不约而同地得出结论：朱毛二人就好像一个人一样，当然难以分离。就如前面所说，史沫特莱认为，从他们两人相见的那一刻起，他们的全部生活便如同一个人身体的左膀右臂，“浑然成为一体”。韦尔斯则是这样来形容他俩是一对孪生的天才：

中国共产主义运动的历史进程，如果没有它的两个孪生天才

① 〔美〕埃德加·斯诺：《西行漫记》，第 321 页，生活·读书·新知三联书店，1979。

② 姚金果、陈胜华编著：《共产国际与朱毛红军文献资料选编（1927—1934）》，第 68 页，中央文献出版社，2006。

“朱、毛”，是无法想象的，许多中国人实际上都把他们看作是一个人。毛泽东是这一斗争的冷静的政治头脑，朱德是它的热烈的心，以行动赋予了它的生命。①

尽管毛泽东和朱德无论在奋斗目标和坚忍不拔的牺牲精神等方面有着惊人的相同之处，然而在个人身世、性格特点、情趣爱好、待人处世以及此前各自的人生经历，却是完全不同的。

朱德比毛泽东年长 7 岁，两人都是受过教育的农民子弟，都参加过 1911 年辛亥革命等革命斗争，都追随、崇尚过孙中山然后转向共产主义，都经历过大革命失败的白色恐怖，然后揭竿起义开展武装反抗国民党的斗争，也都经历了起义的失败，最终在井冈山相聚，为共同的目标而参加一场殊死的斗争。

但二人又有所不同。毛泽东是由一介书生到参与五四运动，当过图书馆管理员，领导过工人大罢工，他不仅是中国共产党的创始人与主要

红四军前委书记、党代表毛泽东

红四军军长朱德

① 〔美〕埃德加·斯诺：《西行漫记》，第 323 页，生活·读书·新知三联书店，1979。

领导者之一，还担任过国民党中央执行委员会候补委员、国民党中央代理宣传部长等高层领导。他是一个具有雷霆万钧之力的政治评论家和政治鼓动家，是一个从不带枪的军事指挥家和理论家，还是一个力透纸背的书法家和气吞山河的诗人。

朱德却是由云南陆军讲武堂投身军旅，曾经当过蔡锷手下的排长、连长、营长、团长等职，参加过讨伐袁世凯的战争，五四运动时期他只是置身于运动的外围，在四川军阀主义的泥沼中彷徨；他在苦闷中寻找共产党，终于在德国留学时得到周恩来的引导而成为一名共产党人。作为一个身经百战的军事家和战略家，他精通军事，爱护士兵，在战场上身先士卒，舍生忘死。他凭着军人的天性，坚定服从上级命令，当然也善于指挥和发布命令。

对于毛泽东和朱德，史沫特莱作了这样一番比较：

> 从风采与气质两方面来看，朱德比毛泽东更像农民。两个人都坦率爽直，和他们所出身的农民一样，讲究实际，但毛泽东基本上还是知识分子，他那与常人不同的深思远虑的思想始终考虑着中国革命的理论问题。毛泽东一方面具有女性的敏锐观察力和直觉力，另一方面也具有斩钉截铁的男子汉所有的一切自信心和果断力。两个人都勇敢倔强，坚韧不拔。这些特点在朱德尤为显著，他虽然在政治上有高超见解，但更是一个行动家和一个军事组织家。
>
> 朱德的性格存在着一种奇特的矛盾：在他刚强的外表里，蕴藏着极度的谦恭。这种谦恭的作风并不仅仅出于他贫苦的农民家庭出身，出于他作为一个农民对有文化有学问的人的敬重，而且，也许还因为做了多年军阀，不自觉地产生了以赎前愆之感。①

史沫特莱和韦尔斯的判断也许是正确的，她们凭着对中国革命事业的同情与支持，对毛泽东、朱德的尊崇与敬佩，用她们特有的新闻记者的敏锐与洞察力，通过短短几个月的观察与采访，对这两位历史风云人

---

① 〔美〕艾格尼丝·史沫特莱：《伟大的道路——朱德的生平和时代》，第262页，生活·读书·新知三联书店，1979。

物作了如此细腻而深刻的描述，而这样的描述与后来发生的历史几乎一致，不能不令人叹服。

毛泽东与朱德这两位近乎完美的天才搭档，彼此怀着对自己战友的绝对信赖和赞赏，为着共同奋斗的目标，开始了将近半个世纪相依相伴但偶尔间也不无矛盾与冲突的人生旅程。

二

井冈山地处湘赣边界罗霄山脉中段，方圆五百里，境内树木葱茏，层峦叠嶂，清溪飞溅，芳草萋萋。一年之中，大部分时间云雾缭绕，透出一种人间仙境的神秘。待到云开日出之时，蓝天白云，满目青翠，呈现一派明媚盎然与蓬勃生机。

在这片广袤而巅连起伏的大山深处，有一个名为茨坪的小集镇。这里就是毛泽东和朱德的指挥中心。红四军成立之初，人数达一万余众，分别驻扎在周围各个小村落。他们依仗被称为“五大哨口”的天险，把

井冈山，位于湘赣边界罗霄山脉中段，层峦叠翠，毛泽东在此领导创建第一个农村革命根据地，这是朱毛红军的诞生地和大本营。

守着通向湘、赣两省的重要关卡，试图把这片四周被国民党重兵驻守的白色区域所包围的偏僻山区，建设成为中共领导下第一块模范的红色根据地。

然而，他们所要追求的这个目标并不顺利。当 1927 年 10 月毛泽东领导的秋收起义部队率先到达井冈山，他的关于把革命的目标转向农村、创建农村革命根据地的主张，就遇到了重重障碍与挫折。受到挫折的原因，一方面是因为国民党各派军阀在蒋、汪合流以后，暂时统一到了蒋介石南京政权的领导之下，联合起来对共产党实行残酷的屠杀政策，向工农革命军发起猛烈的进攻，然而更为主要的原因，却是中共党内的“左”倾盲动错误。

共产国际代表罗米那兹，主持中共中央工作的瞿秋白等中共高层领导，以及大多数被国民党的屠杀政策激怒而复仇心切的青年共产党人，对于形势的发展作出了过于乐观的估量。他们追求更快地夺取大城市以振奋革命精神，强调“反右倾”而提出“对于豪绅工贼及一切反革命派，应当采取毫无顾惜的歼灭政策”，甚至对于店东商人等一般上层小资产阶级，也须毫不犹豫地实行革命的独裁，不应害怕扰乱他们的“安宁秩序”而阻碍群众“剧烈的革命行动”。①

对于这种以“城市中心”和烧杀政策为特征的“左”倾盲动错误，毛泽东并不赞同，当然也没有积极地执行，而是把他的队伍带上了井冈山，实行“一种民主的纲领和稳妥的政策”。

毛泽东的作为引起了中共中央的不满，并且因此而被指责为犯有“软弱的军事投机”错误，被给予开除中央临时政治局候补委员的处分。毛泽东在叙述他的这一段经历时说：

> 这样一来，井冈山就遭到党内盲动主义者的斥责，他们要求对地主实行抢、烧、杀的恐怖政策，来使他们丧胆。第一师前敌委员会拒绝采用这种政策，所以被头脑发热的人污蔑为“改良主义者”。

① 中央临时政治局扩大会议《中国现状与党的任务决议案》（1927 年 11 月 9～10 日），中央档案馆编：《中共中央文件选集》第 3 册，第 458 页，中共中央党校出版社，1989。

我因为没有实行更加“激进的”政策，遭到他们的猛烈攻击。[①]

中共中央给予毛泽东的批评与处分，经由湖南省委传达到湘南特委，湘南特委又委派一位名叫周鲁的特委军事委员兼省委军委特派员，专程前往井冈山，传达中央的指令。可是在严重白色恐怖的年代，周鲁不可能随身携带中央文件的正式文本，只靠口口相传的口头传达，以致把中央关于开除毛泽东临时中央政治局候补委员的处分，误传为“开除党籍”。

作为中国共产党的创始人之一，却莫名其妙地被开除了党籍。对此，毛泽东十分不满。1956 年 9 月 10 日，他在一次会议上还说到了这件事：“‘开除党籍’了又不能不安个职务，就让我当师长。我这个人当师长，就不那么能干，没有学过军事，因为你是个党外民主人士了，没有办法，我就当了一阵师长。”[②]

朱德、毛泽东在井冈山会见地——宁冈县[③]龙江书院

---

① 《毛泽东自述》，第 58 页，人民出版社，1996。

② 毛泽东：《在八大预备会议第二次全体会议上的讲话》（1956 年 9 月 10 日），《党的文献》1991 年第 3 期。

③ 宁冈县行政建制在 1958 年后曾数度调整，于 2000 年并入井冈山市。

这个代表湖南省委和湘南特委的“钦差大臣”，不仅“开除”了毛泽东的党籍，而且取消原来由毛泽东担任书记的前敌委员会，下令毛泽东的部队离开井冈山开赴湘南，实行中央的烧杀政策。毛泽东的部队在没有党的领导中心和被迫调离井冈山的情况下，遭到严重挫折，以致国民党军长驱直入，占领井冈山一个多月。这时，是 1928 年 3 月，历史上称之为“三月失败”。

朱德率领南昌起义部队与湘南起义的农民军在井冈山与毛泽东会师，组建红四军，形势发生重大转折，从而开始了井冈山割据的新局面。“三月失败”的惨痛教训，使得毛泽东更加坚定地意识到，必须以罗霄山脉中段的井冈山为依托，建立一个以宁冈为大本营的稳固的根据地。他把这样的根据地比拟为人的屁股，如果没有这样一个屁股，人就无所依托，就得活活累死。

毛泽东和朱德率领的这支在当时全国最为强大的红军，把创建这样一个根据地作为最主要的奋斗目标。毛泽东把创建这样的根据地称之为“工农武装割据”。

毛泽东巧妙地利用了国民党军阀之间不断产生的矛盾与混战，充分调动红军指战员舍生忘死、勇往直前的战斗精神，大力发动土地革命，依靠有利的自然条件和组织起来的民众，连续打破赣军第二、三、四次“进剿”，三次占领永新县城，领导井冈山军民大力创建边界各县的苏维埃政权，摆脱了“三月失败”所造成的沮丧与困境。当 1928 年夏季到来的时候，井冈山已是插遍了红旗的天下，进入全盛时期。

三

朱毛红军组建之初，辖有第二十八团至三十三团共 6 个团，共计 1 万余人，但枪支不过 2000 多支，还有就是大刀、梭镖甚至自制的弓弩，他们大都是来自湘南起义徒手的农民。但是茫茫井冈山，人口不过两千，产谷不足万担，如此庞大的军队粮饷成了问题。毛泽东、朱德不得不收缩编制，把由湘南农民编成的第三十团、三十三团派回湘南各县农村。留在山上的4个团，主力是以南昌起义部队为主体的第二十八团和由秋收起义部队编成的第三十一团，全军将近6000人。

这样一支数量和装备的军队，同当时驻扎在湖南和江西两省的国民党20多个师的兵力相比，显得极为单薄。朱毛红军之所以能够不断取得胜利，很重要的原因是毛泽东利用了湘赣两省敌人的矛盾和拥兵自守的军阀本性，在战略上对兵力强大而不愿出兵“剿共”的湘军何键采取守势，而对急于攻占井冈山但兵力薄弱的赣军朱培德采取攻势，集中优势兵力各个击破，采取波浪式的推进政策，一次又一次重创朱培德的“进剿”，实现了毛泽东所制定的以宁冈为中心，“造成罗霄山脉中段政权”，“用大力经营永新，创造群众割据”的目标。

而作为一军之长的军事指挥员，朱德在全部军事行动上显示了刚毅果断、身先士卒的英雄本色。

1928年6月23日，赣军以其精锐3个团由永新直逼咽喉要地七溪岭，发动第四次“进剿”。朱德深知，七溪岭若失守，敌军即可长驱直入，直逼井冈山根据地中心之宁冈。七溪岭争夺战，将是井冈山根据地存亡的生死之战。他调动第二十八、二十九、三十一团，几乎是全军的主力，迎战进犯之敌。

这是红四军自创建以来前所未有的一次大战。朱德率领久经沙场的陈毅、王尔琢、何长工、胡少海等一批将领，以及由240名共产党员为主组成的10个战斗集群，居高临下，向敌人阵地反复冲杀，为后续部队杀开一条血路。其间进退周旋，白刃肉搏，险象环生。危急之际，朱德手持花机关枪，冲锋陷阵，指挥全军把敌人赶出七溪岭，进而在龙源口决战将其完全击溃，一举占领永新。

可见，作为中共湘赣边界特委书记和红四军党代表的毛泽东，在井冈山根据地创立和发展的过程中，确立了最为重要的原则和方针，而作为红四军军长的朱德，在军事上坚定地贯彻这一方针，保证了毛泽东政治战略的实现和党的政策得以贯彻。

龙源口大捷以后，毛泽东全力推行“用大力经营永新，创造群众割据”的战略，同样得到朱德在军事行动上的支持，从而促进了井冈山根据地的全盛。显然，在那极为困难的农村根据地的初创时期，共产党战略任务的完成，必须以坚定执行党的任务的军事力量为保障。而毛泽东与朱德在红四军创立之初的密切配合，就是一个成功的范例。

经历了连续四次“进剿”的失败，赣军自知不是朱毛红军的对手，不得不联络了湘军 2 个师，于 1928 年 6 月底开始，从湘、赣两个方向向井冈山发动第一次“会剿”，进攻的目标直指井冈山根据地的战略重镇宁冈和永新。7 月 5 日，湘军率先占领宁冈，赣军出动 11 个团随即直逼永新。

宁冈是井冈山根据地的大本营，必须确保不被敌人摧残；永新则是井冈山的门户，毛泽东正在按既定计划“大力经营”，率领全军主力集中于永新周围乡村深入发动群众和开展土地革命。大敌当前，击退湘赣之敌“会剿”，保卫井冈山根据地，成为最紧急的任务。

然而在此紧急关头，湖南省委又派来一位“钦差大臣”——省委代表杜修经。杜修经宣布了与毛泽东的计划完全相反的命令：由另一位省委派来的杨克敏接替毛泽东担任的中共湘赣边界特委书记职务，毛泽东必须率领红四军远离井冈山，“杀出一条血路”，向湘南资兴、耒阳、永兴、郴县出击，包围衡阳，直达湘东。湖南省委特别强调，这一命令必须“毫不犹疑的立即执行”。①

原本对于自己的战略目标满怀信心的毛泽东，为敌人大兵压境的“会剿”与湖南省委的一纸命令所困扰，经过艰难的权衡之后，他作出了别无选择的选择：不执行省委的指令，而以朱德、陈毅率领第二十八团、二十九团向湘南敌后出击，却并不远离井冈山，只是扰乱湘敌后方以调动其撤回湘南，达到这一目标之后立即重返井冈山，同留驻永新与赣敌周旋的毛泽东所率三十一团会合，一鼓击退第一次“会剿”。

---

① 《湖南省委关于军事工作给湘赣特委及四军军委指示信》（1928 年 6 月 26 日），《井冈山革命根据地》上册，第 142～143 页，中共党史资料出版社，1987。

然而，随军前往湘南的杜修经一意孤行，坚持执行湖南省委指示，强令朱德向湘南腹地长驱直入，以致二十九团溃散，二十八团陷于危险境地。而湘赣之敌乘虚而入，向井冈山大举进攻，致使井冈山和湘南两方面都遭到惨重的失败。毛泽东对于这次失败的痛苦，一直牢记在心。

作为酿成这次重大挫折的当事人杜修经，在半个多世纪以后，写下了这样的忏悔：

> 正当革命胜利向前发展的时候，我却破坏了这一事业，造成了井冈山斗争的"八月失败"，使年轻的红军损失一半，边界政权尽失，被杀之人，被焚之屋，难以数计，几毁中国革命的根基，其错误是非常严重的！半个多世纪后的今天，在人民革命战争胜利的凯歌声中，重忆"八月失败"的经过及其先后，我仍是内疚之深，寝食不安！①

一边是深陷于伤痛之中的朱毛红军，回到根据地收拾残局；另一边却是摩拳擦掌的湘赣两省国民党军，已经重新集结起来"乘胜出击"，发动第二次"会剿"。

历史给了毛泽东一个惊喜。8 月 30 日黄洋界一声炮响，居然让 3 个团的湘军如惊弓之鸟仓皇撤退。黄洋界保卫战的胜利，驱散了"八月失败"的阴霾，朱毛红军绝处逢生，重整旗鼓，集中全力向赣军发起攻击。

湘军既已退下山去，本来勉强拼凑起来的湘赣两省"会剿"也就成了"剿"而不"会"。在过去一年中与朱毛红军对阵屡战屡败的赣军，进退失据，苦撑在山野之中，只能是强弩之末。

在此以后的两个多月里，朱毛红军三战三捷，击败赣军刘士毅旅和周浑元旅，收复宁冈全县和酃县、遂川、永新、莲花各县之一部或大部，南起遂川井冈山之南麓，北至莲花县边界。毛泽东和朱德的指挥部亦重

① 杜修经：《八月失败》，《井冈山革命根据地》下册，第 529 页，中共党史资料出版社，1987。

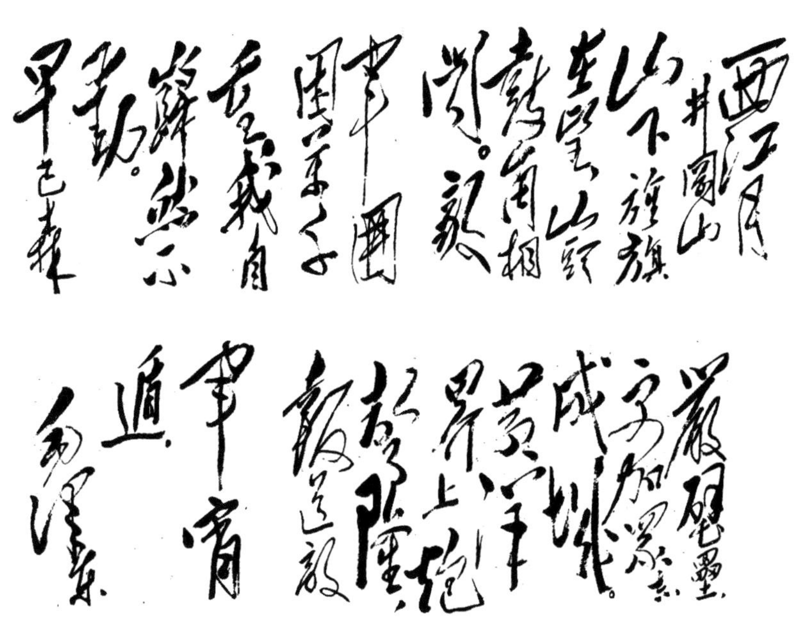

毛泽东词《西江月·井冈山》（1928 年）

返茨坪，以宁冈为大本营的井冈山“工农武装割据”，重又恢复了往日的生气。

四

朱毛红军历尽劫难，竟又奇迹般地发展起来。在国民党看来，“以为八月失败朱毛部队业已消灭，至少是不能为大患，不期卷土重来又复如前，使他们大吃一惊”。这就不免使得湘赣两省军阀当局闻之色变，从而“肃清朱毛打破井冈成为湘赣两方共同需要”。[①]

于是，以“剿灭”朱毛红军、“敉平”井冈山赤色割据为目标的湘赣两省第三次“会剿”重又开张起来。这次“会剿”，以何键为代总指挥，

① 《陈毅关于朱毛军的历史及其状况的报告（一）》（1929 年 9 月 1 日），《中共中央文件选集》第 5 册，第 754 页，中共中央党校出版社，1990。

金汉鼎为副总指挥。这次“会剿”为着要做出一个声势来，从 1928 年 11 月开始就大张旗鼓地宣扬开来，然而动静却不大。特别是湖南方面的湘军，似乎并不积极。究其原因，当时担任中共湘赣边界特委书记的杨克敏说得很明白：

> 江西的军阀剿匪的进行，要较湖南激进，是有他的客观原因的。因为一个是急求“剿清共匪”，一个只在敷衍了事，因为他们的出发点，都在个人的地盘上，利益上，不过借剿匪做幌子……又因为两省军队，都吃过红军的亏，都惧怕红军的勇敢，所以作起战来总只是江西军队则望湖南军队先向前，碰钉子，他们坐收渔利。湖南的军队也同样的作如是观。所以两省军队的“剿”而难“会”，就是这个利益不一致的原因。①

大概主要是因为这个缘故，这第三次“会剿”前后竟准备了两个月，直到 1929 年 1 月才发兵出动。然而正是这两个月，给了毛泽东和朱德一个极为宝贵的休息与整理的时机。

在经历了成功与挫折、兴盛与衰败的波折之后，朱毛红军从中得到许多经验，队伍虽然缩减了，但是更加精干而英勇。他们开始抛却被行动所证明导致失败的“左”倾冒险观念与单纯军事观点，对于党组织在军事行动中的核心作用与军队思想政治工作的重要性也更加重视起来，而对于来自上级机关派来的“钦差大臣”教条主义的指挥，已经普遍感到厌烦和不以为然。

使毛泽东、朱德特别感到兴奋的，是中共中央开始抛弃 1928 年最初几个月对形势的错误估量和对朱毛红军在井冈山创建工农武装割据计划的冷漠态度，转而对毛泽东、朱德的行动计划表示赞赏和支持。

1928 年 11 月 2 日，在国民党方面大张旗鼓地宣扬对井冈山展开第三次“会剿”的鼓噪声中，一位农民打扮的地下党交通员，送来了一份中共中央直接写给朱德、毛泽东的信。严重的白色恐怖和路途艰险，使得

① 《杨克敏关于湘赣边苏区情况的综合报告》（1929 年 2 月 25 日），《井冈山革命根据地》上册，第 247 页，中共党史资料出版社，1987。

这封写于 6 月 4 日的信，经过许多交通员的秘密传递，途中竟然花去将近 5 个月的时间。

这封被称为“六月来信”的中央指示信，开首就以十分亲切的文字对他们表示关切和鼓励：“德润二兄并转前敌诸同志：数月来，你们转战数千里与反动势力奋斗，中央对于你们在这种刻苦的劳顿的生活中而能努力不懈的工作甚为欣慰。”①

这封长达一万多字的指示信，在对关于形势的分析、中国革命的性质、朱毛红军的行动方针以及土地政策诸方面提出了与朱、毛较为一致的意见，甚至对“左”倾盲动错误政策展开批判，并且对井冈山的湘赣边界红色政权表示赞赏。

毛泽东、朱德很快召集湘赣边界特委和红军将领的会议，讨论贯彻中央“六月来信”精神，并且按照来信所指定设置的领导机关和人员，成立以毛泽东为书记的前敌委员会，以及在前委之下成立以朱德为书记的红四军军事委员会。由此，毛泽东和朱德在红四军与湘赣边界的地位得以巩固和加强。

不久以后，从上海党中央派出的信使，又给冰雪封冻的井冈山送来一批极为重要的文件。这些文件是 7 月间在莫斯科召开的中国共产党第六次全国代表大会通过的各种决议。这些决议共有六种，虽然不是中共六大通过的全部，却涉及政治、军事、土地、农运、苏维埃政权以及关于六大总结等各个重大问题。从这些决议中，毛泽东、朱德发现，中共中央的意见与他们的主张和创建工农武装割据的计划，在许多问题上基本一致。

12 月上旬，彭德怀、滕代远带领的在湖南举行平江起义的红五军主力 700 多人，历经艰险，来到了井冈山。他们最初的目的，是寻求朱毛红军的帮助，以使他们刚刚创建的湘鄂赣革命根据地获得巩固和发展。然而井冈山也正面临着国民党湘赣两省大军的第三次“会剿”。彭德怀、

① 《中央致朱德、毛泽东并前委信》（1928 年 6 月 4 日），《中共中央文件选集》第 4 册，第 239 页，中共中央党校出版社，1989。

滕代远率领的红五军主力决定留在井冈山，与朱毛红军并肩战斗。

红五军军长彭德怀

红五军的到来，使得井冈山更加兴旺起来，朱毛红军的声势也为之一振。毛泽东、朱德为此兴奋不已。

然而，当1928年即将过去的时候，经过了两个月的准备和大张旗鼓的舆论宣传，湘赣两省国民党军队对井冈山的第三次"会剿"已是箭在弦上。各方面传出的消息证实，何键指挥的这项行动，共计6个旅18个团将于1929年1月10日以前集结完毕，分五路出击，直指井冈山。而朱毛红军连同刚上山的彭德怀部，实际兵力6000多人，且枪械简陋低劣，实力不足敌军的五分之一，面临的军事态势显然极为严峻。

更为严重的是，红军的后勤补给也出了问题。朱德后来告诉史沫特莱："从九月底起，严寒来到前线，到了十二月，红军开始闹饥荒。五千人住满了医院和营房。有一些是伤员，但大部分是饿出病来的，还有一些得了肺炎和肺病。天气又潮又冷，他们只有很少的御寒衣服。"①

恰在此时，远道而来投奔井冈山的红五军所看到的朱毛红军经济补给的困难，令他们痛心："四军这时的困难，言之痛心，念之酸鼻，经济的困难，物质的缺乏（每日三分钱的伙食尚难接济，单衣无全套！）有刻不容〈缓〉的须向外游击，但以赣西十数县之经济破产，都不愿意留守宁冈一带工作。"② 如此贫困与拮据的经济状况，几乎已经威胁到了红军官兵的生存。

① 〔美〕艾格尼丝·史沫特莱：《伟大的道路——朱德的生平和时代》，第270页，生活·读书·新知三联书店，1979。

② 《中国工农红军第五军的报告》（1929年10月），《井冈山革命根据地》上册，第404页，中共党史资料出版社，1987。

从毛泽东率领秋收起义部队到达井冈山，到 1928 年底，有一年零三个月，而自朱毛会师创建红四军算起，则不过八个月。在这短短的时间里，毛泽东、朱德以及他们领导的第一支红军，在这方圆五百里的井冈山创造了无与伦比的业绩，引起了世人的瞩目。但形势和事态的发展，显示他们在井冈山的事业已经面临着极为严重的困难，陷入了困境。如何维护并坚持井冈山的红色割据，如何击退强大敌人的步步进逼，如何摆脱严寒的困扰和饥荒的威胁，如何带领这支新生的人民军队走出困局，建成一支完全新型的军队，把“工农武装割据”推向一个更为广阔的天地，成为毛泽东、朱德必须解决的历史课题。

肩负这样沉重的历史使命，毛泽东、朱德率领这支百折不挠的队伍，走进了 1929 年。

朱毛红军的历史，翻开了新的篇章。

毛泽东与井冈山时期的战友合影（1938 年于延安）。

“围魏救赵”行动

柏路会议制定行动计划

1929 年元旦过后，井冈山成了冰雪的世界，天寒地冻，山野茫茫。远方，湘赣两省军阀，暂时放弃彼此的隔阂，至少是为了眼前各自地盘的利益，正在集结，国民党两省大军，紧锣密鼓地行动起来。

国民党军从 1928 年 11 月开始就开动各种宣传机器，高调宣扬对井冈山的“会剿”，却又迟迟不见行动，表明湘赣两省军阀之间还有诸多利害不能达成一致，也表明谁也不肯充当先锋，因为两省军阀都曾经与朱毛红军交过手，而且也都吃过红军的亏，所以只是虚张声势而互相推诿。南京政府原先指令江西省主席朱培德为此次“会剿”总指挥，但朱培德却又呈请蒋介石由湘军主帅何键代替他为总指挥，并且议定“会剿”的经费由两省各自承担。

如此又是信函交驰，又是互派代表会商，讨价还价，一直拖到 1929 年 1 月 1 日，何键才在江西萍乡正式宣布就任这次“会剿”的总指挥，开始付诸实际行动。

而远在深山的毛泽东、朱德，对于时局的变化始终密切关注，湘赣两省军阀的动向也尽在他们的视野之内。由于得到了“八月失败”的教训，全军经过整顿已经重新振奋起来，三战三捷，重又恢复了井冈山根据地的基本地区，士气极为高涨；又由于中央“六月来信”对朱毛红军的支持和战略方针的肯定，建立了以毛泽东为书记的前敌委员会，全军政治核心已经确立；而湘赣两省军阀貌合神离也显示相互之间尚处分裂，利用其矛盾仍有取胜的把握。

在此情形之下，新成立的前敌委员会和由谭震林任书记的湘赣边界特委，凭着对敌我态势的判断，从11月间开始就着手打破敌人“会剿”、保卫井冈山根据地的部署和准备。中共湘赣边界特委在后来向江西省委和湖南省委作了这样的报告：

> 湘赣三次会剿早已鼓吹极端，前委（中央指定的毛泽东为书记）及特委久判断到了。在会剿的两月前，已有了相当的布置，如修筑五井坚固工事，搬运充足粮食，建筑巩固的军事根据地，都是十分注意。特委对各县党在三次会剿中工作布置，亦颇详尽。①

显然，11月间的朱毛红军与井冈山各级党组织，并没有撤离井冈山的计划，而是积极备战，准备迎击来犯之敌，击退敌人的“会剿”。然而事隔一个月，当彭德怀和滕代远率领红五军于12月上旬来到井冈山与朱毛红军会师之时，由于严冬季节的寒冷和粮食短缺，经济成了最大的威胁，而消息显示，湘赣军阀内部似趋妥协，合力“会剿”井冈山的态势渐趋明朗，朱毛红军的对敌计划也就发生了变化。

红五军党代表兼军委书记滕代远在到达井冈山以后向湖南省委报告说，他与彭德怀率领部队前往井冈山的途中，湘鄂赣之敌大军云集，从报纸上得到的消息，“新军阀内部似渐趋妥协”，他们乃决定不再返回平江，直趋井冈山。到达井冈山与朱毛红军会师之后，12月10日，毛泽东、朱德与彭德怀、滕代远随即在宁冈新城召开前敌委员会和红四、五军军委以及地方党的边界特委联席会议，分析形势，讨论对策，“决定四军出发游击，五军防守井冈山藉资休息和训练”。②

① 《中共湘赣边界临时特委信》（1929年3月17日），《井冈山革命根据地》上册，第282页，中共党史资料出版社，1987。

② 《滕代远向湖南省委报告（节录）》（1929年1月12日），《井冈山革命根据地》上册，第224～225页，中共党史资料出版社，1987。

宁冈新城会议的决策表明，毛泽东和朱德改变了原先坚守井冈山的计划，至于为什么改变，具体部署如何，滕代远的报告并未细说。实际上，关于这一计划的讨论，各级党组织的意见并不统一，反复讨论了一个月。

时间又过了20多天，敌情更加明朗，新军阀终于达成合力“会剿”的决定，井冈山的领导者们则几乎得出了一致的结论：此次“会剿”，表明了反革命的最高潮。就如大海的浪涛一样，既有高潮，必然就有低潮。问题是如何避开敌人的反革命高潮，积聚革命力量，待到敌人内部分裂、势力衰落之时，推进革命发展走向高潮。

而正在这时，中共中央给井冈山送来了中共六大的六种文件。毛泽东、朱德决定马上召开一个会议，传达这些决议，同时对于面临的如何击破敌人“会剿”和解决经济诸问题，必须作出最后的裁决。

这个会议召开的时间是1929年1月4日，会议地点是在宁冈县柏路村，所以又叫柏路会议。出席会议的人员包括了前敌委员会和湘赣边界党、团各级领导及红四、五军军委的领导人共60多人。会议除了传达中

宁冈县柏路村

共六大决议之外，着重讨论如何应对当前湘赣敌人的第三次“会剿”。由于涉及问题广泛且极为重要，各方意见不易统一，会议持续了四天。

据曾经担任过红四军军委书记和政治部主任，并且参加了会议的陈毅说，对于如何应对敌人大规模的“会剿”，有三种不同的意见。

第一种意见为“以守为攻说”，这种意见是积极动员井冈山根据地八县群众的力量，凭借井冈山天险，诱敌进攻，待其疲惫之时，指挥红军与群众将其“夹击”而歼灭之。

第二种意见为“死守主义”，认为井冈山天险难以攻破，而蒋桂两派军阀必将破裂而引起混战，只要固守两个月“即可得最后胜算”。

第三种意见为“抛弃边界说”，认为不要死守边界，采取“打圈子”政策到别处“另图发展”，红军一走敌人自然退出，如此才能保住边界的党和群众组织。

毛泽东对这三种意见都不赞成，认为第一、第二种意见是忽略了群众利益，并且过分夸大群众力量的“死守主义”，然在战略上无援可待的情况下，“只是守死而不是死守”；而在井冈山死守，“内无粮草，外无救兵怎能坚固军心，期望蒋桂战争爆发，来解井冈之围这当然是一个毫无把握的事”。而第三种意见，毛泽东认为是脱离群众的“自了主义”，更会因为缺少群众的支持而导致红军、群众同受损失。[①]

经过再三讨论，前敌委员会对这一反复酝酿研究了近一个月的行动作出最后的结论，确定了如下决议：

> A. 在目前时局之下，湘赣会剿的环境之中，只是消极的抱定保守边界政权还不够，须要建立一个积极的政策以报答敌人的进攻。因此（B）军中的党与地方的党都要积极起来，打破犹移不坚决与避免斗争的不正确的观念，团结内部领导群众，一致动员向敌人采取有利的攻势，打破脆弱的敌人，使无法会剿井冈。为达到上述目的，所以（C）决定四军大部出发赣南，五军（四军之三十团）守山移动

① 《陈毅关于朱毛红军的党务概况报告（二）》（1929年9月1日），《中共中央文件选集》第5册，第780～781页，中共中央党校出版社，1990。

目标，转攻敌人之后，使敌人穷于应付，不能实现其两省会剿之计划，企图围韩〔魏〕救赵，影响边界，以解井冈之围。①

这份决议的这一内容，是原湘赣边界特委书记杨克敏在出席这次会议之后第七天前往上海，向中共中央所写的报告中所引述，是目前所见各种史料中，成文时间离柏路会议最近的一个文件，准确性和可信度极高。

简而言之，就是红军应当采取积极进攻的姿态，以攻为守，着重打击较为脆弱之赣军，破坏其“会剿”计划。其策略是采用战国时期齐国大将孙膑的“围魏救赵”计谋，向敌后赣南地区出击，从而打破敌人对井冈山的“会剿”。

柏路会议还有一项重要的决定，将刚到井冈山之红五军 5 个大队暂编为红四军第三十团，彭德怀任红四军副军长兼三十团团长，滕代远任红四军副党代表兼三十团党代表。

在会议期间，还有人提出一项动议，把红四军与红五军混合编制，人员与枪支重新平均安排。这一提议的目的在于打破原来红四军存在的“分团主义”倾向和二十八团与三十一团之间的“历史界限”，避免重犯“八月失败”时二十九团的宜章农军在湘南溃散的失误。而这种“分团主义”，在二十八团与三十一团之中同样存在。杨克敏向中央报告说：“二十八团原是朱德带领的，三十一团原是毛泽东带领的，两团之间，似乎有二十八团与三十一团之分别，团与团之间似有点历史上的界限”；虽然朱毛之间并无什么意见，但是“朱毛以下的官长就难说了”。②

由于这一弊端已为大家共识，而且为此多次开会却又始终未得解决，因此这一提议得到了多数到会人员的赞成，然而红军大规模行动在即，时间紧迫，显然来不及做这么大的调整，只能先将红五军的番号变更一

① 《杨克敏关于湘赣边苏区情况的综合报告》（1929 年 2 月 25 日），《井冈山革命根据地》上册，第 267 页，中共党史资料出版社，1987。

② 《杨克敏关于湘赣边苏区情况的综合报告》（1929 年 2 月 25 日），《井冈山革命根据地》上册，第 266 页，中共党史资料出版社，1987。

下。但是杨克敏这段以往不太被人关注的警示，却揭示了朱毛红军存在的一大问题，对于几个月以后红军中滋长起来的小团体主义与非无产阶级意识，以致危及红军的建设，埋下了隐患。

陈毅，在红四军先后担任过军委书记、前委书记、士兵委员会秘书长等职。

柏路会议结束，已是1月7日，而湘赣两省国民党“会剿”大军已经陆续到达出发攻击的指定地点。朱毛红军立刻行动起来，开始了反“会剿”的各项动作。按照柏路会议的布置，彭德怀、滕代远率领的第三十团和王佐指挥的第三十二团留守井冈山，这两个团约1200人的兵力立刻被派遣到各个哨口要隘，迎战来犯之敌。

毛泽东、朱德率领的红四军主力第二十八团、三十一团以及独立营、特务营，总计3600人，也迅速集结起来，离开井冈山，向赣南敌后出击，踏上了艰难的行程。随同出发的重要将领还有军参谋长朱云卿，前委工农运动委员会主任谭震林，前委士兵委员会秘书长陈毅，二十八团团长林彪、党代表何挺颖，三十一团团长伍中豪、党代表蔡协民。

赣南游击受挫

朱毛红军从井冈山出发的时间是1929年1月14日，前行方向是沿着赣南靠近湘南、粤北边境的崇山峡谷，直下赣南之偏僻的遂川、崇义、大余，以游击战术分散和调动敌人，然后与井冈山守军彭德怀部互为声援，击破“会剿”。

这项行军作战的计划，一开始并不是“突围战”，而是机动灵活的“游击战”。陈毅给中共中央写的报告，对这次行动的任务就称为“出发赣南游击，企图击破湘赣会剿”。当时的计划是：

以三分之一兵力加上边界群众总动员应付边界四周敌人的进攻力量，以三分之二（我军的主力）的兵力出间道以迅速手段占领江西敌人后方，乘虚而入，使江西军队回兵救援，则此次敌人之会剿计划可以打破了。

这个政策的决定，前后各级党部讨论约经过一月的时间。[①]

而朱德给史沫特莱的叙述是：毛泽东和朱德率领的红军，“包括政治部的一批妇女——朱德的妻子伍若兰也在内——突破封锁，进行游击战，引开敌人”。[②] 显然，游击战是其主要的战术，游击方向是江西敌后之赣南。

然而他们出发以后很快发现，敌人已经察觉了红军分兵作战的意图，调整了部署，以湘军主力进攻井冈山彭德怀部，而以赣军四个旅七八个团轮番尾追和堵截朱毛，企图置朱毛红军于重兵夹击之中而一举歼灭。因此，朱毛红军原先拟定的积极主动的游击战，成为了被动挨打的突围战。

这支队伍里的士兵每三个人只有一支枪以及少许子弹，每个人的干粮袋里装着不足一斤的大米。正值严寒季节，饥饿与寒冷侵袭着这些不过十八九岁的战士，他们的面前几乎没有现成的路径，在崎岖荒僻的山林中艰难前行。

8 年以后，朱德对当时极其险恶处境的记忆还十分清晰，给史沫特莱画了一张这次行军的草图，讲述这样一幅从井冈山出发第一天的图景：

一九二九年一月十四日黎明，这些面庞消瘦、衣衫褴褛的男女排成一路纵队，开始攀越井冈山与湘赣边界高山巨峰间的山脉。那些不知经过多少个世纪风吹、雨打、雪盖的石头和山峦，变得异常

① 《陈毅关于朱毛军的历史及其状况的报告（一）》、《陈毅关于朱毛红军的党务概况报告（二）》（1929 年 9 月 1 日），《中共中央文件选集》第 5 册，第 754、781～782 页，中共中央党校出版社，1990。

② 〔美〕艾格尼丝·史沫特莱：《伟大的道路——朱德的生平和时代》，第 271 页，生活·读书·新知三联书店，1979。

平滑。白雪漫谷，刀子一样的山风吹打到这些人的身上，他们只能一步一步前移，匍匐爬过巨大的石峰，他们还得一个紧拉着一个，以免滑入山下漆黑的深渊。

夜幕四垂，他们来到一处又窄又陡的有着坚硬石质的高地上，拿出随身带着的饭团，各自吃了一半。大家挤在一起，臂挎臂，就这样坐在陡坡上过了一夜，人们冷得直哆嗦，不时传来咳嗽声。天刚蒙蒙亮，他们又向南爬行……①

然而，这还仅仅是开始。在以后的一个月里，他们不断地遭遇国民党军队的前后包抄和突然袭击；他们找不到向导，在荒山野岭中漫无目标地奔逃。当地民众根本不知道这群被“官兵”追杀的年轻人是兵还是匪，远远地躲到山林之中，只给红军留下一座空无一人的村庄。在一次又一次的突围战中，他们与敌人作殊死的拼杀，目睹战友一个又一个牺牲，这一幕幕场景，让他们刻骨铭心。

第一次遭到敌人袭击是在10天以后，朱毛红军驻扎在大余县城。这里紧邻广东南雄，有着著名的钨矿，城外居住着砂石矿工。当红军即将到来时，城里的保安团闻风逃跑，红军不费一枪一弹就占领了这座赣南不算小的县城。然而得到消息的赣军李文彬部第二十一旅三个团，立刻循踪而至，当天晚上就悄悄地占领了县城外围的主要山头和制高点。

1月24日清晨，正待红军集合开饭时，敌人的机枪响起，一场恶战已在所难免。

事实上，红军进城以后，前敌委员会召开连以上干部军事会议，对应付敌人袭击作出了部署。按照这一部署，以团长林彪和党代表何挺颖率领的第二十八团配置于城东北一带山区担任警戒，军部、第三十一团、特务营和独立营在城内外开展群众工作，并且规定，如果遇到紧急情况，全军就地应战，予敌坚决回击，然后撤出大余转入广东境内南雄县乌迳镇集合。为慎重和统一行动，会议参与者对这一决策付诸表决，通过之

① 〔美〕艾格尼丝·史沫特莱：《伟大的道路——朱德的生平和时代》，第272页，生活·读书·新知三联书店，1979。

后即予实行。

出席这次会议的萧克，是二十八团二营营长。他说，虽然大家举手通过了这个决定，但是在行动上并没有严格执行。二十八团在接受任务以后既没有看地形，也没有做工事，其他部队也没有做这方面的准备，“敌人以机关枪密集火力掩护，不断向我攻击，我反击不利，形成溃退”。①

显然，主要担任城东警戒任务的二十八团疏于防范，当李文彬旅突然发起攻击，二十八团的防线很快被突破。部队急速后撤，敌人随即攻入城区街道，向城南压迫。

毛泽东听到枪声，立刻向枪声激烈的城东跑去，正好遇到也向城东赶路的陈毅。对于以下发生的一幕，陈毅在 1971 年九一三事件以后的一次讲话中，作了这样的描述：

> 他们（毛泽东与陈毅）出城没走多远，就发现二十八团已朝城内退来，林彪也在其中。毛泽东不由大怒，猛然喝道：“林彪，你为什么不指挥部队抵抗，你跑哪里去？”
>
> 听到喝问，林彪停下脚步，发现是毛泽东和陈毅到了跟前，面有难色，回答说：“还有什么好抵抗的？”毛泽东说：“你无论如何要抵抗啊，不抵抗，一下去就不好办，无论如何要打好！”林彪仍然拒而不听，要往后退。陈毅见状，威严喝令林彪：“你回来！你总要打几个反冲锋，把敌人压下去，不然收不住队伍！”林彪还是不听。毛泽东要陈毅想办法。陈毅发现有位排长就在附近，立即命令他带领全排坚决守住附近的一个小山包，保护毛泽东安全。②

危急时刻，朱德组织全军各部队向敌人反击，掩护军部向城南方向撤退。三十一团与独立团、二十八团相互配合，互为掩护，且战且退，向预定的广东南雄乌迳镇撤退。

这是一场混乱而殊死的战斗，朱毛红军遭到了下山以来第一次重大

---

① 萧克：《朱毛红军侧记》，第 84 页，中共中央党校出版社，1993。

② 余伯流、凌步机：《中央苏区史》，第 65 页，江西人民出版社，2001。

挫折。全军相互之间失去联络，毛泽东、朱德与前委机关和军部也都联系不上，他们在部队掩护下撤出战斗，乘着夜色，转入广东境内。

广东南雄县的乌迳，地处粤北山区，与大余直线距离虽然不过五六十里，但中间有高耸入云的大庚岭阻隔，翻越这道山峰，却是十分艰巨，更是由于大战失败之后，又不熟悉路途，这是又一次危险的行军。

陈毅回忆说，大余兵败之后向广东南雄转移，“当时红军人生地不熟，常常找不到向导，真是有些寂寞之感。后面白军紧紧追赶，地方土豪劣绅的武装又很强，一走错路便有全军覆没的危险。在平头坳就因为找的向导把路带错了，遇到了敌人，以致吃了点亏。到南雄时，弄得我们狼狈得很”。①

陈毅所说的平头坳，又写作平顶坳。他说“吃了点亏”，却不是一般的吃亏，而是遭到敌人又一次打击，受了不小的伤亡。

从大余受挫到转移乌迳，以及平头坳遇袭，短短两三天内，红四军连连败退，官兵伤亡严重。而最可惜者，二十八团党代表何挺颖和独立营营长张威、三十一团营长周舫牺牲。这几个人，是红四军向赣南游击战斗中牺牲的最高指挥员。

何挺颖是陕西省南郑县人，先后就读于上海大同大学数学系和上海大学社会学系，1925 年参加五卅运动并加入中国共产党，随后又参加北伐战争和秋收起义，跟随毛泽东上了井冈山，担任工农革命军第一师党委书记和党代表，毛泽东一度与他搭档，是这个师的师长。朱毛会师以后，何挺颖担任红四军第三十一团党代表，与团长朱云卿一起指挥了黄洋界保卫战。对于这样一位知识渊博又坚定果断的优秀指挥员，毛泽东极为赞赏，红军出发赣南时，将他调任二十八团党代表，而这个团的团长是林彪。

当时作为二十八团二营营长的萧克，每每谈起何挺颖的牺牲，总是

① 陈毅：《略谈红四军游击赣南》，《回忆中央苏区》，第 52 页，江西人民出版社，1981。

十分痛惜。他后来发表的回忆录，专门叙述了何挺颖牺牲这段令人心痛的情景：

他从三十一团调到二十八团后，开办支部委员训练班，很快就赢得二十八团官兵的信任。下山后他在大庾①战斗负伤，当时毛泽东让陈毅转告林彪，把何挺颖转移到安全地区好好照顾。陈毅还嘱咐林彪说，何挺颖是从三十一团调来的好同志，一定要照顾好。可林彪没派专人去照顾他，结果在夜行军中，身负重伤的何挺颖从马上掉下来被马踩死了。三十一团的同志对此很有意见，我们亦为之叹惜不已。②

彭德怀痛失井冈山

实际上，朱毛红军主力刚刚撤离井冈山，意欲向赣南游击以达救援井冈山于危难的目的之时，国民党对井冈山实施第三次“会剿”的湘赣“会剿”军总指挥部马上就发现了他们的行动，于是一面派出赣军第十五旅刘士毅和二十一旅李文彬部追击朱毛，一方面等待两省各部集结完毕，代总指挥何键下达命令之后，立刻发动对井冈山留守部队的总攻击。而当朱毛红军在大余受挫向南雄转移最为艰难的时日，正是“会剿”之敌向井冈山彭德怀部实施全面围攻、双方展开血肉搏斗的决战之时。

彭德怀与红五军党代表兼军党委书记滕代远，率领部队千辛万苦来到井冈山，本来的意图并非长驻在此，而是因为遇到了种种困难，怀着崇敬之情到井冈山“取经”学习，然后再重返他们发动起义刚刚建立起来的湘鄂赣根据地，那里还有 1000 多名红军官兵等待着他们回去重整旗鼓开辟新的局面。不意他们一到井冈山就遇到“会剿”被困，承担起了留守的任务，且初来乍到，人地生疏，深感责任重大，加上部队官兵思

---

① 1957 年 5 月，大庾县改称大余县。

② 萧克：《朱毛红军侧记》，第 20 页，中共中央党校出版社，1993。

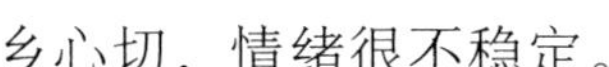

乡心切，情绪很不稳定。

彭德怀、滕代远深知，随他们上山的红五军五个大队七八百人，再加上袁文才、王佐留下的红四军三十二团，加起来不过千把人，会议确定由他们以红四军副军长和副党代表的名义指挥这支队伍，要守卫这块根据地，尤其是保护留在井冈山上的1000多名家属与伤病员，“这是一个严重而又危险的任务”。

彭德怀和滕代远都无条件地接受这一决定，但必须说服全体官兵服从这一命令。滕代远随即以党委书记名义召开红五军党委会议。对于这次极其重要的会议，彭德怀留下了深刻的记忆：

> 参加会议的有我、邓萍、李灿、贺国中，可能还有李光。讨论时有两种意见：一种意见认为，我们是来取联络的，任务已完成，应立即回湘鄂赣边区，传达“六大”决议。如果我们长期留在井冈山，就会影响湘鄂赣边区的发展。一种意见是接受前委指示，保卫井冈山后方，使红四军主力安全脱离敌军包围，向白区发展。如果红五军不承担这项任务，红四军离开后，湘赣边区政权也可能受到损失，甚至搞垮。故我们应当承担起来。

会议上出现的这两种不同意见，完全在意料之中。彭德怀和滕代远坚持第二种意见，耐心说服了持不同意见的干部，“准备牺牲局部，使主力安全向外发展”，以便寻找战机，与守山的部队相配合，上下夹击，打败敌军的“会剿”。①

井冈山山高路险，地形复杂，且横亘于湘赣两省之边陲，既无通衢大道，更无车马往返，入山之途只有五条蜿蜒崎岖的山间小道。入山的关口，设有五个哨口。这五个哨口就是著名的黄洋界、桐木岭、八面山、双马石、朱砂冲，虽不能说一夫当关万夫莫开，却都设在险峻要隘。但是虽有其易守难攻的优势，却也有其短处，一旦被敌攻破，敌人长驱直入，对其他哨口是极大的威胁。

---

① 《彭德怀自述》，第116页，人民出版社，1981。

彭德怀以红五军五个大队为主力，加上王佐率领的第三十二团及边界遂川、酃县的赤卫大队，分别派遣到五大哨口，把守通往山上的各条交通要道，他的指挥部就搬到了根据地中心的茨坪原来毛泽东、朱德住的房子里。而湘赣边界根据地的军事根据地除井冈山以外，还有一处是九龙山，则以永新、宁冈、茶陵、莲花等四个县的赤卫大队防守；另派何长工率第三十二团一营在山下游击。

其实红四军前敌委员会在两个月之前，已经对敌人的“会剿”作出判断，也作了相当的布置，在各大哨口修筑坚固的工事，对井冈山中心区域的大小五井各处乡村也预先有所布置，向山上搬运了尽可能充足的粮食，构筑起一个坚固的军事根据地。① 红五军各路部队到达指定位置以后，进一步加固工事，构筑防御阵地。

据彭德怀估计，“会剿”井冈山之敌，湘赣两省共出动 8 个旅 16 个团，除去开赴赣南追击红四军的和留置于其他地域的部队，实际投入进攻井冈山的敌军有 12 个至 14 个团，每团平均以 2000 人计，进攻之敌在 2.4 万至 2.8 万人之间。红五军留守部队不过七八百人，再加上地方红军总共千余人，敌我之间兵力对比悬殊。红五军的 5 个大队，不过就是 5 个连队，守卫 5 条上山的通道，“成为孤军奋战了”。②

因此，彭德怀与地方党组织也做好了失败的准备。在敌人发动进攻之前，红五军军委同湘赣边界特委研究决定：如果井冈山大小五井被敌攻破，“五军冲出五井取道敌人薄弱的地方，往赣南与四军取联络，各县地方武装则尽可能的埋藏于各县”；而特委及各县县委不能离开群众，均须留在边界坚持指挥各项工作。不过为了避免引起基层党组织的消极，这一决定并未传达。③

1929 年 1 月 21 日，湘赣“会剿”代总指挥何键向蒋介石发出一通电

---

① 《中共湘赣边界临时特委信》（1929 年 3 月 17 日），《井冈山革命根据地》上册，第 282 页，中共党史资料出版社，1987。

② 《彭德怀自述》，第 116～117 页，人民出版社，1987。

③ 《中共湘赣边界临时特委信》（1929 年 3 月 17 日），《井冈山革命根据地》上册，第 284～285 页，中共党史资料出版社，1987。

报，电文称：

朱毛匪众因闻我军各路进剿，恐慌异常，乘我集中时期，即以大部向赣南逃窜，并留王佐、袁文才两部，死守井冈老巢。已饬第一、第五两路部队，向赣南跟踪追剿，认真截击；并令二、三、四各路部队向井冈匪巢围剿；二、四两路均已与匪接触斩擒颇多；第二路于皓（19日）午占领宁冈，详情另呈。惟井冈匪巢极为险峻，侦察匪情散发宣传，虽极感困难，敬恳迅饬欧阳队长，即率飞机来赣助剿为祷。①

这通电报告诉人们，湘赣两省“会剿”军以第一、五路追击正向赣南进发之红四军，第二、三、四路各部已开始向井冈山发动进攻，且已于19日攻取宁冈。但从电报内容看，何键的准备尽管花了两个多月时间，却还并不明了留守井冈山的主力为彭德怀所率领的红五军。

何键指挥湘赣两省拼凑起来的十几个团2万余众，采取全面出击四面包围的进攻态势，分作五路向井冈山五大哨口发起猛烈进攻。2个多月以后，彭德怀向中共中央报告了他的经历：

四军于1月14日出发。湘敌即于16日迫近根据地，至26（日）午前湘赣敌军围攻井冈山。他们猛攻了一昼夜，值那天大雪严寒的时候，亦决心极力的挣扎，至29（日）晚湘敌由右翼小路爬上山，攻破黄洋界，我们力图恢复，未完克。30日晨八面山又被攻破，敌人死亡的数百之众，我方亦牺牲七八十人。但因子弹告尽，疲困已极，不得已集中兵力冲出包围，我方死伤约40人，虽大部冲出，仍被截断一小部约百余……②

在井冈山被敌攻破以后不久，与红五军一起突围出来的中共湘赣边界临时特委也向江西省委和湖南省委报告了井冈山保卫战的情况：

1月25号，敌人遂开始向五井攻击，以湘敌作主攻。敌人兵正〔真〕勇敢，猛烈冲锋，我方士兵因据险为守，亦十分沉着，官兵均

① 《井冈山革命根据地》上册，第454～455页，中共党史资料出版社，1987。

② 《彭德怀给中央的信》（1929年4月4日），《井冈山革命根据地》上册，第294页，中共党史资料出版社，1987。

有死守五井的决心。此时敌人采四面围攻战术，但其主攻是接近湖南的一方面，敌人力量还是很薄弱，其主要战略，在于牵制我守山部队。我们对敌人的战术，是攻守防御政策，可惜山上部队太少，不能将敌人弱少的地方击破，以解此包围。结果攻击后的第四日早黄洋界敌人（湘敌）即抄中路攻击〔进〕防地。八面山（遂鄘接壤地）亦为湘敌攻破。结果我守山部队势力不支，遂弃五井。特、军委即于 1 月 28 日收集守山部队冲出五井包围。[①]

这两份报告所述情况大致相同，正面进攻之敌为湘军，黄洋界首先告破，随后八面山失守，彭德怀及湘赣边界特委率守山军民作殊死战，最终以敌我力量悬殊被迫弃守而突围。只是两者在敌人进攻与黄洋界失守的时间上不尽一致。

黄洋界为井冈山最重要的门户，山高路险，一旦失守，全局动摇。红五军以李灿和党代表张纯清率领的主力第一大队近 200 名官兵在此守卫。参加了黄洋界保卫战的田长江回忆了那场战斗："敌人来进攻之前，我们便加紧筹备粮食，加固工事，挖战壕。壕沟外布满了竹钉，砍倒大树做防御工事。"黄洋界山高路险，终日雾气蒙蒙，寒气逼人。敌人进攻那天，天降大雪，正面进攻了五六天都被击退。后来敌人从宁冈找来了一个富农给他们带路，抄小路从后面爬上了黄洋界。那一天刚天亮，"我从前哨回到黄洋界，到后面洗脸吃饭。刚吃了一碗饭，就听到后面山上响了一枪，我就背着号和枪跑到后面山上去，一看敌人从那边过来了，我就打了几枪，告诉前面的部队"。

田长江看到敌人冲过来，立刻奔跑到茨坪军部向彭德怀报告。彭德怀立刻率领军直单位少数人员及教导队增援，并亲自上前线指挥这场殊死的战斗，向黄洋界反攻，试图夺回这个重要的哨口。战斗持续到第二天，"八面山派人来报告，八面山失守了，这就是说井冈山的两个主要哨口，黄洋界和八面山失守了。这样荆竹山，白银湖，梨坪，双马石哨口

① 《中共湘赣边界临时特委信》（1929 年 3 月 17 日），《井冈山革命根据地》上册，第 282～283 页，中共党史资料出版社，1987。

就没有守的价值了。为此，彭德怀同志决定不反攻了，把队伍退回茨坪，组织突围”。①

从1月25日开始，国民党湘赣“会剿”军在代总指挥何键、副总指挥金汉鼎坐镇指挥下，凭借10余个团的绝对优势兵力，甚至出动飞机和火炮，向井冈山各哨口发动猛烈进攻。彭德怀率领千余名红军官兵怀着誓死的决心，顽强抗击，持续至30日，井冈山全部陷于敌手。

从现存何键、金汉鼎每天向蒋介石发出的战报，尽管是以胜利者的反共语言，也不难看出红军官兵坚守在每个哨口，以血肉之躯英勇抗击，乃至与阵地共存亡的一幕幕历史场景：

何键、金汉鼎1月30日电：

……井冈匪彭、黄、王等，于桐木岭、白泥湖、大垇、草坪四处险要地，各配置防线四层，均有强固工作〔事〕，挖断道路，裁〔栽〕种竹钉。宥日（26日）张司令与仁部七十团由罗埠推进，向桐木岭之匪攻击，占领桐木〈岭〉。沁日（27日）向白泥湖、草坪攻击前进，匪占据强固工事，顽强抵抗。……有日（25日）攻破黄垇，毙匪10余人，获枪数支。宥日（26日）攻下朱砂冲，感日（27日）午后一时攻下小行州。……周旅，姚团盛营俭（28日）晨由小道向汝〔黄〕洋界之侧背进攻，午后5时与匪接战约一小时，8时将汝〔黄〕洋界、高虎亭一带之匪阵地完全占领……

何键、金汉鼎1月29日电：

本日拂晓，王团向八面山匪之坚固壕垒肉搏一点余钟，匪势不支，被我夺领……自本日拂晓占领八面山及上井天险阵地后，正午完全占领五井……

何键、金汉鼎2月5日电：

转据张团长东日（1日）报称：职部向京〔荆〕竹山追剿，山势险峻，不让八面山及汪〔黄〕洋界匪众七八百人，枪三四百支，

① 田长江：《谈第三次反“会剿”》，《井冈山革命根据地》下册，第621～622页，中共党史资料出版社，1987。

险寺负隅，顽强抵抗。经职率部猛冲，夺其防地，匪乃溃窜，当场击毙甚多，生擒20余名。[①]

何键、金汉鼎这一份份战报显示，从1月25日至2月1日，红五军在各个哨口与敌人反复争夺，甚至白刃格斗，徒手肉搏，付出了巨大牺牲，终于不敌。继1月25日黄坳失陷以后，1月26日桐木岭、朱砂冲失守，1月28日敌人占领黄洋界，1月29日八面山被攻陷，2月1日再失荆竹山、双马石哨口。2月7日，九龙山军事根据地也陷于敌手。

占领了哨口的敌人蜂拥而上，向井冈山大小五井冲击。彭德怀率领的部队节节抵抗，竭尽全力阻止敌人的进攻，以便保护尽可能多的伤病员逃入深山和密林。有一些伤病员踉跄爬出门外，立刻遭到杀害。还有更多的甚至被砍死在床上。营房和医院被烧为灰烬，井冈山上的每一所房子、每一座建筑都被付之一炬。红军的防御工事也被完全摧毁。[②]

特别令人发指的是，国民党军在占领小井以后，对设立在小井的红军医院实施了惨无人道的大屠杀。当时在这个医院当司务长的董青云，目睹了这场令人发指的罪行：

敌人袭击红军医院时，轻伤员和工作人员都往山上突围了，只有100多名重伤病员没有办法突围。这100多名重伤员，当天被国民党反动派全部拖到小河边一块田里用机枪扫射，我躲在对面山上杂草树林里看得很清楚，先是一个个被拳打脚踢，痛得躺在田里，然后开枪，我流下了眼泪。[③]

遭到如此大失败以后的彭德怀，已经别无选择，只能突围。他在茨坪收集了从各哨口败退下来的人员500多人，其中还有不少没有战斗力的勤杂人员，保护着红四军留下的伤病员及妇女、孩子1000多人，开始

---

① 《何键金汉鼎等报告围攻井冈山电报》，《井冈山革命根据地》上册，第457—485、460页，中共党史资料出版社，1987。

② 〔美〕艾格尼丝·史沫特莱：《伟大的道路——朱德的生平和时代》，第289页，生活·读书·新知三联书店，1979。

③ 董青云：《忆小井红军医院》，《井冈山革命根据地》下册，第565页，中共党史资料出版社，1987。

井冈山小井红军医院

了极其艰苦的突围。他们从茨坪出发，由荆竹山向大汾、遂川方向，也就是半个月前红四军主力向赣南行进的方向进发。

在彭德怀的记忆里，他们从井冈山主峰腹部的悬崖峭壁处，在猎人和野兽出没的小道上，攀行了一昼夜，突破敌人第一层包围。时值严寒，漫天风雪。彭德怀的干粮袋在战乱中丢失，又不愿意让其他人知道，两天未食一粒米，饥疲困乏，中途遇敌阻击，立即又抖擞起精神，突破第二层包围。

行至第三天，到达井冈山下的大汾，他们又再遭遇敌人三面伏击。在此生死存亡的最后一搏之际，彭德怀率部选择其中一点集中突击，“我军奋勇从中突破敌人伏击阵地，继续南进，算是冲出了敌人最后一层包围”；但是，尚有部分指战员及伤病残人员被敌包围，难以救出。彭德怀为此十分痛惜和感慨，在三四十倍之强敌的重重包围之中，突围之后又不断遇到伏击，“这样险恶的战斗环境，除共产党领导的工农红军外，其他任何军队都会被消灭”。[①]

大汾突围之后，彭德怀、滕代远清点部队，尚有500余人。他们继续南下，越过上犹、崇义大山，又从南康附近章水上游渡河，直至春节到来。他们一路上寻觅毛泽东、朱德部队的踪迹，但始终不得音讯，乃由信丰北上雩都[②]、兴国游击，寻找时机重返井冈山。

---

① 《彭德怀自述》，第117～118页，人民出版社，1981。

② 雩都县于1957年改称于都县。

千里大转移

圳下村遇险再遭重挫

在彭德怀率领红五军抗击敌人对井冈山的“会剿”，直至兵败突围的那些日子，毛泽东、朱德和他们的队伍也经历着同样的危险与劫难。按照预先约定，从大余撤退的红四军各部，翻越粤赣交界的高山峡谷，陆续到达南雄县乌迳，准备好好休整一下，再作下一步的规划。

但是，厄运又再降临。饥疲不堪的指战员刚刚抵达，朱德和军部人员在傍晚时分安排妥当，夜幕降临不久，敌人又从四面包围上来，他们又面临着一次覆灭的危机。朱德对这一幕作了这样的叙述：

> 到了乌迳，天也要黑了，都很疲倦了，就讲讲话，开开会，就都在平坝子上露营了。可是当时敌人却来了，正在晚上九点钟。我们丝毫不晓得，还以为敌人也十分疲乏，休息整理，准备进攻。就在这时，这里地方党支部派出去的侦探把这消息带来了。我们即刻惊起，出发，连号都没吹。是冬天露营，所以说走就走了。这一次红军的命运那是极端危险的了。如果没有地方党的支部，那一下就会被敌人搞垮了。[①]

连夜出发，朱毛红军又一次绝处逢生。在茫无边际的黑夜，冒着严

---

① 《朱德传》，第156页，人民出版社、中央文献出版社，1993。

寒和霜冻，他们甚至不敢进村，不敢随便找向导，只能凭着直觉，向南行进，至于下站到哪里停留，已经不很重要，重要的是尽快摆脱敌人的追袭。

史沫特莱的笔下写道：朱德和毛泽东下令撤退，一连十天，这支小部队在粤赣山区且战且退，敌人则从四面八方拥来，踏着他们在雪地上留下的血迹向前追赶。红军经常缺粮少食，从来没有吃过一顿饱饭。他们带着伤病员，翻山越岭，一天要赶五十或六十英里，才在深山旷野，或者某个开门欢迎的村子里停住脚步。休息几个钟头之后，午夜刚过便又继续前进，因为敌人只在白天进攻，这样便能把敌人甩在后面。①

朱毛红军就是这样日复一日地行军。从广东境内向东转入赣南信丰。1 月份的最后几天，部队经过江西省最南端的龙南、定南、全南“三南地区”。在这里，红军终于找到了一个可以信赖的向导。此人名叫黄达，自我介绍是共产党员，参加暴动失败以后以教书为掩护，在地主家里当家庭教师，听说红军到来，自动找上门来帮红军带路。他告诉陈毅，从这里到与闽粤交界的寻邬一带都没有反动军队，寻邬县②还有地下党的活动。

在黄达的带领下，红军继续东进，向寻邬方向行动。这个向导是信丰人，对当地的情况很熟悉，不仅懂得赣南方言，而且活动能力很强，不仅带路，而且成为了红军的宣传员，沿途向群众宣传红军保护群众利益，获取群众的信任。有一次宿营时，黄达居然获得情报，有一支国民党军队正在离此不远的 20 里之外，红军不敢停留，连夜转移。③

1 月 31 日，朱毛红军抵达寻邬县菖蒲圩，见到了中共寻邬县委书记古柏。看到如此疲惫甚至有点狼狈的红军，古柏决定把他们带到一个比较安全的地方落脚，稍作休整以后再行活动。这个地方位于闽粤赣三省交界的大山深处，叫作罗福嶂。毛泽东、朱德接受这个建议，乃率领全

---

① 〔美〕艾格尼丝·史沫特莱：《伟大的道路——朱德的生平和时代》，第 273 页，生活·读书·新知三联书店，1979。

② 寻邬县于 1957 年改称寻乌县。

③ 陈毅：《略谈红四军游击赣南》，《回忆中央苏区》，第 52 页，江西人民出版社，1981。

军向罗福嶂前进。

2月1日，全军到达吉潭圳下村，前行还要数十里才能到达罗福嶂。天色已晚，决定在此宿营。这是一个小村庄，地处项山，所以有一些历史亲历者也把在这里发生的突围战斗称作为项山战斗。这个村庄的南北是山，中间为东西走向狭长的田坎，沿着田坎建有一排房屋，一条小河穿行其间。毛泽东率领的前委机关和朱德率领的军部，有说都住在村中心的一个土围子里，也有说毛泽东住围上大屋、朱德住文昌阁，总之都住在村子的中心位置。为应对敌人的突然袭击，他们以三十一团为前卫布置于军部前面，二十八团置于军部后面为全军后卫。军部下令，第二天凌晨3点起床，在河边集合，向罗福嶂行进。

可见，毛泽东、朱德对于应对敌人的袭击，是有所准备并作了周密安排的，如果能够按此布置，随时可以应敌，但不幸的是当赣敌刘士毅部不过数百人的前卫向军部发动袭击时，林彪却临阵放弃抵抗，置全军安危于不顾，未能尽到后卫的责任，率队抢先撤退，致使全军陷入混乱，毛泽东、朱德险遭不测。

寻邬县吉潭圳下村

关于这场令每一个亲历者都终生难忘的战斗，由于各人所处位置不同，有着不同的记忆。当时在第二十八团担任连长的粟裕，对这次战斗留下了难忘的印象：

凌晨，我们在项山受到刘士毅部的突然袭击。那次第二十八团担任后卫，林彪当时任第二十八团团长，他拉起队伍就走，毛泽东同志、朱德同志和军直属机关被抛在后面，只有一个后卫营掩护，情况十分紧急，毛泽东同志带着机关撤出来了，朱德同志却被打散了，身边仅有五名冲锋枪手跟随。

敌人看到有拿冲锋枪的，认定有大官在里面，追得很凶，越追越近。朱德同志心生一计，几个人分作两路跑，自己带一个警卫员，终于摆脱险境。这时，我们连到达了一个叫圣公堂的地方，听说军长失散了，我们万分着急，觉得像塌了天似的，情绪很低沉，恐慌。

下午四点半朱军长回来了，此时部队一片欢腾，高兴得不得了，士气高起来了。但不幸的是军长的爱人伍若兰同志却被敌人抓了去，惨遭杀害，我们看到朱军长把伍若兰同志为他做的一双鞋子一直带着，很受感动。①

当时随同朱德突围的特务营战士黎崇仁和谢甫鹏的回忆，则更加具体：

这次来偷袭我们的敌人是刘士毅部下赖世璜的部队。天未亮，敌人包围了我们。这时，有的同志刚吃过早饭整装待发，有的同志还未吃饭。敌人向我们发起进攻。红军有些部队被打散，军部机关和毛泽东、朱德、陈毅等同志都被包围在土围子里面。

大家听到这个消息，决心宁愿牺牲自己，也要保卫军部，救出毛泽东、朱德、陈毅等同志。我们在排长白在溪同志的指挥下，向包围军部的敌人猛冲过去，打退了敌人。接着，兄弟部队也冲了过来，把毛泽东、朱德、陈毅等同志接出来。

---

① 转引自《朱德传》，第157页，人民出版社、中央文献出版社，1993。

朱德身穿一件军大衣，他身边有个卫士挂了花，不能走。朱德很留恋他，跑了几步，还回来看他。朱德同志穿着大衣，不便快跑，我们很担心，便大声叫朱德同志把大衣甩掉。他舍不得丢掉大衣，跑了一里多路，到了一条小河边才把大衣脱下。

小桥又软又小，部队都涉水而过。这时正是严冬腊月，雪花满地。毛泽东、朱德同志也同战士一样，在寒冷刺骨的水中过了河。

这一仗，朱德同志的爱人伍若兰同志未跟上，被敌人抓走，后来被杀害了。①

上面两份回忆大致描述了毛泽东、朱德及部队突围的情况，而且都提到了朱德妻子伍若兰被敌人抓去而牺牲的情况。那么，伍若兰在哪里失踪了呢？

红四军下山之时，伍若兰是工农运动委员会妇女股股长。这个委员会主要在沿途做群众工作，直属前委领导，随前委和军部行动。随军行动的女性官兵还有毛泽东的妻子贺子珍、三十一团党代表蔡协民的妻子曾志，以及康克清、吴统莲和万安等县游击队的七八位姑娘。为便于行动，前委将她们编为一个妇女组，由曾志担任组长，集体行动。

后来担任中共中央组织部副部长的曾志，生前写过一部内容极为丰富精彩的回忆录《一个革命的幸存者——曾志回忆实录》。在这部难得的口述历史中，曾志重现了圳下突围战中她与伍若兰一起突围和伍若兰失踪的情况：

四点半时，我们正在一个小山岗下面的田里集合，突然从右侧响起了密集的枪声。大家知道，这是敌人的正规部队包围上来了。朱德立即指挥一部分人抢占山岗制高点，其余的迅速撤离。

曾志继续说：

此时，天色刚蒙蒙亮，隐约可见枪声响处的山上有黑压压的人影，跟随朱德左右的手提机枪班，向黑影射击。敌人听到手提机枪声，立即集中火力回击，两个机枪手当场负伤。

---

① 黎崇仁、谢甫鹏：《圳下战斗和罗福嶂会议》，《回忆中央苏区》，第58～59页，江西人民出版社，1981。

曾志，14岁投身革命，参加湘南起义后上了井冈山。

朱德见状，为了减少敌人的目标，把身上的黄呢子大衣脱下扔了，并叫机枪停止扫射。我同伍若兰原来一直紧跟黄呢子大衣跑。

跑着，跑着，突然黄呢子大衣不见了，手提机枪声也停了。

此时天还没亮，看不见四周情况，失去了目标。我们两人急忙往左侧的山边跑，敌人的子弹像雨点一样落在附近的水田里。前面出现了一个一人多高的土堆，我抓着土堆上的一根树条，很敏捷地爬了上去。回头看伍若兰也在爬。我就继续往山上跑。

曾志说，她奔跑到山上时，天色已发白，但是，“到了一个岔路口时，我才发觉，伍若兰不见了，我还一直以为她跟在后面呢”。曾志继续追赶自己的队伍，但是她再也没有见到伍若兰。她意识到，伍若兰永远不会归队了。

一个多星期后传来了伍若兰的噩耗。后来听说，她在项山腿上受伤，被敌人抓去。敌人开始不认识她，她说她是伙夫，后来有个被俘的战士讲出了她的真实身份。当敌人知道她是朱军长的夫人后，就将她的头割下来，挂在赣州城楼示众。

听到这不幸的消息，我和同志们都十分悲痛！

朱军长此后独爱兰花，据说是为了纪念若兰同志。①

历史记载，伍若兰在赣州牺牲的时间是1929年2月12日，年仅26岁。

伍若兰出生在湖南省耒阳县城郊九眼塘一个知识分子家庭，21岁时

① 曾志：《一个革命的幸存者——曾志回忆实录》上册，第86～88页，广东人民出版社，1999。

考入衡阳湖南省立第三女子师范学校。她在那里接受了马克思主义并加入中国共产党。在北伐战争席卷三湘四水的洪流中，她在家乡领导了轰轰烈烈的农民运动，担任了耒阳县农民协会妇女部长，参加了朱德发动的湘南起义并担任耒阳县妇联主席。在风云激荡的战争岁月，朱德认识并爱上了这位当地农民当中“无人不知”的“坚忍不拔的农民组织者”，就在她的家乡同她结婚。

伍若兰雕像。伍若兰牺牲时年仅26岁，生前没有留下一张照片。

湘南起义失败，伍若兰随同朱德到井冈山与毛泽东会师。8个月以后，她又随同朱德，从井冈山出发，踏上了她人生道路上最后的征途。

在延安阴暗的窑洞里，朱德向史沫特莱介绍这位传奇的女英雄。讲到她的牺牲，或许是因为悲痛，他的神色低沉，声音沙哑。他说：“她后来被国民党抓去了，折磨她很久，才砍下了头，悬挂在她家乡湖南长沙的大街上示众。”①

朱毛红军在圳下村突围，各路官兵趁着黎明到来时混沌的月色，冒着漫大大雪，在冰雪覆盖的山路和崖壁上攀爬前行，翻过几座大山，直到当天黄昏前后才陆续抵达事先约定的罗福嶂。

大柏地绝地反击

罗福嶂是一个坐落在大山深处的一个几十户农家的小山村，位于闽粤赣三省边界交会之处，东临闽西武平，南依粤东平远，相距不过二三

① 〔美〕艾格尼丝·史沫特莱：《伟大的道路——朱德的生平和时代》，第258页，生活·读书·新知三联书店，1979。

十里。按照原先寻邬县委书记古柏的建议，红四军打算在此短暂休息，好好恢复一下元气，对下一步的行动作一番规划。

自从井冈山出发以来短短十六七天，一败大余，二败平头坳，三败圳下村，可谓屡战屡败。全军出发时 3600 人，到罗福嶂时已损失 600 人，兵员还有 3000 人，枪支却不足 1000 支。而且沿途都没有党组织和群众的支持，国民党军 5 个团紧追不舍，当地反动民团又助长其威。毛泽东为此感叹“是为我军最困苦的时候”①。

在这种情况下，红军内部对于部队行动方针和组织编制提出了种种意见，甚至引起争论。为统一思想，便于以后的行动，毛泽东决定召开前委扩大会议，对若干急切的问题作出决策。

首先是红军下一步的行动方向，“为安置伤兵计，为找有党有群众的休息地计，为救援井冈山计”，因为这三方面的因素，一致决定前往吉安之东固。② 因为东固地处井冈山以北，那里有坚固的党与群众基础，还有一支很有战斗力的红军独立第二、四团，能够保证实现这三方面的目标。

关于军队编制，为便于行动和指挥，以适应艰苦的环境和作战，决定将团改为纵队，全军编为第一、三两个纵队。即原二十八团 3 个营编为第一纵队第一、二、三支队，军特务营、独立营合编为第四支队，纵队司令员林彪，党代表陈毅；原三十一团编为第三纵队，辖 2 个支队，纵队司令员伍中豪，党代表邝珠权。③ 但此次改编的计划后来到了汀州才实施。

会议还作出了另外一项重要决定，由于红四军自井冈山出发以来，沿途皆不断遇敌作战，而以毛泽东为书记的前敌委员会与以朱德为书记的军事委员会，是 1928 年 6 月中共中央指定设立的上下隶属的两级机关，但在向赣南出击途中，在行军作战特别是遇到突发事变时，机构重

①② 《红军第四军前委给中央的信》（1929 年 3 月 20 日），《毛泽东军事文集》第 1 卷，第 55 页，军事科学出版社、中央文献出版社，1993。

③ 萧克：《朱毛红军侧记》，第 7 页，中共中央党校出版社，1993。

叠诸多不便。为减少层次，便于机断，决定撤销红四军军委，将一切权力集中于前委。①

这些问题的讨论和议决似乎都比较一致，没有发生太大的争议。而在讨论到红军的行动方针时，即分兵行动还是集中行动的问题时，在党内引起了争论。

第一种主张是认为红四军应分为两个部分，“以团为单位，各路自行去图生存”，以便在敌人追击时能够迅速转移，同时人少易于解决给养，减少被敌人攻击的目标。

第二种主张是红四军应当集中，认为形势将会好转，敌人的进攻不会延续太久。集中行动可以同敌人作最后决战，分散则容易被各个击破，而且“分散以后联络困难，士兵胆子更小，更动摇”。②

毛泽东不赞成分兵，主张集中行动，最后决定实行第二种主张。会议之后，寻邬县委书记古柏来报告，敌人正向罗福嶂包围。毛泽东乃下令立刻转移，全军北上，按预定计划向吉安东固开进。

按行军计划，朱毛红军下一个目标是先到会昌，然后北上吉安东固。

朱德说，部队从罗福嶂出发不久，探得消息是国民党军正向会昌集结。红军乃临时改变行军路线，向东转入福建武平以迷惑敌人。“后面追赶的敌人以为我们过福建去了。他们也犹豫，因为他们跑得也很疲乏。谁知我们拐了一个弯，一下又折回头，插到江西瑞金。”③

富有戏剧性的是，参与指挥对朱毛红军作战的国民党军将领，有几个曾经与朱德一起早年追随孙中山、蔡锷投身辛亥革命和讨袁斗争，或曾经是云南讲武堂的同窗，或曾经是朱德在滇军训练的学生。原驻广东韶关的十六军军长范石生还曾经在危难之时给了朱德以很大的帮助；也有的则一再参与对朱毛红军的“追剿”。此番对井冈山第三次“会剿”的

① 《陈毅同志“九一三”以后的讲话》（记录稿，1971年10月），余伯流、凌步机：《中央革命根据地史》，第69页，江西人民出版社，2001。

② 《陈毅关于朱毛红军的党务概况报告（二）》（1929年9月1日），《中共中央文件选集》第5册，第782页，中共中央党校出版社，1990。

③ 转引自《朱德传》，第158页，人民出版社、中央文献出版社，1993。

赣军主力之一的二十一旅旅长李文彬，正是早年朱德的学生，从朱毛红军下山以来，他的部队始终紧随其后，欲置朱毛于死地。

行军途中，朱德获悉前方不远处正是李文彬的二十一旅。于是他修书一封，试图以师长的身份，劝说这位在南昌起义之时分道扬镳的学生认清形势，回归正道：

质卿吾弟：南昌一别，匆匆年余。几年来，各为一阶级而奋斗。吾弟对军事进步很大，对政治没有注意。遂川一役，能出奇制胜，不负吾之所教，大余一役，追随吾后多日，不辞辛劳。现蒋冯阎桂同床异梦，将来必然发生问题。识时务者为俊杰，若能率队归来，自当竭诚欢迎。如为环境所限，个人来归也很赞同。目前暂处困难，将来工农革命一定成功。何去何从，吾弟早图之。①

但是李文彬没有成为俊杰，不仅没有听从朱德的劝告，反而把朱德给他的信呈交给了他的上司第三军军长王均，进而加紧对红军的追击。

在前往瑞金的途中，朱毛红军虽然也遭遇地方民团的骚扰和阻击，但没有发生大的战斗。三天以后，红军进入瑞金县境内。瑞金是与福建长汀毗邻的一座小县城，城里驻守的是为数不多的保安部队。

或许是因为着急于赶路，也因为担心赣敌第十五旅刘士毅部正追击而来，红四军似乎并不想在瑞金久留。查阅各种资料，毛泽东肯定没有进城，大部队也未进城，但是一部分官兵肯定是入了城，不久又退了出来。

作为最高指挥员，毛泽东必须把握局势的发展与国民党方面的动态。在那样极为险恶的战争环境，毛泽东只能依靠千方百计获得的报纸，从中获取需要的信息。有时候甚至不得不去“抢”报纸，副官宋裕和就经常承担这样的任务。

宋裕和说，他们在 2 月 7 日进入瑞金县境，“当部队行至乌石龙时，毛泽东同志原来打算进瑞金县城，但又不知城里敌人的情况。因此，就

---

① 中共中央文献研究室编：《朱德年谱》（新编本）上卷，第 134～135 页，中央文献出版社，2006。

派了一小部分红军进城去抢报纸。我也参加了。由于敌人来势凶恶，向我尾追而来，结果，毛泽东同志就没有进城，率领部队从乌石龙经黄柏到大柏地”。①

朱德也许进了城。《朱德传》一书的作者、研究朱德生平的权威金冲及说：“他们打下了瑞金城，很快又撤出瑞金。”②

在这次艰难行军 8 年以后，朱德对史沫特莱的叙述，甚至生动地描述了他们在瑞金城活动的具体细节：在中国的农历新年就要到来之时，家家户户都贴上大红春联，送旧迎新，饭馆和大户人家传出阵阵丝竹和锣鼓声。而城里的权势人物正摆下丰盛的酒宴，招待当地民团的首脑，感谢他们赶走“朱毛土匪”的丰功伟绩。然而，朱德率领的士兵们突然降临，把这帮达官贵人锁进了一座古庙。史沫特莱引用朱德的话说：

> “我们替他们吃了这顿年夜饭，”朱将军大笑，“第二天早晨，我们转向东北，进入大柏地山区，敌人有一个师人从两个方向对着我们开来。可是我们跑够了，开了一次会，决定用一劳永逸的方法摆脱追兵。我们选定了自己的战场。部队详细讨论并弄清楚了作战计划，然后召开指战员大会，人人举起拳头宣誓，不歼灭敌人，誓不生还。”③

以往关于这段历史研究的论著，汗牛充栋，但对于史沫特莱这一段记述却很少提及。然而在众多的回忆录或口述史料中，朱德 1937 年的这段口述，距离事件的时间最为接近，可信度更高。类似朱德率兵闯入土豪劣绅家里，“打”一下土豪的情况，当时身为二十八团连长的粟裕也曾经历。他说，2 月 9 日，阴历除夕，“我们闯到土豪家，把土豪准备的年夜饭吃了个精光。吃饱喝足以后，我们离开大柏地，埋伏在石板道两旁

---

① 宋裕和：《大柏地战斗前后的情况》，《回忆中央苏区》，第 61 页，江西人民出版社，1981。

② 《朱德传》，第 158 页，人民出版社、中央文献出版社，1993。

③ 〔美〕艾格尼丝·史沫特莱：《伟大的道路——朱德的生平和时代》，第 274～275 页，生活·读书·新知三联书店，1979。

山上的树林里”。[①]

事实上，朱毛红军为尽快摆脱敌人的尾随追击，并不想在瑞金停留，也没有与敌人在此决战的计划。但是赣军刘士毅部依仗充足的兵力和装备，在接连击溃红军之后求功心切，马不停蹄紧跟在后，企图一鼓作气消灭这支在他看来已是溃不成军的“共匪”。

而朱毛红军确实也已经濒临绝境，后有追兵，前有强敌，孤军作战，弹尽粮绝，只有拼死一搏，以求绝处逢生。

朱德从瑞金城里撤出，发现二十八团已经陷入敌人的包围之中，处境十分危险，于是发生了十分惊险的一幕：

> 朱军长看看大家，指指周围说：“前面有敌人拦住我们，后面有敌人追击我们，我们还往哪里去呢？要是贪生求活，那就等敌人来时交枪投降，屈膝求饶；要是愿意为人民去死，那就干一仗，把敌人消灭掉。”

说完这些，朱德对敌情又作了一番观察，发现周围到处是敌人晃动的影子和临时掩体，敌军已经完成合围，没有一点空隙，知道已经无路可遁。

> “全团一个方向，”朱军长斩钉截铁地说，“一营跟着我从中间突破，二、三营左右配合，全团上刺刀。”说完这些话，他不再下命令，带头向敌人反冲过去。[②]

朱德喊出“上刺刀”向敌人冲锋的命令之后，不再下命令，这就是最后的命令，是决死的命令。当时的朱德，刚过 42 岁，已不是使枪弄棒的年龄，但是他作为一军之长，身先士卒，端起刺刀在刀光剑影血肉横飞的战场上冲锋陷阵，这一幕，令人惊心动魄。

朱德带着这支刚从硝烟中突围出来的部队，一直冲到瑞金以北的集镇大柏地，同毛泽东和三十一团会合，立刻召开前委会议，商讨退敌之

---

① 转引自《朱德传》，第 159 页，人民出版社、中央文献出版社，1993。

② 陈茂：《井冈山出发向赣南闽西挺进》，转引自《朱德传》，第 158 页，人民出版社、中央文献出版社，1993。

计。他们的意见很快取得一致，认为敌军刘士毅旅孤军突击，是其弱势之一；连打了几次胜仗，骄横轻敌，求胜心切，且刘士毅是朱毛红军几经交手的手下败将，是其弱势之二。而红军在屡败之余，复仇心切，士气昂扬，全军上下空前团结，各部官兵纷纷请战，誓与敌人决一死战，特别是大柏地周围的地形便于设伏，宜于展开伏击战，胜券可操。

前委会议之后，立即把各项战斗命令传达到各部。关于大柏地伏击战的回忆和记载很多，但由于年代久远和回忆者所在位置和经历不同，记述也多有出入或互为矛盾。这里引用当时二十八团二营营长、曾任解放军军事学院院长和国防部副部长萧克的回忆。他这本名为《朱毛红军侧记》的书并不是完全意义上的回忆录，其中不少内容是查阅了大量历史档案写成，还有专门章节研究朱毛红军的战略战术。关于大柏地之战，萧克将其列为“预伏”之战的一个战例。

萧克这样说：朱毛红军在2月9日到达瑞金以北30公里的大柏地。这一地区是一条长达5公里的峡谷，两侧峰峦重叠，山林茂密，其间有一条县道贯通，是瑞金到宁都的交通要道。从地形上看，这里很适合伏击。

> 2月10日下午，敌人追来了。我们二十八团二营是前哨营，在前村附近地域占领阵地，掩护四军主力展开。黄昏，该营撤至大柏地街道北端地域担任军预备队。次日大早，以二十八团一营从右翼向敌侧后迂回，断敌退路；二十八团三营在牛廖坑东侧高地占领阵地，正面阻击；三十一团和军部特务营从左翼向敌侧击。
>
> 2月11日上午，敌人进入伏击圈。我军按预定计划，正面坚持，两翼进攻，激战到午后才结束战斗，敌人正副团长以下800余人被围歼和俘虏，其余全部溃退。①

萧克是从战略战术的角度介绍这场战斗的，并没有具体的细节。但是这些战争的幸存者，对这场从农历除夕（2月9日）第二十八团在瑞金城外突围，至大年初一、初二的大柏地伏击，前后三天的殊死搏斗，终

① 萧克：《朱毛红军侧记》，第77页，中共中央党校出版社，1993。

红四军部署大柏地战斗会议旧址

生不忘。

陈毅在向党中央的报告中说，这场战斗是红军在屡战屡败之后，面对强敌而奋起反击的“最后一掷”。在战斗中，红军官兵在弹尽援绝的情况下，用树枝、石块乃至空枪，同敌人肉搏，杀声震天，血洒黄土，伤重倒地仍挣扎着站起来扑向敌人，直至获得最后的胜利。朱毛红军以他们抱定必胜的决心与一往无前有我无敌的牺牲精神，绝地反击，悲怆而壮烈。陈毅说，这场战斗是在“血泊中挣扎”才获得“最后胜利”，是“红军成立以来最有荣誉之战争”。①

毫无疑问，这场悲壮而光荣的反击战，红军同样付出了牺牲。牺牲的人数，没有确切的记载，但是在萧克的记忆中，他的两位极亲密的战友牺牲在这片土地上。

彭葵，在大革命失败以后白色恐怖最严重的时候回到湖南宜章的

---

① 《陈毅关于朱毛军的历史及其状况的报告（一）》，《中共中央文件选集》第 5 册，第 755 页，中共中央党校出版社，1990。

家乡。他原先只是一名中学生，但在加入共产党以后成为了一名英勇无畏的战士和农民领袖，参加湘南起义以后跟随朱德上了井冈山，成为二十八团四连的党代表。这时，萧克是二连的连长。在井冈山“八月失败”的战斗中，萧克身负重伤，危急之中，彭葵救了萧克一命。然而，在大柏地战斗中彭葵奋勇当先，壮烈捐躯。这时，他是二十八团二连党代表。

胡世俭，二十八团二营党代表，湘南起义时是宜章县委书记。而朱德领导的湘南起义，正是由于胡世俭的配合率先在宜章打响的，由此发展成为威震湘粤的湘南年关暴动。大柏地战斗打响后，他与萧克奉命正面阻击进攻之敌，不幸负伤。战斗结束，人们在杂乱丛生的茅草中找到了他，但是他已经牺牲。接替他担任党代表后来又担任闽西红十二军军长的高静山，亲手掩埋了这位战友。①

一批又一批倒下的红军官兵，用他们的生命换来了大柏地这场“最有荣誉之战争”，完全改变了朱毛红军自井冈山出发以来近一个月令人沮丧的失败的态势。史沫特莱在听了朱德的叙述以后的评论是：“大柏地战斗是土地革命也是敌军士气的一个转折点。”② 自此以后，朱毛红军好运不断，捷报频传，开启了新的征程。

进驻“东井冈”制定新计划

朱毛红军继续北上，向吉安县东固进发。由于红军大柏地一战声威远震，沿途居然再没有遇到国民党军的拦阻和袭击。宁都县城里原先有一个团的地方保安部队，不敢与红军交战，主动撤离到城外。红军一到，惯于投机取巧的商会，立刻扯下国民党的旗子，在商铺和大街上挂起了红旗，甚至主动向红军捐出现洋 5000 元。

---

① 萧克：《朱毛红军侧记》，第 23～24 页，中共中央党校出版社，1993。

② 〔美〕艾格尼丝·史沫特莱：《伟大的道路——朱德的生平和时代》，第 275 页，生活·读书·新知三联书店，1979。

由宁都西行到东固，行程将近 200 里。朱毛红军花了四天，2 月 17 日抵达东固。

东固地处赣西南吉安、吉水、泰和、永丰、兴国五县边界，方圆不足百里，坐落于雩山山脉中部。不管走到哪里，朱德总是怀着浓厚的兴趣与情感仔细观赏那里美好的景色，即使是在戎马倥偬的战争岁月；不仅观赏，而且能够准确地加以描述。他在延安向史沫特莱讲述那些刀光剑影的军旅生涯时，还绘声绘色地介绍了东固的地貌和山色。

东固山区尽管没有井冈山那般雄伟与险峻，却是树木参天，满目苍翠，曲径通幽。万山丛中，散落着一些小村庄，东固镇便坐落其间。这些看起来与别处没有什么差异的村落里，却几乎都是共产党人领导的农会会员，青少年大多是红军独立第二团、第四团的士兵。在蒋介石叛变革命以后很短的时间里，中共赣西特委就在这里重建党的组织，成立红二团、红四团，创造了一个与井冈山公开割据形式不同的“秘密武装割据”的农村革命根据地。最早的领导人之一赖金邦在红四军来到前一年已经牺牲。由他的继承者李文林领导的这块根据地，成为当时江西省最为巩固的根据地之一。

朱毛红军到达这里，就像凯旋的英雄。东固许多村庄的农民都涌到大路上欢迎，帮助运送伤兵和补给，安排伤病员到医院去治疗。连续行军作战困乏到了极点的红军官兵终于可以停下来休息、洗澡，缝补满是窟窿的衣服，然后把这些衣服放到沸滚的开水中消毒，杀灭衣缝中折磨他们的虱子。他们甚至可以抽出时间来学写文字和阿拉伯数字，弥补行军作战耗去的时机。

陈毅被与红二团、红四团会师所感动。回顾一个多月以来的艰辛与流血牺牲，他感慨万千，赋诗道：

大军突敌围，关山度若飞。今朝何处去？昨夜梦未归。
带梦催上马，睡意斗寒风。军号声凄厉，春月似张弓。

尖兵报有敌，后队转向东。急行四十里，敌截已扑空。

东固山势高，峰峦如屏障。此是东井冈，会师天下壮。[①]

吉安县东固螺坑。1929 年 2 月 17 日，朱毛红军到达吉安东固，在螺坑沙吉丘同江西红军独立第二、四团会师。

在到达东固的最初几天，毛泽东和朱德不断地召开会议。在朱德的印象中，最为深刻的是他们在群众集会上的演讲，不少演讲的文字他一直没有忘记。史沫特莱记录了毛泽东一段精彩的演讲：

> “我们很弱小，”毛泽东向大家说，“可是星星之火可以燎原，我们有远大的前程。”毛泽东同平常一样，解释了革命的一般战略和战术。他说革命一定要首先占据农村小据点，建立牢固的山区根据地，例如东固山区和井冈山区，最终联结起来。
>
> “在一定的时间和条件下，”他继续说道，“人民政权就可以伸展到有大城镇的地区。从全国一小部分地区的解放，我们就可以扩展到较大或更大的地区；最后一定可以解放全中国。”[②]

---

① 陈毅：《红四军军次葛坳突围赴东固口占》(1929 年 2 月)，《陈毅诗词选集》，第 3～4 页，人民文学出版社，1977。

② 〔美〕艾格尼丝·史沫特莱：《伟大的道路——朱德的生平和时代》，第 278 页，生活·读书·新知三联书店，1979。

吉安县东固螺坑毛泽东旧居

毛泽东在东固这段演讲的内容，使人向前联想到毛泽东在井冈山提出的工农武装割据的主张，向后又联想到在经过创建赣南、闽西革命根据地的实践，提出了“乡村中心”和“农村包围城市”的理论，而且同样用“星星之火可以燎原”的比喻，生动地形容革命发展的必然趋势。而这段演讲的内容，早在1937年已经由朱德介绍给了一个美国记者。只是以往人们在研究毛泽东这个理论演变的时候，并不太关注史沫特莱记录的这段文字。

朱德对自己的演讲同样保存着深深的记忆。他向人们特别强调的是两个重要观点。第一是根据地军民必须牢记太平天国以来中国人民反帝反封建的伟大历史和革命传统，我们是这一革命传统的继承者，必须把这场革命坚持下去。第二个观点是他一再重复的主张：“像中国这样一个半封建半殖民地国家，如果不进行武装斗争，就没有农民和工人的地位，没有共产党、土地改革和其他改革的地位，革命也绝对不会胜利。”而且，他说，农民在农村中的斗争，只有在城市产业工人和小资产阶级——包括知识分子的帮助下，才能够成功。[①]

毛泽东和朱德对东固革命根据地特别感兴趣。这块根据地与他们在

① 〔美〕艾格尼丝·史沫特莱：《伟大的道路——朱德的生平和时代》，第278页，生活·读书·新知三联书店，1979。

井冈山创建的“朱毛式”的根据地有许多不同之处，同“贺龙式”的湘鄂边根据地、“方志敏式”的赣东北根据地也不一样。这些根据地虽各有特点，但最主要的共同之处是以公开割据方式，即以公开的武装、公开建立的苏维埃政权，同敌人作公开的对峙与较量。东固根据地虽然也是建立以乡村为中心的武装割据，但红军武装是秘密的，政权组织是以秘密农民协会所替代，因此敌人难以找到所要打击的目标，根据地却得到民众的拥护而巩固地发展起来。

从东固根据地的经验中，毛泽东得到启发，认为在敌人强大而革命高潮尚远，主客观条件不足而难以至少有一省用总暴动的方法推翻统治阶级政权以前，那种小区域的公开割据是有害而无益的。他以湘潭、醴陵、平江和湘赣边界井冈山根据地一些县的公开割据为例：不仅失去了群众，甚至连党组织也几乎完全塌台，致使经济基础遭到毁灭，群众生活陷于痛苦之中，从而导致根据地的失败。而东固这种割据的方式则别具特色，取得了意想不到的成功。不久以后他专门致信处于危困之中的中共湘赣边界特委，介绍东固根据地的经验：

> 这番我们到东固则另是一种形式，反动势力已驱逐了，权利完全是我们的，但公开的政权机关和固定的赤卫队都没有，邮路是照常的，商业贸易是照常的，边界所受到的痛苦此地完全没有。敌军到来寻不到目标，党的组织和群众的组织（农民协会）完全秘密着。在接近总暴动之前，这种形式是最好的，因为这种形式取得群众不致失掉群众，武装群众不是守土的赤卫队而是游击队。①

显而易见，东固根据地这种秘密的党组织，以秘密农会代行政权的方式，以及工农武装不是以“守土”为目的的赤卫队而是采取飘忽不定战术的游击队，保证了根据地的安全和巩固地发展。他把东固“秘密武装割据”称为“李文林式”。这种方式改变了毛泽东在井冈山关于在白色政权包围之中实行公开的红色割据的观点，指示中共湘赣边特委参照其

---

① 《中共湘赣边界特委报告（第二号）》（1929 年 6 月 6 日），《井冈山革命根据地》上册，第 321 页，中共党史资料出版社，1987。

经验而改变斗争策略。

东固根据地的独特之处不仅使毛泽东、朱德这样的高级领导层大受启发，红军各级官佐士兵也都感同身受。他们原来以为革命就是要打起红旗，上面绣上镰刀斧头的标记，就应该旗帜鲜明，公开割据，然后是赤白对立，兵戎相见。红军所到之处，是要打土豪，烧掉国民党的行政衙门和警察所。但东固却并不是这样，他们见到了与井冈山完全不同的景象，不免引起惊异。

在二十八团二营营长萧克的记忆中，刻下了他初到东固的第一印象：红军从宁都一路向东固开进，听说那儿有苏区，有李文林领导的游击队在活动。部队到南龙宿营，据说是已经进入苏区了，“奇怪的是，这儿没有苏区那种热闹场面，看不到苏维埃的名义，也没有农民协会招牌，尤其明显的是没有烧房子的现象，第二天到东固所见亦如此”。然而刚到东固的 3000 多红军，住了六七天，不打土豪，却天天有饭吃，蔬菜、猪肉供应充足。

令萧克难以忘怀的一幕是，红二、四团党代表在与朱毛红军会师大会上发表讲话。他是个军人，却穿着棉布长袍，“像个绅士，他在大会上讲话既文雅又激昂”，他说我们这里有很好的群众，我们的战术是打得赢就打，打不赢就上山，敌人找不到我们，我们却可以看住他，有条件的话能打他一两个团。萧克说：“我们对于这位不像军人的军队代表的讲演，既惊奇，又有好感。”①

东固的“秘密武装割据”给了毛泽东以很大启发，不仅是割据的方式和群众工作的方式，还有红军军事行动的战略与策略。东固根据地的工农武装是在 1927 年 11 月由赖金邦、段月泉等领导的农民暴动中建立起来，后来逐渐发展成为红二、四团，两团合计 1200 余人，800 多支枪，而以红二团战斗力为强。

李文林是中共赣西特委秘书长兼红二团团长，后来又担任红二、四

---

① 萧克：《朱毛红军侧记》，第 132～133 页，中共中央党校出版社，1993。

团行动委员会书记兼政委。李文林对朱毛红军十分崇敬，曾经多次派人上井冈山同毛泽东联系。因此毛泽东对于李文林和他领导的红军早就有所了解，但是对这支队伍的战略和策略，却是到了东固才有深切的感受。他在给中共湘赣特委的信中，对这支部队作了详细介绍：

> 由25支枪起手的七九两纵队，现改为江西红军独立第二团，差不多抵得上四军的三十一团了。他的战术是飘忽不定的游击，游击的区域是很宽的……他们消灭了许多靖卫队团，打败了三十六旅的二十七团。他们经常是一角五分一天士兵伙食，从不发生经济问题。他们与省委特委的关系很密切，交通也方便，敌人完全是奈何他们不得，用这种方法，游击区域可以很广，即是说发动群众的地点可以很多，可以在许多地方建立党和群众的秘密组织。①

毛泽东认为李文林的红二团相当于他直接指挥的主要由秋收起义部队编成的三十一团。而红二、四团实行的“飘忽不定”的游击战术，战果累累，经济充足，与地方党组织关系密切，与敌人作战处处主动，善于组织与发动群众，无论从哪个方面讲，都强于朱毛红军。相比之下，毛泽东的第一感觉是“四军的同志见了他们直是惭愧万分”。②

按照原来的计划，朱毛红军在东固稍作休整之后，迂回井冈山下，援救守卫在井冈山的彭德怀、滕代远，相互配合，重返井冈山。但是从各方面得到的消息证实，井冈山已经失守，彭德怀率领的红五军已经突围下山，向赣南方面转移。显然，这一计划已经不能实行。

另有消息传来，一直尾随红四军的赣军第二十一旅李文彬部和第三十五旅张与仁部追击而至，向东固进逼。

彭德怀在井冈山的失败和步步紧逼的敌情，使得东固的形势陡然紧张起来。显然，朱毛红军如果与红二、四团一起留在东固坚守，与敌人

---

① 《中共湘赣边界特委报告（第二号）》（1929年6月6日），《井冈山革命根据地》上册，第321～322页，中共党史资料出版社，1987。

② 毛泽东：《给林彪的信》（1929年6月14日），《毛泽东文集》第1卷，第67页，人民出版社，1993。

进行决战，不仅胜算未必稳操，东固这块苦心经营起来的“秘密武装割据”的根据地，很可能受到严重的摧残。

在此紧急的情势之下，东固的经验给了毛泽东以很大启发，前敌委员会经过慎重研究，“决定抛弃了固定区域之公开割据政策，而采取变定不居的游击政策（打圈子政策），以对付敌人之跟踪穷追政策”。①

毛泽东的“打圈子”战术，是从井冈山过去的山大王朱聋子那里学来的。作为绿林好汉的朱聋子有句名言：“不要会打仗，只要会打圈。”毛泽东对此作了改进和再创造，他说：“我们红军不能这样，应该是又要会打仗，又要会打圈。”这就是既要会“游”，又要会“击”，是游与击的统一。②

2 月 25 日，朱毛红军重新集结起来，开始毛泽东创造的“打圈子”行动，展开新的战斗。出发之前，李文林的红二团、红四团和当地民众纷纷前来送行。

经过休整以后的这支队伍，许多人不足 20 岁，有的甚至只有十五六岁。他们只有一半人肩背着步枪，其他的战士手里握着梭镖和大刀。这是一支完全“穷人的队伍”，大多是文盲，一些人穿得破破烂烂，或者满是补丁的裤褂，脚上穿着自己编织的草鞋，有些人的头上还缠着山区农民通常裹缠的五颜六色的头巾。他们的肩头一边挂着香肠似的干粮袋，一边挂着子弹带。但这两个口袋里，并没有装满充足的粮食，也没有足够的子弹。但是他们一个个精神抖擞，刚毅坚定。

这就是后来朱德向史沫特莱描述的即将出征的红军。毛泽东和朱德向他们的士兵发表颇具鼓舞性的讲话。他们高声说，国民党军有 11 个团正在向这里包围，但是敌人内部正在发生冲突和矛盾。蒋介石忙着同桂系军阀作战，不能抽调他的精锐部队来打红军，开到这里来的不过是二流的地方部队。红军就是要把敌人引开，然后各个击破。

---

① 《红军第四军前委给中央的信》（1929 年 3 月 20 日），《毛泽东军事文集》第 1 卷，第 55 页，军事科学出版社、中央文献出版社，1993。

② 萧克：《朱毛红军侧记》，第 63 页，中共中央党校出版社，1993。

朱毛红军的作战方式，变得更加灵活和飘忽不定。从地图的行军路线可以发现，他们于 2 月 25 日从东固出发之后，向东北方向经永丰，乐安县的藤田、招携，转而南下广昌，直趋石城，3 月 9 日，他们抵达瑞金壬田，拖着国民党军两个旅打了二三百公里的“圈子”。

壬田地处闽赣两省边境，距离闽西长汀县境不过 20 多公里。毛泽东原先的“打圈子”计划并没有进入闽西的设想，但是紧追不舍的赣军张与仁旅咬住朱毛红军不放，其前锋已逼近壬田，距红军后卫不过一里，两军几乎都能看见对方的人马。为防不测，毛泽东、朱德乃决定立刻离开壬田，转向福建长汀进发。①

在毛泽东、朱德看来，封建军阀的一个重要特点是守土自保，只管自己地盘的利益。红军转入福建，江西的军阀不会再继续追赶。至于下一步的计划，只有到了福建以后再作打算。然而时局的发展比他们预想的更快。他们很快得到新的情报，赣军张与仁旅在到达壬田之后，忽然悄然收兵，向后折返。原来，蒋介石与桂系李宗仁之间的矛盾激化，蒋桂战争爆发。蒋介石下令从湘、粤、赣各省调集军队，同桂系展开一场大战。赣军于是顾不上追击红军，匆匆掉头，转向蒋桂战争的战场。

---

① 《红军第四军前委给中央的信》（1929 年 3 月 20 日）写道：“二月二十五日离开东固，经永丰、乐安、广昌、石城，复入宁都、瑞金之壬田市，后卫距敌才一里，乃我们离开壬田市向汀州之原因。”见《毛泽东军事文选》第 1 卷，第 55 页，军事科学出版社、中央文献出版社，1993。

中国革命的转折点

长岭寨：入闽第一仗

赣南与闽西，处于武夷山脉南段的东西两侧，居住在这里淳朴的民众，大多是早年为躲避战乱和灾荒从中原地区辗转迁徙南下的客家族群，因此尽管山林阻隔，他们却有着共同的习俗和相似的方言。在久远的年代以至于现代，赣南、闽西虽然分属两个省份，但往往被连接在一起，被视为一个整体的区域。

瑞金与长汀，是赣南、闽西边界相距最近的两个县城，直线距离不足 50 公里。长汀的县城汀州城是闽赣两省边界最为繁华的一个县城，自唐开元年间就设汀州府在此，直至民国废府，所辖地域为闽西 8 个县，被称作汀州八县。占领汀州，不仅涉及闽西八县，而且影响闽赣两省，极具战略意义。不过当朱毛红军的行军方向指向长汀的时候，无论毛泽东还是朱德，都还没有意识到长汀在中国革命历史上的价值。

据守长汀的是福建省防军第二混成旅。旅长郭凤鸣，土匪出身，辛亥革命以后受北洋军阀招抚，北伐军入闽时又宣布倒戈投靠蒋介石。他的部队多为当地股匪，战斗力极为薄弱，加以军纪废弛，到处敲诈勒索，深为民众所痛恨。

就如所有军阀的本性那样，郭凤鸣将自己经营的地盘闽西八县视为私人的领地，对于从井冈山远道而来的朱毛红军十分警惕，唯恐红军踏

入其势力范围。早在一个月以前的 2 月 7 日，朱毛红军“先锋队千余人”，从江西边境寻邬县罗福嶂进入闽西境内“武平与瑞金县交界之镇明岭”，向瑞金北上；郭凤鸣派出驻武平县的两个炮兵连和一个步兵营约数百之众拦截，意欲阻止红军入闽。①

其实，朱毛红军当时无意于深入闽西境内，尽管沿途连遭挫折，正处在自建军以来的最困难时期，但对于半道上杀出来拦击的这支土匪部队，立即予以痛击。郭凤鸣所部如鸡蛋碰到了石头，一触即溃，“士兵死伤六十余人，炮兵营长受伤，工兵营长失踪，被红军缴去机关枪一架，三八式快枪四十余杆，约损失三万余元”②。

这场战斗，对于刚刚经历了许多次重大战事之后的朱毛红军，不过是一个插曲，查阅朱毛红军的正式报告及当事人的历史记述，找不到关于这次与郭凤鸣交战的记载，只有中共福建省委在向中央的报告中有所提及。

不过朱德却是注意到了这支部队的存在。在不几天到达吉安东固以后，他在一次会议上用略显嘲讽的语言，描述蒋桂战争爆发在即的情况下，蒋介石已顾不上派出精锐的部队来对付红军，只好把二流的地方部队调来作战。朱德说，“事实上大家都知道，福建军队不过是加入国民党军队的职业土匪”，他们在红军面前几乎不敢露面，他们唯一的要求是“能够躲在自己的老家不受干扰地抽税和贩卖鸦片”；而红军从东固出发，转而转向闽西长汀，其目的“就要将敌军自山区引开，然后各个击破”。③

而闽西的地方官员、普通民众和共产党组织，对于这支从未见过的红军即将入闽，心态却是各不相同。

国民党地方官员虽然很怕红军，但在红军未到而郭凤鸣的军队将要出发到武平县防堵红军时，对郭凤鸣的军队倒是更为惧怕，因为这支土

---

①② 《中共福建省委给中央的信》（1929 年 2 月 24 日），中央档案馆、福建省档案馆编：《福建革命历史文件汇集》甲 4 册，第 80、81 页，1984。

③ 〔美〕艾格尼丝·史沫特莱：《伟大的道路——朱德的生平和时代》，第 278—279、284 页，生活·读书·新知三联书店，1979。

匪部队提出的条件是每天供给两三千元的军饷，弄得县长没有办法，竟然私自带十几个警察逃到乡下，“大吹红军快要到来的消息，借以恐吓郭凤鸣来敷衍他的筹饷筹款工作”。①

从未见过红军的民众一开始也心存疑虑，一时间人心惶惶。但是打了败仗的郭凤鸣的士兵回到长汀却大加宣传红军，“说朱毛的红军如何的勇敢，如何帮助群众”，从而大大增加了民众对红军的信仰，更加痛恨军阀郭凤鸣的残暴。②

闽西边境的中共武平县委和长汀县委从一开始就密切关注着朱毛红军的动向，不断向远在厦门的福建省委发出关于朱毛红军行动的报告，福建省委又立刻把这些材料汇集起来，作出分析和判断，向上海党中央报告。

所有这一切，都发生在短短十几天内。中共福建省委得出如下结论：

> 我们的估计是：红军转战千里，旦夕不休，尤其是这两月来长期的奔走，一定是很疲惫，并以子弹缺乏，目前开回湘、赣或开往广东很有困难；客观上的环境，红军暂时开到闽西长汀、武平、上杭一带来作一短时间的休息，是有可能的。
>
> 红军如果开到福建，则在上杭、武平、长汀一带暂时发动农民起来，实行土地革命，肃清反动派，并用很敏捷的手段缴地主豪绅及郭凤鸣一部分武装，在闽西作一短期间的休息，然后沿闽、赣边境开往闽北，转入江西。③

福建省委根据这样的判断，指示长汀、武平、上杭县委设法同红军取得联系，并向红军提供军政情报和各种帮助，做好群众宣传工作。

福建省委作出这一判断并向中央报告的时间是 2 月 24 日，也就是在朱毛红军离开东固决定实行“打圈子”游击方针的前一天，而向闽西各县发出指示的时间还要早几天。福建省委的判断与朱毛红军的行动不谋而合。而当长汀县委收到福建省委指示之时，朱毛红军已经向长汀逼近。

①②③ 《中共福建省委给中央的信》（1929 年 2 月 24 日），中共档案馆、福建省档案馆：《福建革命历史文件汇集》甲 4 册，第 81 页，1984。

利用黑夜的掩护，朱毛红军绕开大道，悄悄地越过闽赣分界的武夷山，进入闽西境内的长汀，在一个四面环山的小镇停歇。这个小镇名为四都，共产党地方组织早已在这里作了宣传，当地的民众对于红军的到来既不惧怕，更没有闻风躲避。这一天，是 1929 年 3 月 12 日，农历新年的第一个月刚刚过去，正逢当地庙会，圩场上人头攒动，摩肩接踵，格外热闹。许多人不仅是来赶会，更重要的是来看看传说中的“朱毛红军”。

长汀县四都。朱毛红军首次入闽后的第一个宿营地。从四面八方来赶集的民众在这里第一次见到了传说中的红军。

毛泽东、朱德入闽第一天就感受到了闽西民众的热情和善意，派出宣传人员演讲，散发传单，展示共产党和红军的政策主张和与穷苦百姓血脉相连的亲密关系。很多人记得，朱毛红军在向赣南、闽西进军途中，走到哪里，就在哪里张贴一张以“军长朱德、党代表毛泽东”署名的《红军第四军司令部布告》。这份布告即使在今天看来，还是那样亲切，那样激励人心：

红军宗旨，民权革命，赣西一军，声威远震。
此番计划，分兵前进，官佐兵伕，服从命令。
平买平卖，事实为证，乱烧乱杀，在所必禁。
全国各地，压迫太甚，工人农人，十分苦痛。
土豪劣绅，横行乡镇，重息重租，人人怨愤。
白军士兵，饥寒交并，小资产者，税捐极重。
洋货越多，国货受困，帝国主义，哪个不恨。
国民匪党，完全反动，口是心非，不能过硬。
蒋桂冯阎，同床异梦，冲突已起，军阀倒运。
饭可充饥，药能医病，共党主张，极为公正。
地主田地，农民收种，债不要还，租不要送。
增加工钱，老板担任，八时工作，恰好相称。
军队待遇，亟须改订，发给田地，士兵有份。
敌方官兵，准其投顺，以前行为，可以不问。
累进税法，最为适用，苛税苛捐，扫除干净。
城市商人，积铢累寸，只要服从，余皆不论。
对待外人，必须严峻，工厂银行，没收归并。
外资外债，概不承认，外兵外舰，不准入境。
打倒列强，人人高兴，打倒军阀，除恶务尽。
统一中华，举国称庆，满蒙回藏，章程自定。
国民政府，一群恶棍，合力铲除，肃清乱政。
全国工农，风发雷奋，夺取政权，为期日近。
革命成功，尽在民众，布告四方，大家起劲。[①]

这份布告，让闽西民众认识了这支名为“朱毛红军”的“赣西一军”，共产党和红军的信念从此在这片山乡深入人心。这里后来成为中央苏区最为巩固的中心地区之一，四都镇在红军长征离开中央苏区以后，

---

① 《红四军司令部布告》（1929 年 1 月），《毛泽东军事文集》第 1 卷，第 51～52 页，军事科学出版社、中央文献出版社，1993。

成为中共福建省委和福建省苏维埃政府最后的据点。

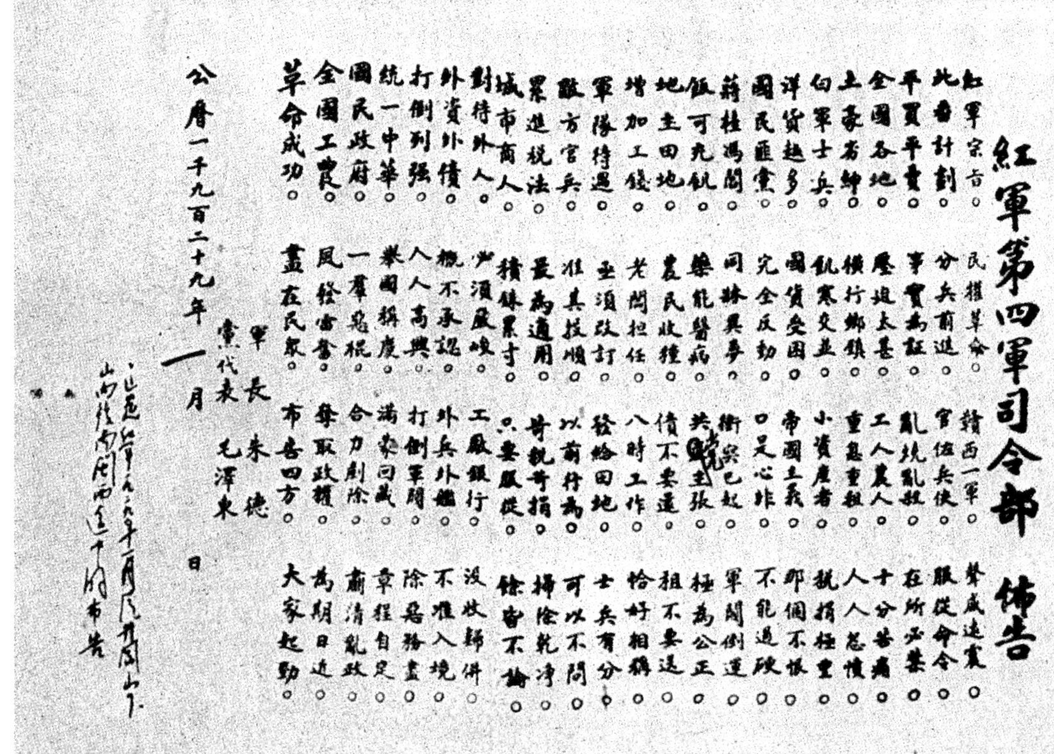

紅軍第四軍司令部佈告

紅軍宗旨，民權革命。贛西一軍，聲威遠震。
此番計劃，分兵前進。官佐兵伕，服從命令。
平買平賣，事實爲証。亂燒亂殺，在所必禁。
全國各地，壓迫太甚。工人農人，十分苦痛。
土豪劣紳，橫行鄉鎮。重息重租，人人怨憤。
白軍士兵，飢寒交並。小資產者，捐稅極重。
洋貨越多，國貨受困。帝國主義，那個不恨。
國民匪黨，完全反動。口是心非，不能過硬。
蔣桂馮閻，同牀異夢。衝突已起，軍閥倒運。
飯可充飢，藥能醫病。共產主張，極爲公正。
地主田地，農民收種。債不要還，租不要送。
增加工錢，老闆担任。八時工作，恰好相稱。
軍隊待遇，亟須改訂。發給田地，士兵有分。
敵方官兵，准其投順。以前行爲，可以不問。
累進稅法，最爲適用。苛捐苛稅，掃除乾淨。
城市商人，積銖累寸。只要服從，餘皆不論。
對待外人，必須嚴峻。工廠銀行，沒收歸併。
外資外債，概不承認。外兵外艦，不准入境。
打倒列強，人人高興。打倒軍閥，除惡務盡。
統一中華，舉國稱慶。滿蒙回藏，章程自定。
國民政府，一群惡棍。合力剷除，肅清亂政。
全國工農，風發雷奮。奪取政權，爲期日近。
革命成功，盡在民衆。布告四方，大家起勁。

軍長 朱德
黨代表 毛澤東

公曆一千九百二十九年一月 日

红军第四军司令部布告。这张布告遍及赣南闽西无数个城镇和山村，唤起了千千万万工农民众的觉醒。

毛泽东、朱德原想在四都这宁静的小镇好好休整几天，恢复连日行军作战的疲劳。但是，总是害怕红军侵占自己地盘的郭凤鸣派出一个团赶到了这里，企图把红军赶回江西。

朱德清楚地记得郭凤鸣部到四都偷袭的情景。他说，那是一个漆黑的晚上，他们正在睡觉，一个派出去侦察敌情的士兵突然进来报告："敌人来了！"大家都不相信这个消息，还把这个士兵批评了一顿。

正说话间，外面的枪声响起，据了解，是从汀州方向打来的。朱德说，由于郭凤鸣的偷袭，"我们就下决心打。就趁晚上赶紧布置好，早些爬起来，就打起来了"。而且决定一鼓作气，直下汀州。郭凤鸣的部队不堪一击，“开头一枪打死敌人一个团长，没几枪敌人就乱着溃退下去啦！再向前一逼，把这个团整个的搞垮了”。①

郭凤鸣部这个团一触即溃，向长汀方向败退。红四军乘胜追击，奔袭四五十里，直到一座大山横卧在前，挡住去路，才停下来休息。这座山叫作长岭寨，离长汀还有大约 15 公里，是长汀城南的一座屏障。

中共长汀县委书记段奋夫赶到这里，同毛泽东、朱德见面。这是朱毛红军进入福建以后见到的第一个县委书记。段奋夫带来了福建省委的指示，详细介绍长汀革命的历史和党组织的情况，还介绍了郭凤鸣部队的情况。前敌委员会作出决定，立即进攻长汀，消灭郭凤鸣。

按照前委的布置，红军必须首先夺取挡在面前的这座大山长岭寨，然后直下汀州。他们知道，郭凤鸣不会轻易放弃，所以作了周密的部署，于第二天也就是 3 月 14 日向长岭寨发起攻击。

关于这次战斗，朱德在向史沫特莱的谈话和他自己写的自述里面，都作了专门的叙述。他说，红军各部队一早就出发，开始了争夺长岭寨的战斗；而敌人也正迎面过来，他们的目标也是占领这座山头，以便控制主动。然而红军抢先一步到达山顶。

长汀县长岭寨战场。朱毛红军入闽第一仗，一举击溃国民党福建省防军第二混成旅，击毙旅长郭凤鸣，占领了汀州。

---

① 《朱德自述》，第 136 页，解放军文艺出版社，2003。

据前方回来的通讯员报告，敌军的司令官坐着四人抬的大轿出城，随军督战。朱德知道是郭凤鸣上阵，“大概是要亲自拣个便宜”。因为在此前一天，红军已经派了几个为他们做向导的当地农民，到长汀城里散布“赤匪”如何缺少弹药，如何兵力单薄的消息。郭凤鸣真以为朱毛红军不堪一击，所以他要亲上战场拣一个便宜。

对于接下去发生的战斗，史沫特莱作了这样的叙述：

> 红军最后终于从隐蔽地点一拥而出，敌军吓得心惊肉跳，掉头便跑下山去，红军则如泰山压顶，直扑下来。在小路上虽然也有一些战斗，但敌军到了河边绝路，完全被解除了武装。
>
> 最后阶段正打得热闹，一名卫兵跑进朱将军的指挥所高叫道：“一个穿着高级军装、带着一身贵重财物的大胖子想坐船从河上逃走，被打死了！”

长汀宝珠门。1929 年 3 月 14 日，朱毛红军经过这座古老的城门进入汀州城。

事后证明，这个大胖子不是别人，正是郭凤鸣，那身贵重财物包括大金表、金链和在他的肥胖手指上所戴的好几个戒指。①

消灭了郭凤鸣，全军向长汀进击，直抵城下。毛泽东率领前委机关人员随军入城。随同毛泽东一起入城的曾志，遇到打了胜仗的战士们，他们一个个兴高采烈，情绪十分昂扬。她看到战士

① 〔美〕艾格尼丝·史沫特莱：《伟大的道路——朱德的生平和时代》，第 286 页，生活·读书·新知三联书店，1979。

们用梯子抬着一个胖乎乎的尸体，十分惊讶。战士们告诉她："我们打死了郭凤鸣!"很快她就知道，这一仗消灭了敌人2000多人，缴获一大批武器，取得了比大柏地战斗更大的胜利。

红军刷写在汀州墙上的标语

曾志清楚地记得："当地群众听说红军打死了郭凤鸣，奔走相告，纷纷拥到街上观看，把街道挤得水泄不通。后来群众把他捆在梯子上，抬到汀州城最高的城门楼上示众三天，引得城里和乡下的老百姓络绎不绝前来观看，边看边骂。饱受大土匪、军阀郭凤鸣奴役之苦的汀州百姓，万众欢呼，感谢红军为他们除了一大祸害。"①

闽西地区各县如龙岩、永定、上杭、平和、武平早在大革命时期就在中共领导下开展工农运动，1928年春夏之交又相继发动过波及全省的农民武装起义，有着很好的党组织和群众基础。朱毛红军入闽第一仗消灭郭凤鸣，使这些地区本已沉寂的工农武装斗争又燃起了复兴的希望，爆发了新的斗争。

中共闽西特委特派员邓子恢后来回忆说，朱毛红军攻克长汀，"龙岩震动"。地下党组织立刻乘机在龙岩城内和各区乡散发传单标语，号召农民重新拿起武器，打倒驻守在龙岩的军阀陈国辉，响应红军的行动。一时间，各地纷纷响应，"实际上各区乡晚上是红色世界，有许多乡村实际

① 曾志：《一个革命的幸存者——曾志回忆实录》上册，第91页，广东人民出版社，1999。

上是我们当政，并发展了武装”。[1]

朱毛红军打死郭凤鸣，一举攻克汀州，给福建国民党军政当局以极大震撼，也暴露了各地方军阀之间互相推诿、踌躇不前的矛盾和尴尬。国民党福建省政府在得到郭凤鸣旅的告急电报之后，于 3 月 18 日上午在福州召开临时紧急会议，磋商应付红军的办法。会议作出两项应急措施：“议决由海军行营拨弹一万发，交该旅驻省办事处星夜解往接济，一面分电赣军刘士毅师长，及本省张贞、卢兴邦两师长，及陈国辉旅长，派兵驰援，严行堵截剪除，勿任再窜。”[2]

福建省政府很快从各方得到了敷衍了事的回复。江西刘士毅复电称：“所部已集中瑞金，俟秉承金（汉鼎）代总指挥后，即行率队到汀剿办。”张贞、卢兴邦也电复省政府，“谓已各派两团星夜出发赴汀”。[3]

实际的情况是，在以后的半个多月里，无论赣军刘士毅，还是闽军张贞、卢兴邦各部，都隔岸观火，按兵不动。龙岩陈国辉旅自身难保，深恐红军进而直取龙岩，根本就没有给省政府回复如何救援郭凤鸣残部。而郭凤鸣身亡之后，残余部队撤离长汀，逃往上杭、武平。

“朱毛到了汀州”

当时不过 18 岁的曾志，是毛泽东直接领导的红四军工农运动委员会妇女组组长。她出身于曾经拥有 300 多亩田产的地主官僚家庭，少年时独自闯长沙，下衡阳，15 岁加入中国共产党，是见过大世面的革命者。她一进汀州，就发现这里是经济文化比较发达的闽西重镇，正是他们可以大显身手的地方。

曾志在回忆这段历史时说：自从井冈山下来以后，红四军屡遭敌军重兵穷追猛打，屡次陷入绝境，到达长汀以后，“自此扭转了被动挨打的局面”，站住了脚跟。“我们工农运动委员会的同志们抓住时机，张贴布

---

① 《邓子恢自述》，第 11 页，人民出版社，2007。

②③ 《朱毛窜入闽省汀州》，《时报》1929 年 3 月 24 日，第三版。

告，刷写标语，向群众进行广泛宣传，收到很好的教育效果”。①

毛泽东对于红军宣传工作也一向极为重视。在他看来，宣传工作的任务，就是扩大政治影响，争取广大群众，从而实现“组织群众、武装群众、建立政权、消灭反动势力，促进革命高潮”等红军的总任务。他对于红军宣传工作的重视，体现在他后来起草的古田会议决议当中：“红军的宣传工作是红军第一个重大的工作。若忽视了这个工作，就是放弃了红军的主要任务，实际上就等于帮助统治阶级削弱红军的势力。”②

红军到了长汀，按照早已拟定的一套规章制度，全体出动展开宣传工作，每两三人为一组，举着红旗到大街小巷，或商店，或住户，在半天之内就能召开一个群众大会，而群众“为了懂得红军这个怪物，及朱毛的仪容，常常是普遍的跑来参加大会的”；另有一组一组的文字宣传队，提着石灰桶，扛着梯子，到各处墙壁书写红军标语，不到三个小时，全城布满了“打倒帝国主义”“推翻军阀国民党政府”“红军枪毙郭凤鸣”“红军是穷人的队伍”“建立工农兵苏维埃政府”等标语。许多群众说：“红军一到，满街鲜红，等于过年。”③

长汀的群众对于刚刚到来的红军，表现了很高的热情，凡有红军宣传和演讲的地方，总有一大群民众争相前往。据当时中共中央机关报《红旗》的一篇报道说，尽管红军宣传员的讲演技术并不好，但是“长汀的民众，听我们宣传员的演讲，非常高兴，欢呼声音，常常打断演讲的进行”。④

善于运用布告、演讲和口号来动员民众的毛泽东，总是亲自动手。他不仅撰写了那份从井冈山出发以后沿途张贴的四言韵语《红军第四军司令部布告》，而且针对不同对象，起草了《共产党宣言》《告绿林弟兄

① 曾志：《一个革命的幸存者——曾志回忆实录》上册，第91页，广东人民出版社，1999。

② 《中国共产党红军第四军第九次代表大会决议案》（1929年12月），《中共中央文件选集》第5册，第818页，中共中央党校出版社，1990。

③ 《陈毅关于朱毛军的历史及其状况的报告（一）》（1929年9月1日），《中共中央文件选集》第5册，第763页，中共中央党校出版社，1990。

④ 攻石：《朱毛到了汀州》（1929年4月20日），《红旗》第20期。

书》《告商人及知识分子》等文告，每到一处即广为散发。

毛泽东在长汀发布的《告商人及知识分子》，是他自井冈山出发以来所见最大一个商贾云集、文化发达的城市，有所感触而签发。在毛泽东看来，中国的民主革命，所要攻击的主要敌人是帝国主义和封建统治阶级；商人与一般的知识分子，也就是小资产阶级乃至资产阶级，是要团结的朋友。

这份以红四军军党部名义发布的文告，一开始就告诉这些被称为"做生意的同胞们、读书的同胞们"，共产党将会怎样对待他们，他们要怎样对待共产党和革命的种种道理，宣布共产党的城市政策是"取消苛捐杂税，保护商人贸易"，打击的对象是城市反动分子和为富不仁的土豪劣绅，要求普通商人及一般小资产阶级服从工农阶级的指导，齐心一致地赞助工农革命，希望知识分子特别是那些能够"刻苦耐劳勇敢奋斗的革命的学生们教职员们"加入到红军政治部来工作，号召"商人们，学生们，一切被压迫的小资产阶级，速起帮助工农阶级参加此历史的革命斗争啊！"①

朱毛红军用自己严明的纪律、实际的行动和广泛的宣传，获得了长汀民众的竭诚拥护，甚至连小商人与城市小资产阶级，也视红军为朋友。中共中央机关报《红旗》以十分通俗简明的标题《朱毛到了汀州》对此作了这样的报道：

> 到长汀的这一天，许多的老百姓，看见我们的军纪严肃，非常表示亲热。过去一般工农，虽然明白红军是他们的朋友，但小商人和贫民，还有被敌人欺骗，以为红军是杀人放火的，不免害怕。现在这些城市小资产阶级，也知道我们不是和他们为难的，而且是他们的好朋友。②

作为一军之长的朱德，最关心的是军队的发展壮大。红军的扩大，

---

① 《告商人及知识分子》（1929 年），中共福建省委党校党史研究室编：《红四军入闽和古田会议文献资料》，第 22～24 页，福建人民出版社，1979。

② 攻石：《朱毛到了汀州》（1929 年 4 月 20 日），《红旗》第 20 期。

主要来自两个部分：一是主动投军的贫苦工农，他们为生活所迫，积极参军参战，自觉地加入到这支被看作穷人队伍的军队；还有一部分是来自经过审查教育的俘虏兵，他们一般也来自贫苦农民家庭。

朱德亲自对郭凤鸣部被俘的青年士兵逐个审查，“遣散了其中大部分鸦片鬼和兵油子，他动员并吸收了一千名年轻的农民志愿参军。他和他的下属把另外二千名农民组织起来，年轻人则编入赤卫团”。①

打下长汀以后令朱德难以忘怀的有三件事。第一是当地农民对郭凤鸣被击毙而兴奋，以及人们对这个土霸王的深恶痛绝。朱德亲耳听到那些非要亲眼看一看郭凤鸣尸体的农民们说：“那个就是天下第一大坏蛋!”第二件事情是，在为郭凤鸣制造武器的两座日本式小型兵工厂里缴获的武器当中有两十支崭新的步枪和几十挺机枪，而且都是日本制造。而更加令朱德感到高兴的第三件事是郭凤鸣拥有专门做军装的服装厂，都是日本进口的机器设备，这个工厂的工人很快组建了工会组织，加班加点为红军制作新军装。因为在此之前，红军身穿的军装都是手工缝制的，十分粗糙，而且并不统一。朱德清楚地记得，“新军装的颜色是灰蓝的，每一套有一副裹脚和一顶带有红星的军帽。它

长汀红军被服厂旧址

① 〔美〕艾格尼丝·史沫特莱：《伟大的道路——朱德的生平和时代》，第287页，生活·读书·新知三联书店，1979。

们没有外国军装那么漂亮，但对于我们来说，可真是其好无比了”。这两个工厂的工人连同机器，后来成为中央红军的兵工厂和被服厂，而且历尽长征的艰险，一直迁移到了延安。①

如同朱德一样，每天几乎只睡三四个小时的毛泽东，更加重视的是社会调查、群众工作和苏维埃政权的建立。

毛泽东的智慧和思想，很重要的来源之一是社会调查，这项工作甚至可以追溯到他的学生时代。特别是到了大革命时期，毛泽东的社会调查成为了他对中国农村和农民问题理论乃至阶级分析理论的重要基础。

红军占领长汀，有了一个相对稳定的环境。毛泽东急于从社会调查中开启他对当前战略决策的灵感，于是他展开了一次广泛的调查研究。接受毛泽东邀请的对象是当地最具各阶层民众代表的六种人物：老佃农、老裁缝师傅、教书先生、钱粮师爷、老衙役、流氓头。这些人物，几乎就是长汀人文历史、经济政治和社会百态的百科全书。毛泽东通过这些人的叙述，完整地获得了他所需要的各种情况。

在中国共产党的早期领导者当中，像毛泽东这样重视并亲自动手做社会调查的人，不是很多。这也可以从一个方面解释，在错综复杂、瞬息万变的时局中，毛泽东何以能够把握风云变幻的历史走向，确定共产党与红军的生存和发展之道，总能比他同时代的共产党领袖们棋高一着。

毛泽东从社会调查中获得极其丰富的信息，为他不断制定新的政策、提出新的思想提供了不可替代的依据，为此他把这项工作列为红军必不可少的工作，作出了十分具体的规定：

游击部队达到某地以后，第一步必须做调查工作，由军官及党代表负责，必须经过调查工作以后，才能开会决定该地工作，因为红军行动如行云流水一般，所到之地，皆不明情形，若不调查则一切决定必不能切合当地群众需要，比如红军标语打倒土豪劣绅这样写的时候很少，因为太空洞而不具体，我们必需先调查当地某几个

① 〔美〕艾格尼丝·史沫特莱：《伟大的道路——朱德的生平和时代》，第288页，生活·读书·新知三联书店，1979。

人是群众最恨的，调查以后则写标语时就要成为打倒土豪劣绅某某等，这个口号无论如何不浮泛引起群众深的认识。①

至于这种社会调查的内容，由政治部制定一份极为详细的调查表，涉及问题有群众斗争状况，反动派的力量，当地经济生活，市场物价，地主、富农、中农、贫农的土地占有状况，当地的土特产品，乃至周围环境、交通与河流测量，无所不包。

毛泽东不是一个唯武器论者，更没有把战争的胜利全部寄托在军事行动之上，而是把群众的支持与人心向背视为战争成败的主要指标。他的信条是："这时候的红军不是一个单纯打仗的东西，它的主要作用是发动群众，打仗仅是一种手段。并且打仗的时间、分做群众工作的时间乃是一与十之比。"②

战胜郭凤鸣、进驻长汀以后的毛泽东，并不只是坐镇在指挥机关发号施令；除了召开各种类型的调查会，更多的时间奔走在大街小巷的群众当中，充当一个普通的宣传员，或者出席群众集会，登上临时搭建起来的讲台，即席发表鼓动人心的演讲。

长汀民众对于这位带着浓厚湖南口音的红军领导人的演讲，一直铭记在心。他大声地告诉聚集在他周围的听众：红军来到汀州，是为人民除害，就是除去郭凤鸣这个大害，"我们的红军是穷人的军队，和劳苦大众团结在一起，共同推翻国民党反动统治，打倒土豪劣绅，消灭地主阶级，实行土地革命，建立工农当家作主的红色政权"。③

按照毛泽东下达的命令，红四军各部队派出大批官兵组成的宣传队，纷纷开到长汀城乡各地，张贴布告标语，发表演讲，宣传共产党的信仰和红军的宗旨，帮助群众组织农会、工会，建立共产党组织。长汀的民

---

① 《陈毅关于朱毛军的历史及其状况的报告（一）》（1929年9月1日），《中共中央文件选集》第5册，第762页，中共中央党校出版社，1990。

② 《红军第四军前委给中央的信》（1929年4月5日），《毛泽东文集》第1卷，第57页，人民出版社，1993。

③ 中共长汀县委党史工作委员会编：《长汀人民革命史》，第44页，厦门大学出版社，1989。

众纷纷响应，周围数十公里的乡村几乎成了红军的天下。

毛泽东向中共中央报告："闽西赣南的民众都非常之好，在长汀县城及新桥、河田等地工作时，夺取土劣谷子的群众，一聚就有几千。在汀州组织了二十个秘密农协，五个秘密工会，总工会也成立了。党的组织比前发展二倍。"除此之外，他还帮助长汀县组织了一个赤卫队，建立了长汀县革命委员会。①

长汀县革命委员会是朱毛红军在赣南闽西建立的第一个公开的红色政权。按照毛泽东的方式，当群众尚未充分发动之时，首先由政治部任命一个临时革命委员会，等到群众发动起来，相继成立了一批工会和农民协会之后，再召开工农兵代表会议正式选举革命委员会。无论临时还

汀州八景之一——长汀县云骧阁，是朱毛红军帮助下建立的中央苏区第一个县级红色政权——长汀县革命委员会所在地。

① 《红军第四军前委给中央的信》（1929 年 4 月 5 日），《毛泽东文集》第 1 卷，第 58～59 页，人民出版社，1993。

是正式的革命委员会，一经成立都应发布通告，公开宣布自己的政治纲领与奋斗目标。

一个月以后，中共中央机关报《红旗》公布了长汀县革命委员会成立的消息：“（三月）十五日，成立长汀革命委员会，委员九人，民众代表六人，红军三人参加，主席丘潮保。革命委员会之下，分设军事、宣传、财政等部，并组织了赤卫队六十余人。革命委员会成立后即布告废除一切厘捐，没收地主豪绅土地及财产，严厉肃清反革命分子。”①

自唐代开元年间设立州府以来，汀州这个已有将近1200年的历史古城，第一次被民众所掌管。从此以后，这个地处闽西边陲的山城，同中国革命的历史紧紧地联系在一起。

“长汀果然是中国革命历史的一个转折点”

随着朱德对朱毛红军历史的叙述，长汀在中国革命历史上的地位越来越鲜明起来。史沫特莱在听取朱德关于这一段历史的谈话中，对于红军在长汀得到的意外胜利的评价，先后两次用了“转折点”这个词。

第一次作这个判断，是朱德在谈到朱毛红军从东固出发之后，敌人紧跟其后，到处追逐这支行踪飘忽的红军，而红军在农民的指引下，不时在夜间偷袭敌人，以快速坚强的攻势截断他们的运输队，然后销声匿迹，但在不久以后又神出鬼没地出现在远方。史沫特莱随即以朱德的叙述为据说：“紧跟着出现了在长汀的意外战果，这是革命发展的转折点。”②

史沫特莱在这里所说长汀是个“转折点”，是指朱毛红军连续两个月的艰苦行军，不断遭到失败，原本没有向长汀进军的计划，却因为长汀一战大获全胜而改变了红军的命运，因此这是一次“意外的战果”，并且是“革命发展的转折点”。

---

① 攻石：《朱毛到了汀州》（1929年4月20日），《红旗》第20期。

② 〔美〕艾格尼丝·史沫特莱：《伟大的道路——朱德的生平和时代》，第285页，生活·读书·新知三联书店，1979。

而在随后的叙述中，朱德回顾了红军占领长汀以后所获得的战果，长汀民众对于革命的热忱拥护以及朱毛红军由此得以补充壮大，及其以后中央派出的通讯员来到长汀带来了中共六大决议和许多重要文件，红军依据中共六大决议所作出的新的战略计划。史沫特莱被朱德的叙述所吸引，有感于这种种急剧的变化，她又一次感慨："长汀果然是中国革命历史的一个转折点。"①

关于长汀是"转折点"的这两句话，固然是史沫特莱所言，并非朱德原话，然而这是在史沫特莱按照朱德口述记录作这一历史的叙述时发出的感言，显然反映了朱德的本意。而且这一评价并非虚妄的猜测，已经被历史所证明。

朱毛红军占领长汀，一举歼灭郭凤鸣，其意义已经超越了这次胜利本身，不仅影响了福建全省乃至江西、浙江、广东等南方若干省份的政治与国共双方军事态势的变化，而且改变了毛泽东对形势发展的判断与创建工农武装割据的计划。

长汀一仗，首先对福建国民党军政当局造成重大冲击。在蒋介石南京政权建立以后，各派新军阀山头林立，称霸一方。福建军阀共计 5 个部分 14 个团。其中驻守闽南以张贞为师长的暂编第一师和分驻于沿海的由杨树庄统率的海军陆战队一个旅，为国民党正规部队；另外三部即驻长汀之郭凤鸣旅、驻龙岩之陈国辉旅和驻闽中地区之卢兴邦旅，都是由土匪部队改编的地方武装，兵饷不足，纪律废弛，滋扰地方，为民众所痛恨，战斗力也很低下。

郭凤鸣部被消灭，福建各派军阀一片恐慌。中共福建省委在给中央的报告中，对此作了生动的描述：

> 此次红军攻陷长汀，一战打死郭凤鸣，因此使闽西、闽南各小军阀恐慌到了极点。陈国辉、张贞、卢兴邦四出告急，声称"会剿"，实则不敢出兵。张贞参谋长应三山闻朱毛没有来永定，他才收

① 〔美〕艾格尼丝·史沫特莱：《伟大的道路——朱德的生平和时代》，第 288 页，生活·读书·新知三联书店，1979。

泪说：朱毛向东江发展，闽南荒废之区朱毛不想来，我们不必十分害怕。至于闽西各县的豪绅地主，闻朱毛到长汀，便四散搬家躲避，逃到漳、厦者甚多。①

慌乱之后的小军阀们又互相指责埋怨。郭凤鸣残部对卢兴邦援助不力甚感不满，省政府指定将郭凤鸣残部划归陈国辉指挥，遭到陈国辉拒绝，郭之残部乃推第三团团长卢新铭为旅长又引起陈国辉排斥；张贞则趁机以“剿匪”之名派重兵入驻龙岩，陈国辉因势单力薄而敢怒不敢言。福建国民党军队内部的分裂和统治势力的脆弱与腐败，在朱毛红军占领长汀以后充分地显露出来。

军阀队伍中的士兵群众所受朱毛红军的影响也立刻显现出来。张贞部士兵因为 4 个月无饷可发，不少下级军官与士兵结伴逃跑；陈国辉部士兵更为动摇，等不及红军到来便结队私逃，更有二三十人与龙岩的共产党组织接上关系，愿意加入农会斗争。受到朱毛红军直接影响的郭凤鸣部士兵，则纷纷投入了红军的队伍。

而朱毛红军进占长汀引起的震动，更多地反映在福建革命势力的迅速增长上。闽西是受到五四运动和大革命潮流影响较大的地区。南昌起义军南下途经闽西和八七会议精神的传达，对闽西的共产党组织产生了深刻影响。1928 年春夏时节，中共领导的龙岩后田、平和、上杭蛟洋和永定暴动，在全省掀起了一个很有声势的浪潮。特别是在张鼎丞、邓子恢等领导的暴动取得成功之后，便于 1928 年八九月间创造了永定溪南区的一小块苏维埃区域割据，在福建省率先实行土地革命。

闽西地区在 1928 年实行的红色割据，并没有坚持多久，由于自身力量不足和国民党军队的大举镇压，就如昙花一现。那些应声而起展开武装暴动的村庄几乎都遭到了残酷的“清剿”。他们不得不把枪支等武器掩埋起来，主要的领导干部和活动分子转移到偏僻的山区，等待东山再起的时机。

---

① 《中共福建省委报告》（1929 年 4 月 19 日），中央档案馆、福建省档案馆编：《福建革命历史文件汇集》甲 4 册（一九二九年上册），第 169 页，1984。

朱毛红军的到来，给闽西的中共组织创造了这样的机会，上杭、永定、平和、龙岩各县曾经在几个月前爆发过武装斗争后来又遭到失败的乡村，重新燃起了希望，展开新的斗争。中共福建省委向中央作了如下报告：

> 各县农民一闻朱毛到长汀，便先后爆发斗争。长汀方面在红军直接帮助之下，自不用说。上杭方面北四区有二十余乡农民在党领导及影响之下，起来肃清豪绅反动派，成立红军。当红军出发截击反动驻军，有二千上下农民群众执土枪参加。现在该区已先后成立乡苏维埃，实行分配土地，并由群众及红军发动别区农民群众斗争。……永定方面，金丰农民群众于驻军走后即与豪绅地主作武装斗争。溪南是农众早集中武装，恢复苏维埃的组织。龙岩农众一闻朱毛到汀，便摩拳擦掌准备武装斗争。①

那些世代遭受地主豪绅欺压的贫苦农民，终于等到了扬眉吐气的日子。他们从红军的行动和简单明了的标语文告中，知道这些曾经被国民党描绘成杀人放火的“共匪”，原来是与他们同样穷苦出身的农民，因而纷纷结伴加入红军，甚至要求加入共产党。

共产党的声威从此大大扩展开来，共产党领导的工会、农会又重新恢复工作，在闽西许多地方打出旗帜公开与豪绅地主作斗争。由于共产党的政治影响扩大，“党的组织也就比以前更加扩大，不但数量上的增加，而且发展了许多新的区域。龙岩党员近已增加至七八百人，前个月有四五百人，上杭、武平、永定等县也有相当的发展”。②

革命形势的急剧发展，大大激励了闽西和福建共产党组织的领导者。原先因为暴动失败而隐藏在山林或乡村的共产党员，重新活跃起来。他们走出大山，聚集在一起，策划新的行动。龙岩、永定、上杭各县的书记在上杭召开联席会议，讨论统一的工作计划。

---

① 《中共福建省委报告》（1929 年 4 月 19 日），中央档案馆、福建省档案馆编：《福建革命历史文件汇集》甲 4 册（一九二九年上册），第 170～171 页，1984。

② 《中共福建省委报告》（1929 年 4 月 19 日），中央档案馆、福建省档案馆编：《福建革命历史文件汇集》甲 4 册（一九二九年上册），第 172 页，1984。

设立在厦门的中共福建省委在红四军由井冈山向赣南进军之后不久，一直关注着这支队伍的动向。特别是在朱毛红军 2 月初从赣南寻邬县罗福嶂进入武平，转而向瑞金大柏地进军的过程中，福建省委从武平、长汀县委的报告中，准确地获得了发生在闽赣边境的一系列情况。

朱毛红军占领长汀以后，中共福建省委从急剧发展的革命形势中，发现一场大变动的时机已经到来，闽西地区实行工农武装割据的可能性已经不容置疑。福建省委立刻制定了一份《关于闽西斗争工作大纲》，由一名特派员携带这份工作大纲赶赴闽西，传达省委的指令。

福建省委这份工作大纲开首第一段话就是，“省委估量客观形势与主观力量，认为闽西造成割据局面的可能”，有着充分的主观与客观条件。这些条件包括：蒋桂两系军阀战争爆发，朱毛红军入闽，敌人无暇顾及；闽西统治阶级力量薄弱，而工农群众革命情绪高涨；闽西党组织的政治影响深入群众，经过 1928 年武装暴动之后组织了千余工农武装。福建省委据此得出结论：“根据上面的估量，毫无疑义的在闽西有造成割据局面的可能，现在的问题便是在我们怎样建设及保障我们的政权与扩大我们割据的区域。”①

福建省委还作出决定，恢复中共闽西特委，以邓子恢为书记，指导闽西各县工作，工作的重心是上杭、长汀、龙岩、永定四个县，立刻组织红军一个团和各县地方武装，施以军事训练，创建闽西割据，建立苏维埃政权，实行土地革命。

朱毛红军入闽给福建革命局势创造了前所未有的变化，促使闽西土地革命在经历了暴动、失败和转入低潮之后发生了重大的转折，开始了武装割据创建农村革命根据地的新阶段。显而易见，朱毛红军的到来加以闽西独特的革命基础与各种主客观条件的多重因素，造就了这一转折的机会。

远在上海的中共中央机关报《红旗》的政治观察家，更是站在全国

---

① 《中共福建省委关于闽西斗争工作大纲草案》（1929 年 3 月 28 日），中共福建省委党校党史研究室编：《红四军入闽和古田会议文献资料》（续编），第 9～11 页，福建人民出版社，1980。

革命发展的高度，一直注视着朱毛红军进退成败的细微变化，他们从红军进占长汀以后在很短时间里产生的效应，敏锐地发现朱毛红军已经走出最初的困境，转而展开了积极的攻势，将对东南各省产生重大影响。这份报纸发表题为《朱毛红军与闽赣农民暴动之发展》的署名文章，作了如下充满乐观的分析：

> 赣南红军的力量并不因为退出井冈山而削弱，更不因为朱毛进攻闽西而孤立；恰恰相反，退出井冈山正是游击战争的积极策略之表演，使武装力量与赣南工农群众的斗争汇合，益形开展赣南的斗争局面，朱毛部队之进攻闽西，发动闽西的斗争，更使赣南的斗争得到掩护；与援助这种渐次分散红军的力量到群众之中去发动群众的策略，将使东南半壁完全造成赤色的局面。①

与两个月之前撤离井冈山后最初一段时间的状况相比较，朱毛红军的处境有如天壤之别。他们已经从强敌围追的困境中艰难跋涉的转战突围之旅，转而成为纵横闽赣、捷报频传的胜利之师。

很明显，朱毛红军从放弃"围魏救赵"重返井冈山的策略，到转向闽赣边境的"打圈子"游击活动，进而又乘虚入闽摆脱赣军的长途追袭，直至消灭郭凤鸣占领长汀城，这一系列由图生存转而求发展的战略转变，以及进退有据的大踏步军事行动，在江西、福建以至东南各省卷起了一股强烈的旋风，引起了国共双方最高领导层，特别是赣南、闽西革命势力的关注，并作出强烈的反应。

朱德记得，在朱毛红军到达长汀以后没过几天，"从上海中国共产党中央委员会派来的一个通讯员就到了这里，他带来了关于当时国内和国际局势的报告和其他重要文件，其中包括中国共产党第六次全国代表大会的报告和决议"②。

---

① 朱赤：《朱毛红军与闽赣农民暴动之发展》（1929年4月13日），《红旗》第17、18期。

② 〔美〕艾格尼丝·史沫特莱：《伟大的道路——朱德的生平和时代》，第288页，生活·读书·新知三联书店，1979。

朱德的这一记忆十分重要。中共中央一直在急切地追踪和关注这支队伍，发出各种指示。而在当时，中共六大的路线是决定党的方针的主要依据，所以中共中央不止一次派专人向朱、毛转送这次会议的文件。朱毛红军在1929年的全部行动，一直努力地遵循着中共六大的路线。

作为掀动闽赣两省政局、带领朱毛红军转危为安的核心人物毛泽东，如果说他在瑞金壬田作出向闽西进军的决定，只是为了摆脱近在咫尺的赣军的追击而作出的一个应急的反应，那么他在进入长汀城短短六七天内，经过实际的调查和亲身体验，在得到了包括中共中央送来的各种指示和福建省委、长汀县委在内关于福建与闽西敌我情况的报告之后，毛泽东对红四军入闽产生的影响作出了全面、长远的估量，从而也开始改变他原先重返井冈山、重开闽赣边界割据新局面的计划。

使得毛泽东重新考虑红军行动计划的另外一个重要原因，是蒋桂两派军阀混战的爆发。毛泽东一向把国民党新军阀混战作为他制定战略方针的重要依据。他把半殖民地中国帝国主义支持下各派军阀的分裂与战争，称之为中国特有的“奇怪现象”，而与这种中国特有现象相伴存在的另外一种“奇怪现象”，乃是“在四围白色政权的包围中，有一小块或若干小块红色政权的区域长期地存在”。①

在毛泽东看来，作为国民党阵营两支最大势力的蒋、桂军阀混战，为朱毛红军再次创造一个比井冈山更为宏大的“割据区域”计划提供了重要的契机。按照毛泽东的理论，国民党新军阀内部的分裂和战争，便是共产党“工农武装割据”获得发展的重要前提。

毛泽东提出这一新的计划，是在朱毛红军占领长汀以后第七天。经过几天的调查研究和考察，毛泽东在他的住处，一座颇具客家风格的名为辛耕别墅的大院子召开前敌委员会会议。这次会议的时间是1929年3月20日，历史记录下了这个日子。会议的参加者花了一天的时间，仔细地讨论毛泽东提出的计划。这份计划的主要内容，写入了当天毛泽东以

① 《中国的红色政权为什么能够存在?》(1928年10月5日)，《毛泽东选集》第1卷，第48～49页，人民出版社，1991。

红四军前敌委员会名义写给“福建省委并飞转中央”的信中。

这封信的内容共13条，其中除了报告红四军从井冈山出发以来的经历、进占长汀以后情况及军中状况以外，第4、5、6、7、8条反映了毛泽东的这项计划。其中第4条，是毛泽东的“一般计划”：

> 对一般的计划，我们意见：在全国范围内要猛力地夺取群众，这时候无论什么派别欺骗群众，都敌不过我们共产党的事实了。工农外，兵士群众的夺取，也是非常重要的工作。一般工作的重心，我们的意见：宜在江苏、直隶，红军小区域苏维埃使个数加多，这不仅在湘赣粤闽等地，江苏北皖鄂北豫南直隶，都应有红军及小区域苏维埃之创立。①

长汀县辛耕别墅。1929年3月20日，红四军前委扩大会议在这里召开，会议作出了在赣南闽西20多个县建立农村革命根据地的决策。

① 《红军第四军前委给中央的信》（1929年3月20日），《毛泽东军事文集》第1卷，第53页，军事科学出版社、中央文献出版社，1993。

这项“一般计划”与中共六大决议的精神相一致，强调了当前的主要任务是争取群众，准备武装暴动，创立苏维埃政权。毛泽东从全国政治局面的大趋势，看到了人心的向背，认为共产党必将获得全国民众的拥护，任何别的党派都难以与共产党相抗衡。毛泽东提出把“一般工作的重心”放在江苏和直隶。这两个区域是南方和北方军阀势力强盛之处。这一计划的目的，在于共产党创建的红军小区域苏维埃，不仅要在南方革命势力相对强盛的湘赣粤闽诸省大力推进，而且要把这方面的工作推向敌人统治强大的区域，使之在更为广泛的地区生根开花。

而对于朱毛红军来说，当前最为紧要的是在蒋桂军阀混战的形势下确定具体的行动方针。对此，前敌委员会会议上有两种主张。第一种主张是开到南昌、吉安之间，“接近战区，以便夺取敌军辎重，并且使蒋派失败”，乘机发展红军队伍。第二种主张是利用军阀混战发动群众斗争，恢复和发展革命势力。会议通过了第二种主张，“决定以闽西，赣南，湘赣边界三地为游击区域，放手分兵游击，争取广大群众，进行土地革命的斗争，号召群众的反军阀混战，组织自己的苏维埃政权”。①

毛泽东在3月20日给中央的信的后面部分，把会议讨论以后通过的主张向中央作了报告，告知朱毛红军即将付诸行动的计划：

> 前敌委员会决定四军、五军及江西红军第二第四两团之行动，在国民党混战的初期，以赣南闽西二十余县为范围，从游击战术，从发动群众以至于公开苏维埃政权割据，由此割据区域以与湘赣边界之割据区域相连接。②

此一计划清晰地显示了毛泽东要实现这一计划所依靠的，是朱毛亲自领导的红四军，彭德怀、滕代远率领的红五军和李文林领导的东固红

---

① 《陈毅关于朱毛红军的党务概况报告（二）》（1929年9月1日），《中共中央文件选集》第5册，第783～784页，中共中央党校出版社，1990。

② 《红军第四军前委给中央的信》（1929年3月20日），《毛泽东军事文集》第1卷，第54页，军事科学出版社、中央文献出版社，1993。

二、四团这三支部队。他从已经爆发的蒋桂军阀混战看到了红军大有作为的机会，而又从在赣南闽西的实际调查和经历中，发现了实现大片公开武装割据的范围，正是赣南闽西这二十多个县。

人们或许会注意到，不久之前引起毛泽东极大兴趣的东固根据地的“秘密武装割据”，是在革命势力十分薄弱不足以与强大敌人作较量时的选择，因此他在东固时曾经作出决定，“抛弃固定区域之公开割据政策，而采取变动不居的游击政策”。显然，“秘密武装割据”是一个暂时的阶段，最后的归宿是在条件成熟的时机创造公开的割据。而在毛泽东看来，朱毛红军攻占长汀以后，这个时机已经到来，所以他不再提建立秘密武装割据，而是创建二十余县的“公开苏维埃政权割据”，并且使之逐渐扩展以与他在之前创造的井冈山根据地打通连成一片。

按照这一计划，毛泽东进而确定了朱毛红军的近期作战计划：

红军第四军大概十天内尚在闽边工作，十天外须赴赣边瑞金、宁都一带游击。那时须看湘赣战局的形势，从有利于红军的发展及有利于工农群众发展的标准上去决定行动。或再回闽边，或在赣南作较久时间的游击，或往吉安去接近国民党的战区。①

毛泽东这项安排是根据上述创造赣南闽西二十余县“公开割据”计划所作的具体部署，全部游击行动都在赣南闽西这一区域。后来的行动也完全遵循了这一部署。

毛泽东这份向中央的报告特别强调：“惟闽西赣南区内之由发动群众到公开割据，这一计划是决须确立，无论如何，不能放弃，因为这是前进的基础。”为了保证这项计划的实施，毛泽东要求福建省委“立即”派遣闽西特委的领导干部到长汀指导工作，以加强长汀党的领导，同时建议中央，特别要加强和重视福建、浙江、江西三省的工作，认为在南方各省中此三省统治力量非常薄弱，希望在这三省首先创造“公开割据”，因为“三地统治势力既弱，又通海口，这是值得注意的”。②

---

①② 《红军第四军前委给中央的信》（1929 年 3 月 20 日），《毛泽东军事文集》第 1 卷，第 54 页，军事科学出版社、中央文献出版社，1993。

红四军前敌委员会在长汀召开的这次会议作出的决定，以及毛泽东这份不过 2600 字的报告，反复强调的是蒋桂战争、夺取群众、赣南闽西、闽浙赣三省、公开割据等，显示其思考的问题与关于朱毛红军的规划，已经不同于井冈山时期局限于罗霄山脉中段政权的考虑，已经远远超越了红四军本身的意义。

毛泽东以他敏锐的眼光捕捉到了一个极为重要的时机。他的视野已经从一个地区、一个省，拓展到了夺取全国革命胜利的高度。他从全国政局的变化以及闽浙赣各省的主客观力量的对比，发现并把握了蒋桂战争爆发给红军的发展以及创造新的“公开割据”所造成的有利时机，从而提出了这一战略计划和行动方针。

这就表明，毛泽东在井冈山提出的“工农武装割据”理论的基础上，对中国革命的特点和道路有了进一步的认识，提出在全国有条件的省份大力创造小区域的苏维埃政权和红军，并把这项工作视为“一般工作的重心”，显示其萌发出中国革命首先占领农村，而后及于城市的思想。

当人们回望历史，清晰地看到毛泽东、朱德率领这支不过 3000 人的队伍，历经失败的沮丧和胜利的欢乐，来到长汀这座古城之时，已然完成了由井冈山出山以来最为艰难的一段征程，站到了创建中央革命根据地出发地的一个转折点上。

史沫特莱从朱德对于这段历史的叙述得出的结论，不只是真情流露的感慨，更是十分准确的历史预言。“长汀果然是中国革命历史的一个转折点”，是毛泽东由创建井冈山这个中国第一个农村革命根据地向在赣南闽西地区创建中国最为强盛、范围最为宽广的中央革命根据地的历史转折点，是毛泽东在井冈山创立的“工农武装割据”理论向“农村包围城市”这一中国革命道路理论迈出重要一步的历史转折点，当然也就是中国革命历史的转折点。

毛泽东在 3 月 20 日还向中共中央报告，红四军已经编为 3 个纵队，全军 3000 人，1500 支枪，子弹极少，虽然历经战事，损失严重，“但井

冈山出发以来的疲败精神，业已恢复，士气亦已振奋起来”。①

萧克回忆说，红四军自井冈山下山后，有过两次改编。第一次是在赣南寻邬县罗福嶂。那次改编是把全军由团的编制编为第一、三纵队，目的主要是“为了适应当时的艰苦环境，有利于作战”。到了东固进行第二次改编，把第一纵队又分作第一、二纵队，这就成为三个纵队。为加强三个纵队的领导，红四军三位主要领导人，朱德兼任第二纵队司令员，陈毅任第一纵队党代表，毛泽东随第三纵队行动。这次改编的目的，是为了趁蒋桂战争尚未爆发之际，“为了在敌人统治暂时稳定的时候开展游击战争”，便于分兵游击。②

但是由于在离开罗福嶂和东固以后，为应对强敌跟追，朱毛红军改编成纵队的计划并没有实施，只是到了汀州以后，形势发生了变化，才按三个纵队的编制实施，展开行动。③ 朱毛红军以纵队的编制实施的游击战争，目的在于更加灵活地开展群众斗争和创建农村根据地。这一编制从长汀实施，延续了一年多时间，直至 1930 年 6 月朱毛红军再次在长汀聚集，扩建改编为中国工农红军第一军团。而这时，朱毛红军已经发展为三个军，随后重新把纵队的编制改为团的编制。

在朱毛红军史上，以纵队为编制的这一年多，正是开创中央革命根据地基础的最为重要的时期。及至红一军团成立恢复团的编制，表明朱毛红军完成了这一使命，转入到另外一个新的发展时期。按照著名军事理论家郭化若的观点，1930 年 6 月长汀整编的汀州会议，是第二次国内革命战争由游击战向运动战、正规战转变的第一个会议，是红军重大战略转变的开始。④ 从这一意义上说，长汀第二次成为朱毛红军史上的转折点。

---

① 《红军第四军前委给中央的信》（1929 年 3 月 20 日），《毛泽东军事文集》第 1 卷，第 56 页，军事科学出版社、中央文献出版社，1993。

② 萧克：《朱毛红军侧记》，第 7～8 页，中共中央党校出版社，1993。

③ 赖毅：《从井冈山到赣南》，《回忆中央苏区》，第 55 页，江西人民出版社，1981。

④ 郭化若：《远谋自有深韬略》，第 1～2 页，人民出版社，1980。

初创赣南根据地

朱毛彭瑞金会师

朱德告诉史沫特莱，他们到达长汀以后不久，有一个农民打扮的人走进了朱德的司令部，“他解开短褂，在衣服里子里，取出了上面写有几行小字的布块，下面署名是彭德怀”。彭德怀在这封信中说，他现在带的队伍已经到达瑞金，请示朱德和毛泽东，是朱、毛把队伍带到瑞金去呢，还是他到长汀来与他们会合?①

已经中断联系两个月的彭德怀，终于送来了期盼已久的信息，而且已经到了相距不远的瑞金。朱德、毛泽东尽管在此以前从报纸上获知彭德怀部在被迫放弃井冈山之后，历尽艰难，已经到达赣南地区，在雩都、信丰之间开展游击，但是一直没有确切的消息。

彭德怀信使送来的这封书信，让他们对红军未来的发展更加增添了信心，无疑是毛泽东、朱德在 1929 年 3 月 20 日前委会议作出行动方针的重要依据之一。按照这个方针，朱毛红军将在长汀工作 10 天，然后开赴瑞金、宁都一带游击，会同红五军与江西红军第二、四团，展开“由发动群众到公开割据”的战略行动。

---

① 〔美〕艾格尼丝·史沫特莱：《伟大的道路——朱德的生平和时代》，第 289 页，生活·读书·新知三联书店，1979。

4 月 1 日，毛泽东和朱德率领的部队到达瑞金，同彭德怀的队伍会师。在朱德的记忆中，彭德怀向他们报告了井冈山失败的惨烈和苦苦追寻他们的惊险历程。他说，敌人从偏僻的山径上偷袭成功，成千上万的敌军部队扑向陷入重围的红军。在后来的几天里，彭德怀遭到了更为残酷的劫难：

> 彭德怀尽最大可能延长抵挡敌军的时间，以便让尽可能多的伤病员逃入森林中。有一些伤员踉跄爬出，终被捕杀。其他的则被砍死在床上。营房和医院被烧成灰烬。井冈山上的每一所房子、每一座建筑物都被烧毁，防御工事也遭破坏。[①]

彭德怀收容了劫后余生的 500 余人，穿过峭壁，爬过高山，他们的遭遇比起年初朱毛率领的部队还要恶劣。他们到处打听朱德和毛泽东，但始终得不到确切的音讯。偶尔在几个地方从农民那里打听到他们的行踪，但随即又失去踪迹。彭德怀甚至猜测朱德、毛泽东已经遇害，于是开始单独进行加强红军和组织群众革命的工作。[②]

1929 年春节过后，彭德怀率领红五军仅存的 283 人，占领了雩都，活捉这个县的县长，筹集军饷，发展队伍，随后又奔袭安远县城，消灭地方反动武装靖卫团和警察。在安远驻扎期间，彭德怀意外得到了朱毛红军正在长汀活动的消息。彭德怀对此留下了这样的回忆：

> 在这里（安远）住了十天左右，放出了在狱犯人，缝制了夏衣。收集各种报纸，分析蒋桂矛盾日益严重，江西省军阀内部亦有矛盾。我们准备打回井冈山去，恢复湘赣边区。某日，在县署反动文件中，发现有红四军在汀州消灭郭凤鸣旅，郭本人被击毙的消息。[③]

这一意外的发现改变了彭德怀的计划，他决定不回井冈山，改向与红四军靠拢，随即率部北上会昌，占领瑞金，向在汀州的毛泽东、朱德派去

---

① 〔美〕艾格尼丝·史沫特莱：《伟大的道路——朱德的生平和时代》第 289 页，生活·读书·新知三联书店，1979。

② 〔美〕艾格尼丝·史沫特莱：《伟大的道路——朱德的生平和时代》第 290 页，生活·读书·新知三联书店，1979。

③ 《彭德怀自述》，第 125 页，人民出版社，1981。

联络员报告红五军的情况。而这时，彭德怀的队伍已经增加至七八百人。

听完彭德怀的报告，包括毛泽东、朱德在内的红军将领们，无不为井冈山保卫战牺牲者的英勇悲壮，为彭德怀及其幸存者们突破重重封锁的艰苦卓绝而动容。这些久经沙场、九死一生的汉子们再也忍不住压抑已久的悲痛。出席这次会议的江华回忆说："彭德怀在会上汇报了井冈山失败的情况，大家都哭了一场。"①

或许是被彭德怀和红五军的苦难经历所触动，或许是对自己的决策有所后悔，毛泽东说了一句话："这次很危险，不应该决定你们留守井冈山。"②

旧军队出身的彭德怀比毛泽东年轻 5 岁，1928 年加入中国共产党，对毛泽东、朱德极为尊崇。彭德怀入党之时，正是中国革命处于最为艰难的低潮时期，半年以后，他率领一个团八百勇士举行了震惊湘鄂赣边界的平江起义，成为红军第五军军长。自此以后，他便以"井冈山为旗帜"，决心走朱毛红军打土豪、分田地、建设农村革命根据地的道路。对此，他有这样一段自述：

> 我当时感觉，对天上有飞机，陆上有火车、汽车，水上有兵舰、轮船，且有电讯、电话等现代化交通运输与通讯联络的敌军作战，没有根据地是不行的；不实行耕者有其田，也就建立不起根据地。在这个问题上产生了对毛润之的敬仰。③

怀着这样的敬仰之情，彭德怀率领红五军 5 个大队开赴井冈山"取经"。他的目的是要去井冈山弄清楚中国革命的性质和土地革命的方法。他在到达井冈山以后最初的几天里，从毛泽东的言谈中学到了许多过去对他来讲完全不明白的问题，特别是关于社会主义革命与民主革命的区别。尤其是毛泽东在传达中共六大决议的一席谈话，以及毛泽东对那种

---

① 《访问江华同志记录》，访问者：古田会议纪念馆赵惠、萧京、邱林忠，1974 年 11 月 25 日于北京。

② 《彭德怀自述》，第 127 页，人民出版社，1981。

③ 《彭德怀自述》，第 112 页，人民出版社，1981。

不顾群众利益在根据地乱烧群众房屋的“左”倾盲动错误的严肃批评，“印象是特别深刻”，“对他更加敬仰”，甚至说这是他正好30周岁开始之时“半生受教育最大的一次”。①

这也就不难理解，当毛泽东决定红四军撤离井冈山向赣南转移，要求刚刚抵达井冈山还不到一个月的红五军留守之时，彭德怀力排众议，说服了红五军不同意见的官兵，临危受命而展开了一场几乎是注定要失败的井冈山保卫战。所以，当他率领的几经惨烈的搏斗、九死而一生的队伍到达瑞金与朱毛红军会师，再次见到毛泽东，而毛泽东对于让他留守井冈山表达歉疚之情时，彭德怀的心情却很平静。他还是如以往那样，对毛泽东极为尊崇与敬仰。

江西瑞金。矗立在瑞金城外的古塔是该城的标志。1929年4月1日，朱毛红军从长汀抵达瑞金，与彭德怀率领的红五军会师。两年半以后，瑞金成为中华苏维埃共和国临时中央政府的红色首都。

彭德怀的记忆中，有一件事情不能忘怀。他在瑞金与毛泽东见面之后，不几天在开往雩都的途中，红四军司令部一个负责人未经调查研究，

① 《彭德怀自述》，第115页，人民出版社，1981。

轻率地枪毙了当地参与群众械斗的两个人。毛泽东发现这一事件，对当事人以毫不留情的严肃的批评。彭德怀说到这件事，感而慨之：毛泽东“对人民群众如此认真，给我的印象很深。我觉得这是一种好作风，是一种正确的政治态度”。他说这是自井冈山听到毛泽东因为乱烧群众房屋提出批评以后，第二次给他一个直接的印象。①

以南京为大本营的蒋介石和以武汉为大本营的桂系军阀首领李宗仁，自3月中旬以后为争夺霸权与扩充实力，矛盾日益尖锐。3月25日，蒋介石以“违背中央”“破坏政治之统一”的名义，发布“讨逆”文告，宣布开除李宗仁、白崇禧、李济深的国民党党籍，其后又囚禁李济深于南京汤山，甚至亲自出马坐镇九江，调动大军集结于南昌、九江一线沿江地区和吉安、赣州，向驻守于两湖地区的桂系军队发起攻击。蒋桂战争顿时成了全国瞩目的焦点。

毛泽东、朱德、彭德怀和刚刚会集在瑞金的红军将领们，从蒋桂两派新军阀的分裂与混战中，看到了红军发展的大好机会，立刻召开前敌委员会会议，研究新的部署。朱德回忆说：

> 在毛泽东的主持下，瑞金会议制定了两项军事和政治作战方案。第一个方案是要在赣南和赣中击溃反革命力量，把这个地区连同闽西地区变为中央革命根据地。这个根据地应该不断扩大，以便与华南地区的零星苏区联结起来，这个方案由朱德和毛泽东执行。
>
> 第二个作战方案由彭德怀负责，派他重回井冈山，尽可能恢复群众运动。② 这项工作完成后，再前往他当年的根据地——江西西

---

① 《彭德怀自述》，第127页，人民出版社，1981。

② 关于彭德怀率红五军重返井冈山的时间和地点，有不同的记述。《彭德怀自述》（第127页）说是红军离开瑞金以后“到达雩都县城附近时，我提出率部打回井冈山去，恢复湘赣边区政权，当即得到红四军前委同意”。中央文献研究室编的《毛泽东年谱》上卷（第272页）和《朱德年谱》（新编本）上卷（第142页）都写作是4月11日在雩都召开的前委扩大会议上“同意彭德怀提出的”率部打回井冈山的意见；中央文献研究室编《朱德传》（第168页）又写作是4月8日的雩都前委扩大会议作出这一决定。而毛泽东1929年4月5日在给中央的信中，则告以彭德怀部“现编为第五纵队，彭同志以副军长名义指挥之，数日后须返湘赣边界，收集旧部恢复政权”。可见，彭德怀重返井冈山是在瑞金会议作出的决定。

北的萍乡煤矿地区，把这一地区巩固和发展起来，直到把邻境的湖南、湖北地区包括进来，最终与朱德和毛泽东在赣东南建立的中央苏区联结起来。①

彭德怀率领劫后余生的800名红军将士，于4月14日由雩都踏上西去井冈山的道路。作为曾经在那里创造了中国革命史和个人奋斗史上辉煌业绩的毛泽东，在井冈山的斗争中也有失败的教训。在彭德怀出发前一天，他专门书写了一封给湘赣边界特委的信，请彭德怀带去。现在所能看到的这封信，并不是全部，而是湘赣边界特委在收到信之后给中共湖南省委的报告中摘录的部分。

毛泽东的信，主要是总结过去井冈山的斗争中存在的问题，结合了他在赣南所见的情况，特别是东固根据地秘密割据的经验，告诫井冈山的同志们，边界党的工作和政权的形式以及赤卫队的组织与意义应该改头换面。在毛泽东看来，在过去两年，小区域苏维埃政权不顾主客观条件而实行公开割据的方式，在目前敌强我弱的情况下尚不适宜。他在信中这样说：

> 在全国或一省总暴动以前政权的形势〔式〕和武装的组织大须讨论，依照两年的经验，在全国至少有一省用总暴动的方法推翻统治阶级的政权以前，小区域苏维埃政权公开的割据是有害而无益的，如湘潭、醴陵、平江、永新、莲花、遂川不仅失掉群众，连党也几乎失掉完了，不仅不能解脱群众若干的经济痛苦，农村城市的经济基础一起毁败完了，即此问题即是使群众失掉而有余。②

毛泽东向湘赣边界特委详细介绍了他在东固革命根据地的所见所闻，要求他们根据井冈山的具体情况参照东固这种“秘密武装割据”的方式，改变工作方法，恢复边界工作。

---

① 〔美〕艾格尼丝·史沫特莱：《伟大的道路——朱德的生平和时代》，第292页，生活·读书·新知三联书店，1979。

② 《中共湘赣边界特委报告（第二号）》（1929年6月6日），《井冈山革命根据地》上册，第321页，中共党史资料出版社，1987。

肩负着重振井冈山旗鼓重任的彭德怀，以红四军副军长的名义，打着红四军第五纵队的番号，带领他的队伍，将要用新的工作精神和方法，恢复他在那里失去的土地和荣誉。后来的历史证明，彭德怀不仅完成了这一使命，并且在那里开辟了更为广阔和巩固的湘赣边革命根据地。

与党中央发生分歧

上海静安寺附近有一所不起眼的房子。这里是中共六大以后的一段时间里中共中央组织部的秘密机关。这个机关的负责人是周恩来，他在中共六大以后担任的职务是中央政治局常委，兼任中央秘书长和组织部部长，1929 年 8 月中央军事部部长杨殷牺牲以后，他又兼任了中央军事部部长。

在美国记者埃德加·斯诺眼里，周恩来是“中国人中间最罕见的一种人，一个行动同知识和信仰完全一致的纯粹知识分子。他是一个书生出身的造反者”。他头脑冷静，善于分析推理，讲究实际经验，有着一种“无可比拟的吃苦耐劳的能力；无私地忠于一种思想和从不承认失败的不屈不挠精神”。①

作为南昌起义的最高领导人和中国红军的缔造者之一，以及 1929 年中共中央实际上的主要负责人，周恩来对于朱毛红军有着一份特殊的情感，对于这支中共领导的最为重要的武装力量的命运，寄予了特别的牵挂。

朱毛红军自从撤离井冈山向赣南转移之后，周恩来不断从报纸和来自各个渠道的消息，关注着部队的成败命运。特别是在朱毛红军自大余受挫到寻邬县圳下村溃败的那些天，关于井冈山被国民党军击破和朱毛红军溃不成军节节败退的报道充斥各类新闻版面。

仅以当时颇有影响的《时报》为例，1929 年 1 月下旬至 2 月初几篇

---

① 〔美〕埃德加·斯诺：《西行漫记》，第 43、47 页，生活·读书·新知三联书店，1979。

相关报道的标题就足以令人担忧：1月21日第2版《朱毛向大汾逃窜，各军追剿堵截》；1月25日第2版《会剿朱毛在追击中，规定斩获赏格》；1月27日第3版《朱毛被剿，由井冈窜入赣南》；2月2日第2版《朱毛图窜南雄被击溃》和《何键会剿共军分途并进，井冈山即将攻下》。

各种消息显示，朱毛红军处在极其危急的情况之中。2月2日，中共中央政治局召开会议，专门讨论朱毛红军问题。中央军事部部长杨殷就朱毛红军的情况向会议作出报告。会议对朱毛红军的行动方针展开讨论，虽然有不同的意见，但多数与会者的意见是红四军应当分散行动，朱德、毛泽东应当离开红军，以减少敌人的目标。会议还决定由周恩来起草一封给红四军的指示信。

2月6日，中央政治局又再召开常委会议，继续讨论朱毛红军问题，确定由中央军事部立刻派专人出发寻找朱毛红军，传达中央指示。①

2月7日，周恩来完成以中央名义写给朱毛红军的指示信，2月8日中央政治局会议修改通过。② 这封写给毛泽东、朱德并转湘赣边特委的指示信，由于其久远的影响，后来被称为“二月来信”。

中央“二月来信”依据当时的国际国内形势和朱毛红军所处的不利环境，对全国政治局面的判断并不乐观。虽然认为军阀制度与工农斗争不断兴起的大趋势下，军阀统治阶级难以稳定，军阀混战不可避免，但是“二月来信”对于革命主观力量的估量，过分偏重于城市工人在革命潮流中的主导作用，认为由于城市工人斗争的弱小而影响了革命发展，甚至将此与农民运动相联系，认为“农民斗争在南方则因城市工作未能建立和发展得不到城市领导致许多苏维埃区域都相继失败”。③

---

① 中共中央文献研究室编：《朱德年谱》（新编本）上卷，第135页，中央文献出版社，2006。

② 中共中央文献研究室编：《周恩来年谱（一八九八——一九四九）》，第154页，人民出版社、中央文献出版社，1989。

③ 《中央给润之、玉阶两同志并转湘赣边特委信》（1929年2月7日），《中共中央文件选集》第5册，第29～37页，中共中央党校出版社，1990。本节以下所引中央“二月来信”，均引自此处，不另注释。

中央“二月来信”认为，自广州暴动失败以后，党在城市的工作大多已经消沉，党在农村中的组织则是随着农村暴动的胜败时起时落，且其中多半是群众的组织，因此党的无产阶级基础十分薄弱，加以革命失败导致非无产阶级意识浓厚，党内政治水平低落，干部消极、悲观、动摇，“以致党到现在还不能成为无产阶级群众的斗争的先锋队”。

中央“二月来信”表明，中共中央尽管依据中共六大精神把争取群众的工作列为中心任务，但这个“群众”的主体是城市工人，而不是农民，即使农村苏维埃和红军如朱毛红军顽强地存在与发展，对于革命潮流的推进并无多大作用。“二月来信”以下这段话明白地表达了这层意思：

> 我们党若不能团结广大的工农群众尤其是产业工人群众于党的周围，任凭客观的政治环境于我们如何有利，工农的斗争如何发展，甚至农村苏维埃区域还能继续建立，红军的组织如你们所领导的队伍在其他区域又能存在，但仍然不能促进这一革命潮流的高涨。……故目前党的主要工作在建立和发展党的无产阶级基础（主要的是产业工人支部）与领导工农群众日常生活的斗争和组织群众。

“二月来信”虽然并不否认仍须领导农民斗争、深入土地革命、开展乡村游击战争与武装农民，但是要求这些工作必须与党的中心任务即争取工农群众，特别是争取城市产业工人群众的斗争相联系，因此要求朱毛红军对自己的工作“重新下一责任的估定”。

这就表明，中央对朱毛红军的工作并不满意，认为有违中共六大精神，因此指出，“中央依着六次大会的指示，早就告诉你们应有计划地有关联地将红军的武装力量分成小部队的组织散入湘赣边境各乡村中进行和深入土地革命”，以避免目标过于集中和解决给养的补给，利于农村中群众斗争的普遍发动。

“二月来信”也考虑到了朱毛红军处境的困难，认为在敌人四面包围之中，不得不采取“集团行动”的战术，“只是中央的意见仍以为你们必须认清目前的政治形势与党的任务，坚决地执行有组织地分编计划”，具体分编的要求是：

部队的大小可依照条件的许可定为数十人至数百人，最多不要超过五百人（自然这不是太死板的数目）。这些分编的部队必须互有联络互相策应，且须尽可能地散在农民中间发动农民的日常斗争走入广大的土地革命。现在你们的部队不管是仍留在赣南的三南或又退入湘东，必须采取这一决定。

中央提出这一作战原则与方针的依据固然是为着更加有利于执行中共六大关于“争取群众”的中心任务，在现实中却是更多地顾及了避免朱毛红军的集中行动而招致敌人的攻击而被消灭，所以强调“中央决不是要你们采取失败主义的精神将红军遣散回乡”，而是要在并非受到敌人严重包围的情况下，依据实际情况将队伍分散到乡村中去开展群众工作；在困难情况之下的集中行动仍属必要，“但仍应尽可能地采取游击战争发动群众的策略，切忌将自己做成太平天国式的农民军队的行径”。这也就给了朱毛红军行动的灵活空间。

但无论如何，中央要求在目前情况下朱毛红军是必须实行分兵活动的。与此相适应，“二月来信”依照中央政治局会议的决定，指示朱德、毛泽东离开红军前往上海党中央：

中央从客观方面考察和主观的需要深信朱毛两同志在目前有离开部队的必要：一方朱毛两同志离开部队不仅不会有更大的损失且更利便于部队分编计划的进行，因为朱毛两同志留在部队中目标既大，徒惹敌人更多的注意分编更多不便，一方朱毛两同志于来到中央后更可将一年来万余武装群众斗争的宝贵经验供献到全国以至整个的革命。两同志得到中央的决定后，不应囿于一时群众的依依而忽略了更重大的更艰苦的责任，应毅然地脱离部队速来中央。

显然，中央“二月来信”对形势的估量很是悲观，在关于党的工作重点、红军行动方针等重大原则问题上，与朱毛红军 3 月 20 日在长汀召开的前委扩大会议的分析与决策有着明显的差异。

当中央军事部特派员刘安恭带着这封重要的指示信，历经辗转，花了将近两个月时间从上海到达瑞金送到毛泽东、朱德的手上时，已是 4

月3日。而这个时候，“二月来信”中据以分析的很多重要背景已经发生根本变化，例如蒋桂军阀混战已经开始，统治阶级内部发生严重分裂；再如朱毛红军已经度过最为艰难的时期，开始了新的作战计划；又如朱毛红军已经在实践中证明了他们的战略战术的正确，毛泽东、朱德唯有坚持留在红军中才能唤起全军将士的战斗意志与必胜信心。

正因为如此，中央“二月来信”在红四军和红五军的领导人之中引起了不小的震动。红五军军长彭德怀率先于收到来信后第二天在向中央的报告中提出异议，认为在此反革命高潮时期不宜分兵，“分则气虚胆小”，当此困难之时，“只有领导者下决心与群众同辛苦，同生死，集中力量作盘旋式的游击，才能渡过难关，万万不能采取藏匿躲避政策”。[①]

4月5日，毛泽东在瑞金主持召开红四军前敌委员会会议，讨论中央“二月来信”。会议尽管也有些赞同中央意见的表达，但结论是否定了中央的意见。当天，毛泽东以红四军前敌委员会的名义，给中央复信。这封信长达5000多字，前面大半部分为应答“二月来信”而陈述了不同的意见，后面部分向中央报告红四军状况及计划。

毛泽东以少有的强硬言辞阐述了自己的主张，并且列举亲身经历的事实加以说明，在几个主要原则问题上明确表达了同中央相左的意见，或者可以说是直率的批评。毛泽东在复信一开始就指出了中央对于形势估量的偏差：

> 中央此信对客观形势及主观力量的估量都太悲观了。三次进攻井冈山表示了反革命的最高潮。然至此为止，往后便是反革命高潮逐渐低落，革命高潮逐渐生长。我党的战斗力组织力虽然弱到如中央所言，但在反革命潮流逐渐低落形势之下，恢复一定很快，党内干部分子的消极态度也会迅速地消灭。……在将来形势之下，什么党都不能和共产党争群众的。六次大会指示的政治路线和组织路线是十分对的：革命的现时阶段是民权主义，党的目前任务是争取群

① 彭德怀：《关于五军四军会合后的情况向中央的报告》（1929年4月4日），中国人民解放军政治学院党史教研室编：《中共党史参考资料》第5册，第475页。

众而不是马上武装暴动。但革命发展是很快的，武装暴动的宣传和准备应该采取积极的精神。在大混乱的现局之下，只有积极口号积极精神才能领导群众。党的战斗力的恢复也一定要在这种积极精神之下才能有可能。①

毛泽东在形势估量问题上向中央提出批评，指出“党在从前犯了盲动主义极大的错误，现时却在一些地方颇有取消主义的倾向了”；提醒中共中央在克服了“左”倾盲动错误之后，应当警惕另外一种右倾悲观的倾向，“我们要反对盲动主义和命令主义的恶劣倾向，但取消主义和不动主义的倾向又要极力防止”。

联系到中央“二月来信”中片面强调城市对农村的领导作用，不相信农村苏维埃区域的建立与发展能够促进革命高潮的观点，毛泽东提出了与之相反的见解。毛泽东在承认无产阶级领导是革命的唯一关键的前提下，特别肯定了农村红色区域在中国革命中的作用：

农村斗争的发展，小区域苏维埃之建立，红军之创造与扩大，亦是帮助城市斗争、促进革命潮流高涨的条件。所以抛弃城市斗争沉溺于农村游击主义是最大的错误，但畏惧农民势力发展，以为将超过工人的领导而不利于革命，如果党员中有这种意见，我们以为也是错误的。因为半殖民地中国的革命，只有农民斗争不得工人领导而失败，没有农民斗争发展超过工人势力而不利于革命本身的。

毛泽东这段文字，其中把农村武装割据的建立与发展作为“帮助城市斗争、促进革命潮流高涨的条件”，把农村斗争放在中国革命辅助的地位，反映其以城市为中心的观念尚未褪落；然而他总的倾向明显表现出在当前局势之下必须特别加强农村斗争的主张，提请中央注意半殖民地中国革命的特点。这就表明他自大革命以来始终坚持的观点：中国革命的中心问题是农民问题。如果从这个角度来理解毛泽东 4 月 5 日给中央“二月来信”的复信，或许可以认为这是毛泽东由“工农武装割据”思想

① 《红军第四军前委给中央的信》（1929 年 4 月 5 日），《毛泽东文集》第 1 卷，第 54 页，人民出版社，1993。本节以下引用本文，均出于此，不另注释。

向“农村包围城市”理论发展的一个新的起点。

中央“二月来信”要求朱毛红军分成若干小股散入农村的指示，无异于改变毛泽东在井冈山创造并且始终坚持的游击战术。这种战术对于远在上海大城市指挥红军作战的中央领导，自然是不能理解与体会的。中央这项指令的用意固然是为着保护红军，却并不切合红军的实际。为此，毛泽东回应中央：

> 中央要求我们将队伍分得很小，散向农村中，朱、毛离开大的队伍，隐匿大的目标，目的在保存红军和发动群众，这是一种理想。以连或营为单位单独行动，分散在农村中，用游击的战术发动群众，避免目标，我们从前年冬天就计划起，而且多次实行都是失败的。

毛泽东列举具体的实例，说明这种分散游击之所以失败的主要原因，是因为红军不是本地人，不同于地方武装的赤卫队；分开则领导机关不健全，在恶劣环境中难以应对而遭受失败，而且容易为敌人各个击破。这种因为分散行动而被敌人击败的战例，过去曾有五次之多。所以毛泽东得出结论：

> 愈是恶劣环境，部队愈须集中，领导者愈须坚强奋斗，方能应付敌人。只有在好的环境里才好分兵游击，领导者也不如在恶劣环境时刻不能离。此次离开井冈山向赣南闽西，因为我们部队是集中的，领导机关（前委）和负责人（朱、毛）的态度是坚决奋斗的，所以不但敌人无奈我何，而且敌人的损失大于他们的胜利，我们的胜利则大于我们的损失。

朱毛红军何以如此神奇，屡屡转败为胜，自然有他们独到的战术。为了使中央明了红四军的战术，毛泽东概括了他所领导的部队自秋收起义以来在斗争中逐渐积累和成熟起来的游击战术：

> 我们用的战术就是游击的战术，大要说来是：“分兵以发动群众，集中以应付敌人。”“敌进我退，敌驻我扰，敌疲我打，敌退我追。”“固定区域的割据，用波浪式的推进政策。”“强敌跟追，用盘

旋式的打圈子政策。”“很短的时间，很好的方法，发动群众。”这种战术正如打网，要随时打开，又要随时收拢，打开以争取群众，收拢以应付敌人。

毛泽东告诉党中央，朱毛红军这三年来都是用的这种战术，每次集中兵力一度击溃敌人之后，散开工作两三星期，及至敌人再度集中前来进攻，红军也就重新集结起来，再次击溃敌人，再分散工作。此次敌人轮番穷追，“我们用盘旋式的游击，可以走很宽的地方，发动很宽的群众”，每到一处就分散到农村中去先之以广大的宣传，继之以没收和散发地方豪绅财物，然后把群众组织起来。毛泽东说，打仗的时间只是做群众工作的十分之一。毛泽东强调：“红军无论在什么时候，党及军事的统一指挥机关是不可少的，否则陷于无政府，定是失败。”

毛泽东对于在实践中创造的这种游击战术，认为“真是与古今中外的战术都不同”。由于这些战术的运用，“任何强大的敌力是奈何我们不得的”。

很可能连毛泽东自己在当时也不会预见到，这些显然已经理论化了的游击战术，成为了后来指导全国红军部队的作战原则。特别是其中关于“敌进我退，敌驻我扰，敌疲我打，敌退我追”的十六字诀，是以后逐步形成的红军全部作战原则的基础，被军史专家们公认为是红军前期游击战术的基本原则。

毛泽东在对“二月来信”相关问题的不同意见作了充分的阐述之后，向中央报告了自蒋桂战争爆发之后红四军的状况，红四军前委对形势的判断及其战略计划。

毛泽东认为，自国民党军队刘士毅、郭凤鸣二旅被击溃以后，闽西赣南可以说没有敌人了。当前，“蒋桂部队在九江一带彼此逼近，大战爆发即在目前，国民党统治从此瓦解，革命高潮很快地会到来”。在这样的局势之下，毛泽东审视了南方各省主客观力量的状况，重申 3 月 20 日他在长汀代表前委给中央报告中的意见，认为江西、福建、浙江三省最利于割据区域的建立与红军的发展，坚持红军在赣南、闽西 20 余县创造大范围公开割据的计划。

不过由于军阀混战局势和全国形势的急剧变化，毛泽东把这项计划又作了修订，进一步向中央提出建议："在国民党混战的长期战斗中间，我们要和蒋桂二派争取江西，同时兼及闽西、浙西，在三省扩大红军的数量，造成群众的割据，以一年为期完成此计划。"

毛泽东的这项计划，包含着一个更为远大的战略目标，这就是通过在赣南、闽西 20 多县范围的割据与土地革命，进而向四周拓展，首先实现江西全省的割据，形成一个更大规模的农村割据局面，促进革命潮流的高涨。这一设想，体现了毛泽东的由以城市为中心转向以农村为中心的思想转变又前进了一步，较之在长汀 3 月 20 日给中央的报告又有新的进展。

值得注意的是，毛泽东在给中央的这份复信中，似乎已经产生了这种思想的萌芽。毛泽东从江西全省各地小块红色区域的存在与发展中，发现赣北、赣西、赣南各县的革命势力依然存在，且希望很大，而吉安、永丰、兴国等县的红军独立第二团、第四团正在日益发展，赣东方志敏的红军并未被消灭，"如此已造成了向南昌包围之形势"。毛泽东从江西各县农村割据的日益发展，并向南昌造成包围态势的局面中，自然不难估计到先占农村，后取城市，直到夺取江西全省的可能性。

毛泽东向中央报告，为执行这一计划，朱毛红军不下闽西的上杭、永定，也不去龙岩，而是从长汀重返瑞金，下一步的行动是定于 4 月 8 日进占雩都，与赣南特委和中央军事部特派员罗寿男召开前委扩大会议，讨论进一步的行动计划。

毛泽东、朱德也并不坚持留在红四军，他们在这封信中表示："中央若因别项需要朱毛二人改换工作，望即派遣得力人来。"他们向中央提出建议，刘伯承和恽代英可以代替他们担负军事和党及政治工作，"两人如能派来，那是胜过我们的"。

这封由毛泽东以红四军前委名义给中央的长信，承载着朱毛红军长期作战和创建农村根据地的宝贵经验，以及毛泽东经过深思熟虑的理论主张。

后来的历史表明，中共中央至少是部分地接受了毛泽东的意见。1929 年的中共中央，是由周恩来实际主持的，思想作风开明务实。

事实上，中央“二月来信”发出以后不久，周恩来在一些问题上的主张就有所改变。4 月 4 日，中央政治局常委会议讨论由向忠发起草的再次给朱德、毛泽东的信，周恩来发言表示：“朱、毛出来的问题，原则上是如此，但根据现在实际情形要写得活一些，红四军的行动方向问题，说的呆板了一些，不好困守到一个地方。”①

这封信经周恩来修改之后于 4 月 7 日发出。这封信指出，军阀战争只是助长革命发展的一个条件，本身并不是革命高潮，指出红军目前的总任务是：扩大游击战争范围，发动农民武装斗争，深入土地革命。并说如果朱、毛两同志一时不能离开红军，希望前委派一位得力的同志前来与中央讨论问题。②

事实上，关于反对红军集中行动的意见是共产国际执委会书记布哈林的主张。布哈林在中共六大发表讲话，认为红军集中行动将会妨害老百姓的利益，会把他们最后一只老母鸡吃掉而引起他们的不满，所以要求红军分散行动，把朱德、毛泽东调离，以免招致更多的打击。

周恩来后来回顾这段历史时坦承，中共中央接受了布哈林的意见，“所以我们回国后就指示要调朱德、毛泽东同志离开红军。朱德、毛泽东同志不同意。后来蒋桂战争起来了，我们觉得红军有可能发展，就作罢了，但没有认识到这种调动是错误的”。③

经过两个月的辗转传递，4 月 5 日毛泽东起草的给“二月来信”的复信，大约在 6 月上旬才送到上海周恩来的手里。6 月 12 日，周恩来向中央政治局会议报告了这封信的内容，并且发表了他的意见。

周恩来认为，红四军前委批评中央对形势估计悲观，“是不十分正

---

①② 中共中央文献研究室编：《周恩来年谱（一八九八——一九四九）》，第 158 页，中央文献出版社、人民出版社，1989。

③ 周恩来：《关于党的“六大”的研究》（1944 年 3 月），《周恩来选集》上卷，第 184 页，人民出版社，1980。

确的，因为站在全国来分析不能如此”，同时表示中央“二月来信”要求红军分散等问题“是有些毛病”。关于农村武装割据，周恩来认为目前对农民运动问题客观上是忽略的，中国游击区域割据形势是存在的，问题是要有城市的领导，如果城市工作加强，农村割据就能获得发展与巩固。①

历史档案显示，周恩来实际主持下的中共中央，由于所处的位置是在指导全国工作的最高层，每天接触到的是城市工人运动，同身处偏远山区农村发动农民建立苏维埃的朱毛红军，在观察与判断问题上自然不可能完全一致，过分强调城市斗争而对农村苏维埃的发展认识不足；对于形势的判断固然存在某些悲观情绪，但从全国而言，有些判断并非完全错误。例如认为军阀战争的发生表示着统治阶级将要迅速崩溃、就是革命高潮的判断并不正确。这样的观点，不失为冷静与出于全局的思考。

但不可否定的是，周恩来从毛泽东的复信中，得到了关于朱毛红军更为全面的信息和丰富的材料，对他们的情况有了更深的了解，也就不再坚持“二月来信”中那些错误的意见，而且更加明确地强调了农村斗争与红军发展的重要性，不断派出干部人才到红四军工作，向全国各地介绍朱毛红军的成就和经验，对朱毛红军的发展给予了有力的支持。

分兵赣南开辟新区域

朱毛红军自1929年4月1日开到瑞金，按照前敌委员会的计划，把指挥机关设立在县城，而全军各纵队则分散到周围乡村，然后再分成若干小支队伍开展工作。毛泽东向中央报告说：“瑞金民众如火如荼的起来欢迎我们，和地主斗争非常勇敢，可惜以前全无组织，一个同志都没有，

---

① 中共中央文献研究室编：《周恩来年谱（一八九八——一九四九）》，第161页，中央文献出版社、人民出版社，1989。

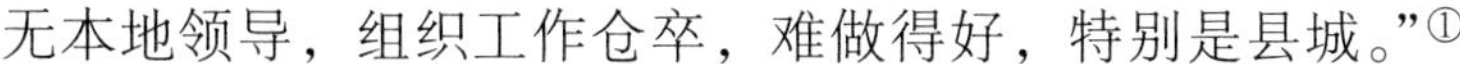

无本地领导，组织工作仓卒，难做得好，特别是县城。”①

毛泽东的这段话表明，这个时候的瑞金县，尽管当地民众革命情绪高昂，自觉响应红军的号召勇敢地展开反对封建地主的斗争，然而在这里竟然还找不到一个共产党员，更谈不上党的组织。正是由于朱毛红军只是用十分之一的时间与敌人打仗，其余的时间分散做群众工作并帮助建立党组织和苏维埃的工作，所以能够利用在瑞金这段很短的时间，展开这一系列复杂的工作。不久以后，这块土地上建立了党的组织和革命委员会。两年多以后，瑞金成为中华苏维埃共和国的红色首都。

按照前委的计划，朱毛红军于 4 月 7 日离开瑞金西进。就如毛泽东所估计的那样，经过大柏地一战击溃刘士毅旅，又因为蒋桂战争爆发，赣南地区已经没有国民党的正规部队。朱毛红军几乎没有遇到敌人的抵抗，4 月 8 日进驻雩都县城。

朱毛红军的游击活动，有一套严格的行军、作战和开展群众工作的计划。每到一个地方，前敌委员会就须依据对敌情分析和当地群众的要求，“决定五日至七日或十日以至于一月的游击计划，计划定了以后即分兵四面出动，在数县范围内经常以每一个纵队（团）为单位，在一县范围内则以一支队（营）或一连为单位出发游击”，每一期游击工作结束，再开始第二期的计划和游击工作。而在战术方面，则规定了 14 条“法宝”，例如“不攻坚”“打圈子脱离敌人包围与穷追”“没有党及群众基础的地方，不轻易作战”“不明敌情绝不作战”“围魏救赵”“用群众封锁的袭击”等。②

朱毛红军由长汀到瑞金再到雩都分散游击，都按照这样的规定，作了预先的安排。毛泽东在 4 月 5 日给中央的信中，就报告了这样的计划：“到雩都后大约有一星期在县城及四郊工作，以后或向宁都广昌或向万安

① 《红军第四军前委给中央的信》（1929 年 4 月 5 日），《中共中央文件选集》第 5 册，第 677 页，中共中央党校出版社，1990。

② 《陈毅关于朱毛军的历史及其状况的报告（一）》（1929 年 9 月 1 日），《中共中央文件选集》第 5 册，第 762、766～768 页，中共中央党校出版社，1990。

泰和，看情形决定。赣南游击一个时期，再赴闽西，那时须与郭凤鸣残部及卢兴邦陈国辉战，福建省委须努力准备。”[①]

到达雩都之后，朱毛红军立刻按照计划分散到县城及四周各乡村游击，开展活动。而这些活动，每个官兵都已经非常熟悉，开展社会调查，张贴布告标语，到群众集会上发表演讲，然后就是组织群众，建立县和乡的各级革命委员会或者苏维埃政府，宣传并实行土地革命。这一切都雷厉风行，全县群众纷纷响应。

4 月 11 日，前敌委员会按照原先在瑞金已经作出的安排，在雩都召开扩大会议，讨论下一步的行动计划。

事实上，关于红军的行动计划，在瑞金就已经确定。但是由于当时急需回复中央的“二月来信”，毛泽东主持召开了前委会议，作出决定以后立刻于 4 月 5 日致信中央作了报告。而这样的行动计划必须得到更为广泛的协同才能顺利地执行，所以，毛泽东在到达雩都以后，又再召开前委扩大会议来讨论这个计划。参加这个会议的人员，除了前委委员，增加了中央军事部特派员罗寿男、从各地赶来的中共赣南特委领导人和赣南几个县委的代表。

此次会议作出的决定，同瑞金前委会议是一致的，只是更加强调了“一年内夺取江西的问题”[②]。陈毅在 4 个半月以后向中央写的书面报告，对前委扩大会议作出这一决定的情况作了具体的陈述。

陈毅在报告中说，当 4 月间蒋桂战争爆发之时，朱毛红军推进至赣南，赣南地区兴国、宁都、赣县、信丰等县群众大为发展，而井冈山之

---

① 《红军第四军前委给中央的信》（1929 年 4 月 5 日），《中共中央文件选集》第 5 册，第 677 页，中共中央党校出版社，1990。

② 关于作出“一年内夺取江西”决定的会议时间与地点有几种不同判断，有认为是 4 月 5 日的瑞金会议，有认为是 4 月 11 日雩都前委扩大会议，有认为是 5 月 18 日瑞金前委扩大会议。根据 1929 年 9 月 1 日陈毅写的《关于朱毛红军的党务概况报告（二）》的记载，作出这个决定的“是一前委扩大会，赣南特委及某几个县委有代表参加”。本书作者判定这个会议是 4 月 11 日雩都前委扩大会议。

湘赣边界各县红军也早成割据局面，同赣北德安红军，赣东方志敏部，赣南红军二、四团形成相互呼应之势。

正是在分析了这一形势之后，前委扩大会议作出决定："前委根据江西省红军分布状况，决定一年内将这些红军努力联系起来，将赤色势力扩大起来，如果军阀混战延长，则一年内有夺取江西的可能。"陈毅向中央报告说，这个决定是前委对江西工作的一个意见，主要目的在于把上述江西四个地区的赤色势力联系起来，"向夺取江西的目标去进行"。在这个会议上，"这个决定写成决议案没有什么人反对"。①

这项得到了包括赣南特委和各县县委一致赞同的计划，立刻付诸行动。由于赣南地区已经没有国民党正规部队的威胁，无须集中行动，前敌委员会按照他们游击活动的"法宝"，实行"分兵以发动群众"的战术，由毛泽东率领第三纵队为一路西进，直逼赣州东乡之赣县江口、南塘，转而向既定目标兴国进发；朱德率第一、二纵队北上，向宁都方向前进，约定半个月游击活动完成之后，会合攻取宁都。

兴国县是赣南地区革命势力颇为强盛的地方，共产党领导的工农武装斗争此起彼伏，一直没有停息。特别是活跃在附近的红军独立第二、四团在不久以前曾经两次攻占兴国，兴国城乡民众对于共产党和红军并不陌生，"打土豪分田地"的口号早已深入贫苦农民。国民党官员与豪绅地主也早就已经逃到赣州城里不敢回来。当地的共产党人虽然没有来得及建立红色政权，兴国实际上已是革命者的天地。

中共赣南特委军事部部长陈奇涵奉命迎接毛泽东，而随同毛泽东的不过是大约一个排的警卫队。毛泽东把红军大部队留在了城外，开展大规模的宣传和发动群众的工作。

就如过去一再强调的那样，毛泽东在到达兴国以后最为关注的是三件事，一是建立红色政权，二是开展土地革命，三是建立地方武装。这几件工作在很短的几天里就迅速展开。由于兴国先前经过了革命风暴的

① 《陈毅关于朱毛红军的党务概况报告（二）》（1929年9月1日），《中共中央文件选集》第5册，第783页，中共中央党校出版社，1990。

洗礼，在毛泽东到达兴国以后，很快就建立了革命委员会。

陪同毛泽东的陈奇涵，记忆最为深刻的是毛泽东争取群众的观念。在兴国县委召开的干部会议上，毛泽东要求每个共产党员时刻不能忘记争取群众的观念，因为这是中共六大提出的中心任务之一。他甚至要求党员就如和尚每天虔诚地颂念“阿弥陀佛”那样，时时叨念“争取群众”。[①]

在中国农村，争取群众的最大多数是贫苦农民，而争取他们的最好办法就是实行土地革命，把几千年来被地主豪绅把持的土地没收，重新分配给贫苦农民。毛泽东很清楚，迅速开展的土地革命，迫切需要一份切合实际的土地纲领。

在此之前，毛泽东在井冈山时期的最后一个月，制定过一份《井冈山土地法》，但是还没有来得及执行，中共六大的土地政纲就传到了井冈山。

与中共六大的土地政纲相比较，毛泽东发现《井冈山土地法》存在一个重要错误，这就是规定“没收一切土地”。中共六大的土地政纲却规定为“没收地主阶级土地”。毛泽东认为这样的规定是正确的，于是他在兴国对《井冈山土地法》加以修改，把“没收一切土地”改为“没收一切公共土地及地主阶级的土地归兴国工农兵代表会议政府所有，分给无田地及少田地的农民耕种使用”。[②] 这份土地法，在随即展开的兴国土地革命中实施，对后来中央苏区和全国土地政策产生了重大影响，后人称之为《兴国土地法》。

没收和分配土地，是一项极其繁重复杂的工作。为了让参加这项工作的各级干部具备这方面的知识和政策水平，毛泽东开办了一个土地革命训练班。曾经在广州主办过全国农民运动讲习所的毛泽东，对于这项工作驾轻就熟，连续好几天，他执鞭就教，亲自讲解，内容涉及政治形势、农民问题、土地问题、土地法和中国共产党的相关政策。他甚至还教大家唱《国际歌》《工农革命歌》。

---

① 陈奇涵：《赣南党的历史》，《回忆中央苏区》，第 12 页，江西人民出版社，1981。

② 《兴国土地法》（1929 年 4 月），江西省档案馆、江西省委党校党史教研室编：《中央革命根据地史料选编》（下册），第 364 页，江西人民出版社，1982。

兴国县潋江书院。毛泽东在此举办土地革命干部训练班，开展调查研究，制定了著名的《兴国土地法》。

带领第一、二纵队向宁都方向行动的朱德，把队伍分散到乡村中，在农民当中宣传共产党的政策主张，帮助农民组织农民协会和乡村苏维埃政权，向地主夺取土地并分配给贫苦人家。通过这些工作，红军得到了穷苦百姓的信赖和欢迎。

朱德的军人本色和行事风格，与毛泽东的特点有很大的不同。朱德关心更多的是对红军游击队的组织和训练，教育官兵如何作战，如何提高红军的装备和军事素质。由于他在红军历史上不可替代的地位，被尊称为“红军之父”。在他率领红军开创根据地的农村中，在农民们的心目中朱德不只是一个人，而且是一种象征，一个与红军不可分割的名字；而红军指战员也往往没有了自己的名字，农民都管他们叫“苏维埃先生”。[①]

① 〔美〕艾格尼丝·史沫特莱：《伟大的道路——朱德的生平和时代》，第296页，生活·读书·新知三联书店，1979。

关于朱德在赣南分兵创建农村根据地的这段历史，几乎没有留下档案记录。目前所见不多的材料当中，比较具体的是朱德向史沫特莱叙述他个人历史的记录，而这些记录主要的内容不是他如何领军作战，而是他在赣南所见农村的贫穷与农民的悲惨生活。下面几段文字，记录了赣南农村给朱德留下的难以忘怀的印象：

> 在这些地区，农民居住的小村子只有一道残破的围墙，仅有一个门可供出入。墙里面是两排污浊不堪的茅草小屋，中间有一条街，到雨季是一片沼泽，而在干旱天气，两边的阳沟里又堆满了腐臭的垃圾。
>
> 昏暗的茅草屋只有一个门而没有窗户。屋里面，有些人家就把稻草铺在硬地上当床睡，也有人家架起几块木板当床，上面堆着稻草，又铺又盖。大家穷得连被子都没有一条，就穿着仅有的一套衣服入睡，一件短袄和宽腿长裤不知缝了几辈子的补丁。家里也许有一张粗糙不堪的木桌，几条板凳，供吃饭用。火炉是泥巴砌起来的，下面通风，上面架一口锅，这就是全家唯一的做饭锅子，柴火是孩子们上山捡来的干草和碎树枝。饭碗是土碗，打烂的碎块又重新锯上。筷子就用竹子削成。①

朱德的描述，清晰地呈现了赣南农民的生活场景。农民在如此悲惨的条件下生存，是因为高额的地租、税收、徭役、高利贷的盘剥和官府种种名目的掠夺。就在这一年的春天，在饥寒中艰难度日的农民们忽然听到传闻，说是有一个名叫“朱毛”的农民，正带着一支“穷人的队伍”从远方到来，专门对抗达官显贵，神通广大，呼风唤雨，无可匹敌。

这支被神化与夸张的队伍，正是朱德带领的第一、二纵队。农民们纷纷响应，拿起最原始的武器同地主民团作战，前仆后继，不怕牺牲，直至被民团残酷地镇压。许多死里逃生的农民投奔朱德，发誓要为死去的亲人与战友报仇。于是，在朱毛红军周围，聚集起越来越多的队伍。

---

① 〔美〕艾格尼丝·史沫特莱：《伟大的道路——朱德的生平和时代》，第293～294页，生活·读书·新知三联书店，1979。

朱德告诉史沫特莱，红军走到哪里，“整村人都迎到村外，甚至从几十里以外的地方赶来欢迎我们”，红军把他们组织起来，一起参加战斗。当地的农民包括妇女儿童，都会加入到我们的队伍当中。①

两个星期以后，朱、毛领导的两路人马会合，一起向宁都进发。宁都与瑞金、兴国、雩都不同，城里驻有一个团的地方民团，团长名叫赖世琮。他的兄长是国民党军的一个旅长，因此他有恃无恐，仗着宁都厚实坚固的城墙，大言不惭地吹嘘“要把赤匪匪首朱、毛的头悬挂在宁都城墙上”。

在朱毛红军眼里，被一个小小民团霸据的县城尽管防卫坚固，却非铜墙铁壁。四面八方的农民都赶到城下，帮助红军打探消息，制作攻城的竹梯，协同红军作战。尽管付出了一些代价，红军只花了一天就占领了这座县城。人们在搜索时，找到了那个换穿了便衣的吹牛团长赖世琮。这一天，是 4 月 29 日。

朱德曾经听说这个团长以玩女人出名，以为他必定是一个高大健壮的色鬼。可是当两名红军战士把他带到红军司令部时，朱德看到的这个团长竟是一个干瘦矮小而又怯懦的汉子。史沫特莱依照朱德的叙述，再现了这个场景：

> “有三十个小老婆，还想把我的头挂在宁都城墙上的家伙原来就是你！”朱德惊愕地喝道。两旁的参谋人员和卫兵一阵哄堂大笑，把那小矮个子的最后一点矜持也全部破坏无遗了。②

占领宁都以后，朱毛红军需要做的，更多的是毛泽东指挥下的政治工作，帮助成立宁都县各级党组织和苏维埃政府，开办各种训练班培训地方红军和苏维埃政府的骨干。而几千名红军指战员，重新被分派到周围乡村中去活动，尽量拓展新建立的农村根据地。

---

① 〔美〕艾格尼丝·史沫特莱：《伟大的道路——朱德的生平和时代》，第 295 页，生活·读书·新知三联书店，1979。

② 〔美〕艾格尼丝·史沫特莱：《伟大的道路——朱德的生平和时代》，第 297 页，生活·读书·新知三联书店，1979。

朱毛红军二次入闽

制定闽西六县游击计划

朱毛红军在赣南开辟农村根据地，搅动了国民党的棋局。国民党江西省政府主席朱培德本来正忙于蒋桂战争，按照蒋介石的部署调动全省军力向长江沿线集结，向据守于两湖地区的桂系发动攻击。虽然战事已近结束，但尚未有向赣南移动的计划。没有料到的是，原来以为已经转入福建销声匿迹的朱毛红军卷土重来，在赣南各县大兴苏维埃运动。

据毛泽东向中央报告，朱毛红军从 4 月 1 日由汀州到达瑞金，以后的 45 天内，从瑞金到雩都、赣州东乡、兴国、宁都，于 5 月 15 日重返瑞金。在此期间，红军每到一县，即分散到各乡村，以集中与分散相结合的方法（这样既容易争取群众又利于对付敌人，不偏于一边，与中央指示的“分开游击统一指挥”相一致），在赣南地区打开了局面。这就迫使朱培德再次派出重兵，开赴赣南“剿匪”。

半个多月以后，毛泽东在福建永定向中央报告说：

> 在赣南游击四十五天内朱培德又闹剿匪，一旅由赣州进雩都，一旅由泰和进兴国。一路由抚州进宁都，瑞金由抚州来的是

王均师李文彬部，我们在瑞金但未游击，我们向龙岩来，他亦进汀州。①

朱德在向史沫特莱叙述这段经历时，虽然已经时隔8年，但仍很清晰：

宁都的胜利并没有维持很久，占领该城两个星期之后，红军便再度踏上征途。敌人三个师血红着眼睛从北面扑来。红军首先协助宁都苏维埃和各群众组织转移到山区乡村，然后开拔奔向长汀，后面还有两师敌人紧追。②

这两则当事人留下的珍贵史料，对赣军分为三路向雩都、兴国、宁都进攻的记录，特别是李文彬旅由抚州南下直逼宁都、瑞金，而红军经由瑞金向闽西长汀转移的记述，颇为一致。

事实上，赣军调动三个旅分三路向赣南进攻，朱毛红军相机退出宁都经瑞金向闽西进发的原因，敌人的进攻并不是主要的。早在3月20日汀州前委扩大会议上，前委就已经作出计划，红四军到赣南游击一段时间以后，再根据“湘赣战局的形势”，确定返回闽西或留在赣南游击。

另外一个重要的原因，而且是更加重要的原因，是闽西的局势发生了变化。4月间，蒋桂战争已近尾声，桂系主力退守广西、云南，而桂系将领徐景唐在广东宣布独立反蒋。广东军阀陈济棠又受蒋介石收买，宣布讨伐徐景唐。粤桂之战影响到福建，驻守龙岩的国民党陈国辉旅奉命入粤讨桂，闽西地区革命势力趁势而起。在这样的局势之下，中共闽西特委书记邓子恢“便写了一份书面报告，将闽西两年来群众斗争和当时敌我情况，作了详细报告，并建议红四军再来闽西。此报告送到后，毛泽东同志即于5月间率红四军从四都再度入闽”。③

---

① 《红军第四军前委书记毛泽东给中央的报告》(1929年6月1日)，《中共中央文件选集》第5册，第682页，中共中央党校出版社，1990。

② 〔美〕艾格尼丝·史沫特莱：《伟大的道路——朱德的生平和时代》，第298页，生活·读书·新知三联书店，1979。

③ 《邓子恢自述》，第67页，人民出版社，2007。

5月31日，《新晨报》特约记者“望庐”从南昌发出的通讯稿称，由李文彬率领的第一路“剿匪”部队，于5月15日由宁都出发，冒雨南下瑞金，17日下午抵达瑞金附近的黄柏圩，探悉朱毛红军和兴国、雩都农民武装约5000余人，“据城警戒”，乃以两个团兵力分两翼包围瑞金县城。朱毛红军即向汀州楼子坝退去。李文彬部继续冒雨追击，5月19日追抵长汀县四都与红军发生战斗。5月20日中午，李文彬部复追击至汀江边，但由于“闽军未集左岸，致被朱毛渡过汀江”，向龙岩永定之新泉方向开去。①

《新晨报》的这篇特约通讯，显然是国民党军方所提供。其涉及朱毛红军行程与毛泽东、朱德的记述基本一致，唯对行动的日期和过程更为具体。由此可以明了，朱毛红军当于5月15日离开宁都到达瑞金，5月17日为摆脱李文彬旅之包围攻击由瑞金开往长汀县四都。

红四军在撤离瑞金之前，召开了一次重要会议。在这个会议上，林彪对毛泽东提出的关于红军的行动方针和“一年争取江西”的计划表示反对，产生分歧，因而受到毛泽东的批评。关于这次会议，毛泽东在1930年1月5日给林彪的信中专门提及：在对于时局的估量和伴随而来的我们的行动问题上，“我从前颇感觉、至今还有些感觉你对于时局的估量是比较的悲观。去年五月十八日晚上瑞金的会议席上，你这个观点最明显”②。这里所指这个会议，是在撤离瑞金之前召开的前委扩大会议。

这里存在一个疑问，这个会议的时间是5月18日，还是之前？历史资料有不同的记述。按照《新晨报》特约记者的报道，朱毛红军在5月17日即已退出瑞金，5月19日抵长汀四都，5月20日渡过汀江。这一记述同后来红军的行动日程相一致。另外，1929年7月13日中共闽西特委发出的《闽西代表大会主席团向省委报告》说：“红军第四军自五月十七

① 《朱毛逃窜详情》，《新晨报》1929年6月9日，第11版。

② 《毛泽东给林彪的信》（1930年1月5日），《中共中央文件选集》第6册，第553页，中共中央党校出版社，1989。

日由瑞金向闽西工作，到现在差不多二月了。”① 这一记述与《新晨报》的报道相同，这表明这次会议的时间应该是在5月17日之前，最迟是在5月16日晚上。

另据中央文献研究室编《朱德年谱》论述，“5月23日”致信中央，“报告红四军自本月十四日退出瑞金以来的战绩”，则表明上述前委“瑞金会议”应在5月14日之前。② 陈毅在1971年的一个讲话中也谈到这个会议，他说这个会议是在同彭德怀会师之后，“以后五军回井冈山，四军开到瑞金”，在瑞金召开的会议上，林彪同毛泽东发生“严重的争论”。③ 陈毅的讲话没有说明这个会议的时间，但其所指应该就是毛泽东所说“五月十八日晚上瑞金的会议”。由此看，会议的日期还可以进一步考证，但会议的内容却很明确。

毛泽东与林彪的意见分歧，一是对时局的估量，革命高潮是否很快到来；二是与之相关联的红军行动，是否赞成一年争取江西的计划，以及由创建农村根据地促进全国革命高潮。这一分歧可以从毛泽东对林彪的批评中看到各自不同的观点：

> 我知道你相信革命高潮不可避免的要到来，但你不相信革命高潮有迅速到来的可能，因此在行动上你不赞成一年争取江西的计划，而只赞成闽粤赣交界三区域的游击；同时在三区域也没有建立赤色政权的深刻的观念，因之也就没有由这种赤色政权的深入与扩大去促进全国革命高潮的深刻的观念。④

关于对形势的悲观估量，毛泽东认为同中央“二月来信”有关系，认为这封信的“精神是不好的，这封信给了四军党内小部分同志以不良

---

① 中央档案馆、福建省档案馆编：《福建革命历史文件汇集》（闽西）甲8册，第53页，1984。

② 中共中央文献研究室编：《朱德年谱》（新编本），第145页，中央文献出版社，2006。

③ 《陈毅同志“九一三”以后的讲话》（记录稿），1971年10月下旬。

④ 《毛泽东给林彪的信》（1930年1月5日），《中共中央文件选集》第6册，第553页，中共中央党校出版社，1989。

影响，即如你也似乎受了些影响”[①]。

实际上，关于对形势的悲观估量，毛泽东已经在4月5日给中央“二月来信”的复信中作了回答。而林彪却还一直坚持着这种悲观的论调，这种悲观情绪甚至一直左右着林彪的行为。

毛泽东向林彪指出：你虽然没有走上盲动主义的错误道路，“但你似乎有另一方面缺点，就是把主观力量看得小一些，把客观力量看得大一些，这亦是一种不切当的估量，又必然要产生另一方面的坏结果”。其原因，是由于没有看清楚中国革命的主观力量虽然弱，但是统治阶级的力量也是很薄弱的；大革命失败以后的主观力量尽管大为削弱，剩下一点小小的力量，但是“它的发展是很快的，它在中国的环境里不仅是具备了发展的可能性，简直是具备了发展的必然性”；而且还没有看清楚客观力量的本质，过分夸大统治阶级，以至于在井冈山第三次“会剿”到来之时，有些同志又提出“红旗到底打得多久”的疑问。而其实，英、美、日在中国的争斗已经十分露骨，蒋、桂、冯各派军阀混战的形势已经形成，“实质是反革命潮流开始下落，革命潮流开始复兴的时候”。但是这个时候不仅是地方党和红军党内存在有悲观的心理，就是中央也不免被那种表面上的客观情况所迷惑，发生悲观的论调，“二月七日中央来信就是代表那时候党内悲观分析的证据”。[②]

毛泽东批评林彪看不清形势，被悲观的情绪所左右，不相信中国革命高潮很快就要到来，因此也就不赞成毛泽东的在闽粤赣三省边区创造巩固的农村根据地，由此逐渐扩大，实现一年争取江西全省政权的计划。

对于这一计划，毛泽东在会上作了详细说明。毛泽东从蒋桂战争爆发统治阶级内部发生分裂说起，对南方各省主客观力量与形势作了分析，认为广东、湖南两省买办地主的军事势力太大，湖南则因为党内盲动主

---

① 《毛泽东给林彪的信》（1930年1月5日），《中共中央文件选集》第6册，第560页，中共中央党校出版社，1989。

② 《毛泽东给林彪的信》（1930年1月5日），《中共中央文件选集》第6册，第555～556页，中共中央党校出版社，1989。

义错误，党内外群众所剩无几。而福建、江西、浙江是另成一种形势，首先是这三省敌人势力薄弱，其次是三省盲动错误比较少，闽赣两省的党和群众基础都比湖南好，特别是江西，赣北、赣西、赣南的革命势力日益发展，赣东方志敏的红军并没有被消灭。这就形成了向南昌包围的形势。

根据这样的分析，毛泽东重申过去前委提出的“一年内夺取江西”的意见。这个计划，在4月5日瑞金前委会议上提出，随后又在4月11日雩都前委扩大会议上作出决议，当时并没有什么人反对，“虽然有同志觉得这个决定太乐观太空洞，太不估量主观客观情势是否可能，但觉得江西党天然是一个夺取江西的任务，则这个决定也是可以的”①。

可见，林彪在口头上是赞成这一计划的。但是在随后的行动中，都表现出了消极和抵触，不积极做创建根据地的艰苦工作，热心于流动游击，以至于在瑞金前委扩大会议上公开反对毛泽东的意见。

出席这次会议的陈毅后来在谈到这次会议时，还记得林彪说了这样一些不赞同毛泽东意见的话：你这个估计不正确，我不同意一年争取江西的计划。湖南你再说不行，湖南人他愿意当兵，我们这个队伍到湖南就扩大了队伍，我们队伍一到江西却没有一个江西老百姓愿意当兵，我们到福建，福建当然有苏区，但是也没有一个人愿意当红军，红军根本就不能扩人，怎么还说要夺取江西一省？不能做这个估计，我们有什么办法去打南昌？敌人有一个旅、两个旅尾追，我们就要避免作战，搞得我们马不停蹄，怎么还说要夺取南昌，夺取江西？这是高调，我不同意。②

在陈毅的记忆中，林彪主张把队伍分散打游击，采取流动游击的办法，争取群众，扩大声势，等待一个很长的时间之后再说，不必去做耐心艰苦的建立政权的工作。

而毛泽东完全反对林彪这种不重视根据地建设的流寇主义。所以，

---

① 《陈毅关于朱毛红军的党务概况报告》（1929年9月1日），《中共中央文件选集》第5册，第783页，中共中央党校出版社，1990。

② 《陈毅同志“九一三”以后的讲话》（记录稿，1971年10月下旬）。

毛泽东对林彪提出了严肃的批评：

> 似乎你认为在距离革命高潮尚远的时期做建立政权的艰苦工作为徒劳，而有用比较轻便的流动游击方式去扩大政治影响，等到全国各地争取群众的工作做好了，或做到某个地步了，然后来一个全国暴动，那时把红军的力量加上去，就成为全国形势的大革命。你的这种全国范围的、包括一切地方的、先争取群众后建立政权的理论，我觉得是于中国革命不适合的。你的这种理论的来源，据我的观察，主要是没有把中国是一个帝国主义最后阶段中互相争夺的半殖民地一件事认清楚。①

毛泽东这段话，虽然是在“五月十八日晚上”的瑞金会议半年多以后所写，但毛泽东所批评的错误，正是林彪在瑞金会议上所坚持的观点。之所以要旧事重提，是因为毛泽东认为“我从前颇感觉、至今还有些感觉你对于时局的估量是比较的悲观”②。

不过，毛泽东的主张和计划，已经被前敌委员会通过并作出决议，确定以闽西、赣南、湘赣边三区域的游击区，争取群众开展土地革命，建立苏维埃政权。先前已由彭德怀率领红五军前往湘赣边区，红四军亦已完成在赣南的游击任务，下一步的行动是前往闽西，应该采取何种计划，则须作具体研究。

前敌委员会对闽西的形势作了分析，认为闽西南地区的国民党军张贞和陈国辉部主力目前被调往广东讨桂，防务空虚，可以乘虚而入，一举取胜。但在具体计划上有三种不同的主张。

第一种主张是利用两广战争的机会，红军开赴粤东地区消灭张贞，“造成东江割据，趁蒋桂决斗而渐扩大割据于全粤境”；第二种主张是攻取漳州“使红军的政治影响扩大”；第三种对上述两种计划均不赞成，以

---

① 《毛泽东给林彪的信》（1930 年 1 月 5 日），《中共中央文件选集》第 6 册，第553～554 页，中共中央党校出版社，1989。

② 《毛泽东给林彪的信》（1930 年 1 月 5 日），《中共中央文件选集》第 6 册，第 553 页，中共中央党校出版社，1989。

为入粤攻打张贞没有取胜把握，如果政局发生变化将陷红军于进退两难的境地，而打漳州“是一个军事冒险”，因漳州尚有守军一个旅，红军又缺乏攻城的炮兵，即使攻下也难持久，如若“敌人由广东回军，我必陷于绝境”。

研究再三，前敌委员会以为这三种方案均不可取，乃确立了在闽西六县的游击计划。陈毅向中央的报告说：

> 前委主张红军在闽西七县游击，一面整顿红军，一面帮助闽西党之改造，一面发动七县群众斗争，定两个月工作计划，无论蒋桂两方胜利如何，我们有了七县广大群众可以应付。在红军从一月至五月皆在长途奔波中，应该有相当休息。①

陈毅在此报告中没有列出在闽西七县游击的县名，而在他同一天写的《关于朱毛军的历史及其状况的报告（一）》中，则是说“五月中旬第二次入闽，正值张贞人粤讨桂，红军决定汀州，上杭，连城，永定，龙岩，武平六县游击计划，至七月初复扩大至漳平、宁洋一带”。② 由此判断，朱毛红军第二次入闽之前制定的应当是“六县游击计划”。

前敌委员会在作出这一决定之时，赣军李文彬部已经逼近瑞金。朱毛红军立刻付诸行动，向闽西边境进发。天雨路滑，山路崎岖，红军不敢停歇，一路急行军，越过武夷山脉，再次进入闽西长汀境内。

红军的路线与两个月前第一次入闽相同，再次抵达四都镇。不过，此次入闽的目的地已不是长汀，而是闽西重镇龙岩。

朱德后来回忆说，打仗就要挑选敌人最薄弱的一环。这次入闽，“偏巧福建军队从沿海开到前线”，给了红军出击的机会。他和毛泽东率领的红军“掠过长汀，发动闪电式的攻击，一举便攻占了福建军队的补给基地龙岩”。③

---

①② 《陈毅关于朱毛红军的党务概况报告（二）》（1929 年 9 月 1 日），《中共中央文件选集》第 5 册，第 784、756 页，中共中央党校出版社，1990。

③ 〔美〕艾格尼丝·史沫特莱：《伟大的道路——朱德的生平和时代》，第 298 页，生活·读书·新知三联书店，1979。

“一鼓下汀龙”

从四都再往东行，是长汀县的另一个大集镇濯田，再往前行就是闽西第一大江汀江，渡过汀江，可直抵闽西腹地。毛泽东深知，红军远途奔袭闽西，必须得到闽西地方党组织与地方武装的帮助，而有两个人物是必须提前取得联系的，一个是中共闽西特委书记邓子恢，一个是闽西地方武装最有实力的领导人之一傅柏翠。

毛泽东在到达濯田即将强渡汀江之前，写好两封信，派副官宋裕和先行出发。一封交邓子恢，告诉他红四军正向龙岩开进，闽西特委必须作好准备，约定5月22日在上杭县蛟洋会面，协同攻占龙岩；另一封信送交傅柏翠，要求他在连城庙前等候，那里是红军前往龙岩的必经之地。

出身于龙岩白土没落士绅家庭的邓子恢，在青年时代走上革命道路。他留学过日本，只因家道贫困未能完成所追求的学业。大革命失败以后的低潮时期，他在赣南崇义、闽西龙岩参与领导共产党组织的农民暴动，成为赣南和闽西地区最有影响的领导人之一。

一个多月以前，邓子恢被中共福建省委任命为闽西特委书记，当他上任之时，朱毛红军已经退出长汀前往赣南，不久以后他派交通员给毛泽东、朱德送去一封信，要求红四军重返闽西。这封信送出以后，他在上杭的特委机关急切地等候朱毛红军的回音。

与邓子恢不同，傅柏翠出身于上杭蛟洋的地主家庭，以一个富家子弟的身份毕业于日本早稻田大学。他在日本留学期间追随孙中山，加入中华革命党，回国以后宣扬民主革命甚至在大革命失败以后与国民党决裂，成为一名共产党员。他率先在家乡实行减租退租，然后领导家乡民众举行暴动。但是，傅柏翠的革命主张也就停留在减租，并不赞成把地主的土地分配给贫苦农民，主张把土地集中起来办类似集体农庄的“共耕社”，这也是他在后来与共产党分道扬镳的原因之一。朱毛红军第二次入闽时，在中共中央派到闽西工作的军事干部曾省吾、罗瑞卿帮助下，傅柏翠正在把他领导的一个教导队集中起来，准备编为闽西红军第五十九团。

长汀县汀江渡口。1929年5月20日，朱毛红军由赣南第二次入闽，强渡汀江，向闽西纵深进军，直抵龙岩。

5月的闽西，春雨绵绵。从瑞金出发以来，朱毛红军一直冒雨急行军。5月20日，部队来到闽西第一大河汀江。这条大河发源于武夷山脉，流经闽西，南下粤东以后与梅江汇合，名为韩江，浩浩荡荡注入南海，所经流域，都为客家人聚居之地，被称为“客家母亲河”。

此时正是春汛时节，江面宽阔，流水湍急。红军官兵紧急寻觅征集到9条木船，强行渡江。当最后一只渡船把红军送到东岸时，赣军追击部队刘士毅旅也已紧随其后赶到了西岸。为阻止敌军渡江，红军士兵不得不将渡船破毁。

朱毛红军抵达汀江东摆脱敌人追击之后，稍事休整，第二天继续东进，直抵连城县的庙前，见到了闻讯赶来的傅柏翠和曾省吾。

傅柏翠回忆到这次与朱毛见面的情况时说：“五月二十一日我率教导队驻扎苎园游鱼坝，黄昏边，突然接到庙前一位农民送来的刘安恭、朱德、毛泽东三同志的联名信。信的大意是，红四军已入闽，部队到了庙前，请速来商酌有关事宜。接信后我和曾省吾顾不上吃晚饭，准备好灯照，即随送信来的人到庙前去了。”傅柏翠说，这是他第一次见到毛泽东和朱德。原先他认识的红四军领导人只有刘安恭，不久以前，刘安恭携带着中共中央的一批重要文件，从厦门途经闽西去赣南寻找朱德、毛泽东，傅柏翠派人护送他前往江西。

傅柏翠说，他们赶到庙前时天色已经暗了，先见到刘安恭，然后见了朱德和毛泽东。毛泽东向他详细询问了闽西敌我双方的力量分布和群众的基本情况之后，告诉他红四军的行动计划，同时告诉他江西国民党派出的李文彬一个旅一直紧紧尾追红军，因此要求傅柏翠带领地方武装阻击尾追之敌四个小时，同时要把尾追敌人的行动情况火速交龙岩县委转告给他，以便随时掌握敌情，两天之后再赶去龙岩会面。①

第二天，5 月 22 日，毛泽东、朱德一大早就集合队伍向龙岩开进。从庙前到龙岩相距百里以上，沿途山重水复，道路崎岖曲折。全军马不停蹄，迅速向龙岩逼近，沿途经过上杭县古田镇，当地的党组织早已得到上级通知，号召民众夹道欢迎。古田的农民群众和一些有知识的青年曾经受到大革命的影响，一年以前附近蛟洋农民暴动更是曾经激起他们的革命热情，一听说红军到来，纷纷挂上红袖章，系上红领巾，立刻发动起来，同红军汇合到了一起，趁势宣布成立革命委员会。

面对从四面八方聚集起来、热情高涨的农民群众，毛泽东即兴大声演讲革命的道理，号召群众打土豪分土地。朱德却意外地遇到一位当地的乡村邮递员。他知道保护邮局和维护邮路畅通的重要，唯恐因为战争影响了他们的工作。他随手取出一张纸片，用铅笔写上“所有书报信件已经检查，沿途友军准于通过为荷”，后面还签上了他的名字和日期。②

他们在古田停留不过两三个小时，立刻又向龙岩进发，翻越几座山岭，傍晚时分抵达距离龙岩十多公里的小池镇。

---

① 傅柏翠：《闽西早期革命斗争的回忆》，福建省博物馆郑远镇记录整理，1978 年，《上杭党史资料》第 7 辑，1987。

② 这份朱德手书的珍贵文物收藏于古田会议纪念馆。

设立在上杭的中共闽西特委为迎接朱毛红军到来，同样在作各种紧张的准备工作。特委书记邓子恢在收到毛泽东的信，要他“于 5 月 22 日赶到蛟洋商谈退敌之计”的指示之后，立刻作了各种布置。他回忆说：

> 我接信后即召开特委紧急会议，认为红四军再度入闽，不仅将大大开展闽西革命局面，而且对当时唯一的红军主力击退敌人壮大自己有利，因此，特委即分头派人通知岩、杭、永、汀、连、武各县准备暴动，配合红四军入闽作战。我则星夜兼程赶往蛟洋，当赶到苏家坡后闻红军已从古田直下小池。①

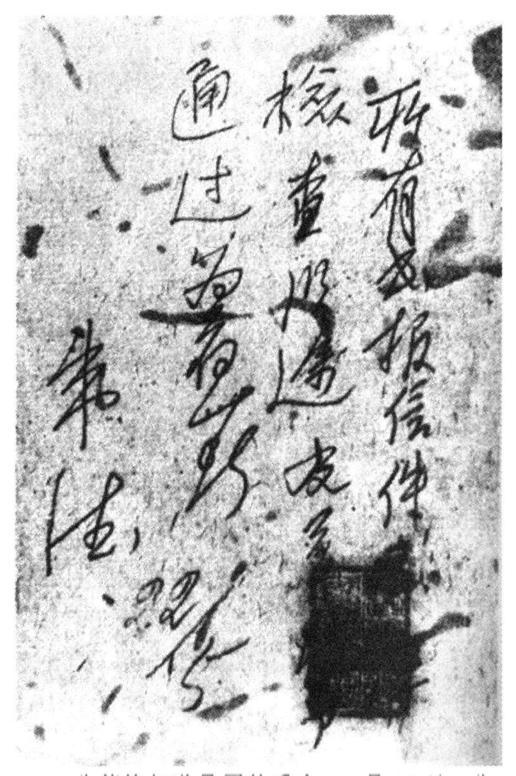

朱德给邮递员写的手令。5 月 22 日，朱德在上杭县古田镇为一个乡村邮递员写了通行的路条。

原来，红四军为尽快赶到龙岩发起攻击，没有按原计划经过蛟洋，而是经由古田走捷径直抵龙岩城外小池镇。邓子恢乃一路步行追赶，沿途召集区乡党组织布置暴动。在短短两三天内，闽西龙岩、永定、上杭三县农民群众闻风而动，纷纷响应。邓子恢这一计划的目的是要达到“四处做造成骚动局面以牵制敌人”，迫使尾追朱毛红军的赣军望而却步，帮助红军脱离危险。②

---

① 《邓子恢自述》，第 67 页，人民出版社，2007。

② 《中共闽西特委报告——闽西斗争形势和组织状况》（1929 年 8 月 28 日），中央档案馆、福建省档案馆编：《福建革命历史文件汇集》甲 8 册，第 118 页，1984。

龙岩旧县城

驻守龙岩的是福建省防军第一混成旅，旅长陈国辉，是福建国民党的五支武装力量之一。全旅共 3 个营和 6 个补充营，其来源多为土匪，战斗力低下。5 月间，陈国辉率领 5 个营开赴广东，参与讨伐反叛蒋介石的桂系将领徐景唐。余部第一营驻守漳平、宁洋，第一补充营驻守龙岩外围之龙门、白土。留守龙岩城的是第四营及特务连和机枪连，统由参谋处长庄凤骞坐镇指挥，兵力不足 500 人。

龙岩地方共产党组织早已经把陈国辉的防务情况及兵力分布侦查清楚，向朱毛红军作了报告。红军在到达龙岩城外小池镇时已是晚上，稍作休整，几个小时即已部署完毕，第二天凌晨即向龙岩展开攻击，上午 9 点战斗即告结束。

这一仗，不管对朱毛红军本身，还是对闽西地方共产党组织，以及国民党军政当局，震动巨大，各方都立刻作出了反应，不妨分别照录，从中可见这次规模并不大的战斗何以牵动各方神经。

朱德在战斗结束当天，即与当时刚刚担任红四军军委书记的刘安恭联署向中共中央报告：

> 我们由于赣敌层层进逼，不愿与他们打硬仗，故于5月14日由瑞金退出经濯田、新田、小池直到福建的龙岩，袭击陈国辉后防，已于23日午前九时占领龙岩城，缴陈部步枪数百支，机枪数挺，子弹无算，陈之残部百余人向漳平方面退却。①

这份报告向人们揭示了朱毛红军何以由赣南转入闽西与攻打龙岩，行军路线及具体日期，以及攻占龙岩的胜利战绩，令人振奋。不久，中共中央机关报《红旗》第25期以《朱德来信》为题，摘要刊出了朱德这份报告。

龙岩战斗三天之后，中共永定县党部大量印发的一份《红军捷报》，更为具体地列出了朱毛红军夺取龙岩的战绩："活捉营长一人、连排长九人、士兵三百二十四人，打死敌方官兵九十余人，缴获水机关枪二挺、驳壳二十三支、步枪五百四十九支、步枪子弹三十五担、迫击炮弹九担。"除此之外，这份捷报还从闽西地方革命势力发展的角度，对此次胜利之后的影响寄予莫大的希望：

> 红军第四军前次打死郭凤鸣，此次又打败陈国辉。望闽西各县工农群众，奋起肃清闽西反动势力，建设工农兵政权，减低谷价，废除债务，分配田地，停止捐税。共产党领导的红军，当用全力为闽西工农群众之助。②

国民党军政当局为龙岩败绩甚为气恼，福建省政府在5月27日向蒋介石发出告急电报，电报开头标明"国急！限即刻到"。可见其心境已是急不可耐。这份急电历数"朱毛共匪"入境闽西，"滋扰"长汀、上杭、龙岩的行动，向蒋介石报告说，5月23日早晨，"朱毛联合本地共匪千余人攻入龙岩城，我部驻城内之第四营及特务一连众寡难敌，损失甚钜，失枪百余，机枪二尊及辎重尽失"，同时又说朱毛红军与江西李文林部人数约八千余，枪七千余，铣（16日）由赣南复犯闽西，而闽西

---

① 《朱德、刘安恭给中央报告》（1929年5月23日），转引自张国琦：《毛泽东与朱德在一九二九年》，载龙岩市博物馆编：《龙岩革命史资料》第5期，1995年7月。

② 中共永定县党部印发：《红军捷报》（1929年5月26日）。

守军兵力单薄，恳请电令在粤作战之陈国辉旅“克日回闽负责力剿，毋使滋蔓”。①

显然，国民党福建当局夸大了朱毛红军的实力，但又刻意少报了龙岩守军的败绩，向蒋介石乞怜求援。国共双方对同一次作战的不同描述，不管其文字表述如何不同，都表明了此次战斗影响的深远。陈毅一首短诗，倒是表达得更加准确而贴切：

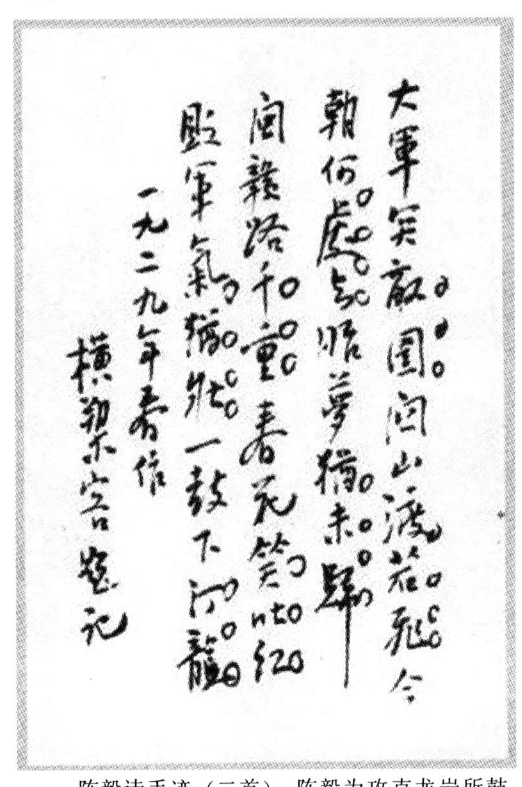

陈毅诗手迹（二首）。陈毅为攻克龙岩所鼓舞，占诗以抒发胜利豪情。

闽赣路千重，
春花笑吐红。
败军气犹壮，
一鼓下汀龙。

这首诗后来收入人民文学出版社1977年出版的《陈毅诗词选》时，将“败军气犹壮”句改为“铁军真是铁”。其实不改更好，更是生动而准确体现了当时朱毛红军孤军奋战、转败为胜的英雄气概。古代兵法有“哀兵必胜”一说，朱毛红军从井冈山向赣南闽西进军之时，正是这样一支孤立无援的哀兵，经过了大柏地和长汀两次战斗，已呈反败为胜之势，而龙岩一战，真可谓是“败军气犹壮，一鼓下汀龙”了。

① 《福建省政府给蒋介石等电报》（1929年5月27日），原件存南京中国第二历史档案馆。

诱歼陈国辉克复闽西重镇

朱毛红军一鼓作气强渡汀江，直下龙岩，其主要目标并不在于占领龙岩这个城市，而是执行前敌委员会在入闽之前制定的“闽西六县游击计划”，消灭其有生力量，打开闽西局面。郭凤鸣旅被击溃之后，其余部退据上杭，战斗力已经受到重创，对朱毛红军不再构成很大威胁。而踞守龙岩的陈国辉旅尚具实力，必须加以歼除，才能扫除朱毛红军纵横闽西的障碍。龙岩一战轻易获胜，是因为陈国辉主力并不在龙岩，而是远在粤东参与讨伐桂系军阀的混战。粤东战事告一段落，龙岩又受红军袭击，陈国辉必定赶回闽西援救。朱毛红军乃决定主动撤出龙岩，诱使陈国辉轻敌返回，再找时机将其歼灭。

因此，朱毛红军在 5 月 23 日上午占领龙岩后并没有停留，当天下午即退出城外，转向永定进军。

急于见到毛泽东、朱德的中共闽西特委书记邓子恢，一路追赶，却总是赶不上行动飘忽快捷的朱毛红军。当他从上杭星夜赶赴蛟洋，朱、毛却已由古田直下小池；第二天他赶赴小池时，红军却又已进占龙岩。他后来在回忆到这段经历时说：

> 第二天我过大池时又闻红军已进占岩城，我当即在大小池沿途召集区委布置暴动，没收、分配地主及反革命粮食衣物，烧毁契约，宣布抗粮、抗捐、抗税、抗租、抗债，成立区革命委员会等工作。等我到达龙门圩时，红四军又从岩城退出，此时我才与毛泽东、朱德诸同志见面。①

毛泽东、朱德是第一次与邓子恢见面，而且是在这样一个场合，彼此留下的印象都十分深刻。刚刚在一场攻城战斗大获全胜之后的红军，正井然有序地向永定进发。3000 多人的队伍，每个战士几乎都还是刚成

① 《邓子恢自述》，第 67 页，人民出版社，2007。

邓子恢。中共闽西特委书记邓子恢在龙岩郊外龙门镇第一次与毛泽东、朱德见面。后来创建闽西革命根据地，邓子恢是毛泽东最重要的助手之一。

年的青年汉子，清一色的蓝灰色军装，精神焕发，步履坚定。他们牵着马匹，扛着机枪和各色武器，就如奔跑一样地疾速行进，卷起滚滚尘土，一眼望不到尽头。邓子恢从来没有见过如此壮观的红军部队，极为兴奋。他跟随毛泽东、朱德一起，夹杂在这支队伍当中，一起向永定方向前进。

在行军路上，毛泽东向邓子恢介绍了红四军的行动计划，邓子恢也汇报了闽西近几年来的斗争情况。毛泽东向邓子恢指出，要重视武装建设，尽快建立起一支政治上坚定、组织上巩固、军事上有坚强战斗力的地方红军，这是保证革命胜利、建立革命根据地的基本条件。邓子恢也感到闽西武装力量薄弱，几次斗争都因为经不起敌人的武装进攻而失败。他向毛泽东要求从红四军调一些有才干的军事干部和武器，加强闽西地方武装。毛泽东一向重视地方武装建设，就在这行军的途中，答应了邓子恢的请求，不久就调了一批干部和武器支持闽西地方红军。

龙岩与永定相距七八十公里，朱毛红军从龙岩撤出已是傍晚时分，当天宿营于永定县坎市。这是一个大集镇，周围遍布大小煤窑，商贾云集，是闽西地区为数不多的物资集散地之一。毛泽东领导的前委机关和朱德的司令部分别安顿在繁华街道两个商铺里。

朱德宿营的这个商铺名为裕源店。他把全军安顿好之后，清理一下思路，给中共中央写信，报告红四军从瑞金出发袭击龙岩的情况，以及下一步的行动计划。他向中央报告说：“我们以消灭闽西反动势力发动闽西工作，及参加粤闽赣三省农村土地革命之目的，决于今晚星夜出发袭击永定（永定为张贞总兵站）。”[1]

朱德在这封信里特别注明，永定是国民党军新编第一师张贞部的总兵站。张贞是福建国民党军队五部之一，师部驻漳州，其主要兵力也布防于闽南地区，永定是其后方兵站，守备虽无重兵，却是其软肋之要害。更为重要的是，永定县以张鼎丞为领导的共产党地方组织在闽西各县建立最早，也最有力量，一年以前即已发动过全县规模的暴动，建立过一些区乡的苏维埃政府，并且开始实行土地革命，在福建全省引起很大的震动。而且，永定与粤东相邻，攻占永定，必定波及广东，影响更为深远。朱毛红军攻取龙岩之后，却不留驻于龙岩，转向永定，是非常高明的决策。

裕源店是一座三层楼房，这在那个年代是很豪华的“洋楼”了。在这座楼房里，除了朱德和他的新婚妻子康克清，楼上楼下安排了司令部人员和刘安恭的临时军委有关人员，并且住满了大批红军官兵。这些年轻的革命军人，已经养成一个习惯，每到一处宿营地，总要在住地写上许多标语和宣传文字。这一天到了坎市，尽管只在这里住宿一个晚上，他们也在墙壁上用毛笔写下了许多标语和宣传文字。其中最引人注意的是一首《三条纪律八项注意歌》的歌词：

红军纪律最严明，要（爱）护工农们，大家的责任。买东西要公平，保护小商人，工农与兄弟，劳苦更相亲，说话要和气，开口不骂人，工农贫民劳苦群众个个来欢迎。出发和宿营，样样要记清，上门板，捆禾草，房子扫干净，借物要送还，损坏要赔人，大便找厕所，洗澡避女人。三条纪律，八项注意，大家照此行。

了解朱毛红军历史的人都知道，1928 年毛泽东在井冈山给这支新生的红军队伍规定了“三条纪律，六项注意”。1929 年初红四军在向赣南闽西进军途中，官兵们在恶劣的环境中行军作战，生活上不免马虎，随

[1] 《朱德来信》（1929 年 5 月 23 日于行营），《红旗》第 25 期，1929 年 6 月。

处大小便或光着屁股洗澡也在所难免。毛泽东担心这些不雅的行为引起群众不满，于是又加上两条，这就是“大便找厕所，洗澡避女人”。从此，原来的六项注意成为“八项注意”。

这些年轻的红军官兵，后来成长为新中国的高级将领，他们都还清楚地记得这段历史。时任红四军排长、三纵队副大队长的开国上将陈士榘于 1961 年 1 月 29 日《福建日报》第三版发表的《三大纪律　八项注意》的回忆说，1929 年率领红四军离开井冈山，向赣西闽西进军，经过赣粤边三南地区（龙南、定南、虔南），为了不影响与群众的关系，根据当时当地情况，对红军纪律增加了“洗澡避女人，大便找厕所”。但是找遍所能找到的文献，始终没有这样的官方记载。而这座远在闽西山乡坎市镇上裕源店的墙壁上，却完好地保存着这一极为珍贵的历史记录。可惜，1998 年一场突如其来的洪水，使这座古老的楼宇在混浊的流水中轰然倒塌，这一珍贵的历史遗迹从此湮灭，只有幸存下来的这篇文字的照片，成为了无奈的见证。1929 年 6 月上旬，红四军进军永定，在永定县虎东村一户农户家的墙上，写下了与此内容相同的“三大纪律八项注意”，至今仍保存完好。

正是在这样极其通俗朴素而又亲民爱民的军纪熏陶下，朱毛红军从成立的那天起，得到民众的拥护，无往而不胜。

离开坎市，朱毛红军继续向永定进发。张鼎丞领导的永定县红军游击队早在一个多月以前就已经开始行动，原先分散隐蔽在各地的武装骨干集中起来，首先向通往永定县城水陆交通枢纽的湖雷镇发起攻击，给驻守在湖雷的地方民团以重大杀伤，控制了这一战略重镇。

出身贫寒，只读过几年私塾和高级小学的张鼎丞，凭借其过人的智慧，在当地是为人称道的教师和小学校长。又因为敢于在乡里主持公道、仗义助人而成为民众推崇的领袖。他在大革命失败后最黑暗的年月里加入共产党，团结一批志同道合的青年农民创办“铁血团”，焚香发誓，同生共死，壮大了共产党的队伍。他靠着南昌起义军留下的武器和土制的枪械，领导了震惊闽粤边境的永定暴动，开始了福建最早的苏维埃割据

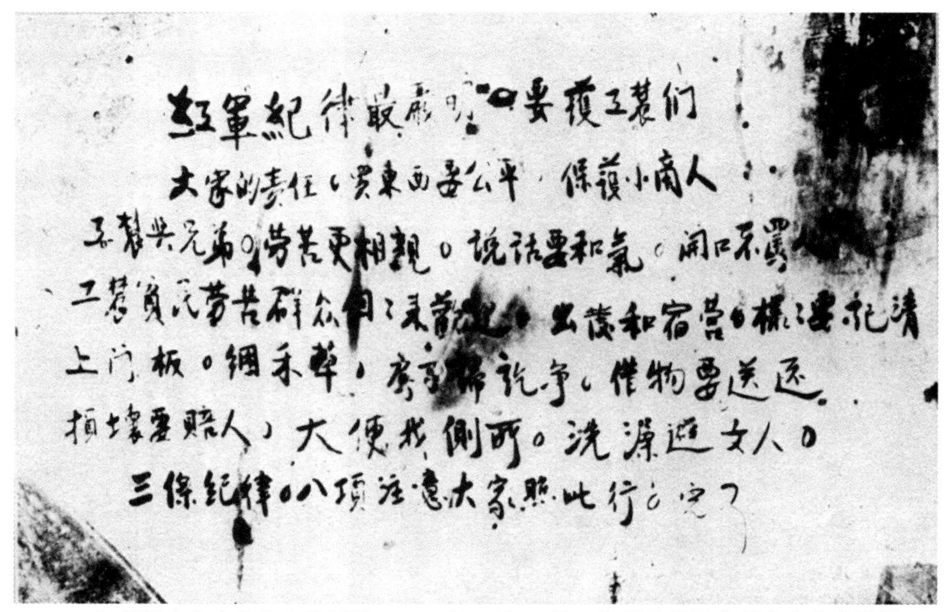

红军写在永定县坎市的标语。1929 年 5 月 23 日，朱德及其司令部夜宿坎市裕源店，红军官兵在墙上写下不少宣传标语，这是迄今所见最早的“三大纪律八项注意”。

和土地革命。朱毛红军入闽之时，永定全县共产党组织领导的地方武装，拥有各种长短武器 2000 多件、大炮 200 多门，占闽西各县武装的三分之二，很有一些实力。

有了张鼎丞武装的帮助，朱毛红军迅速占领湖雷，进而直抵永定。5 月 25 日，朱毛红军只出动了第二、三两个纵队就占领了县城，把守城的县长余辉照和民团一直赶到了靠近广东的峰市。

如同以往一样，毛泽东在占领一个县城之后，召开各种会议和开展调查研究，召开群众大会。在新成立的永定县革命委员会主席张鼎丞协助下，这些工作做得很有声色。大批红军官兵被派到各处乡村去开展宣传工作，毛泽东、朱德出席了有一万人参加的群众集会。这个小县城总共也不过两三万人，几乎是倾城而出。还有许多是从很远的山区农村赶来的农民，大家都争先恐后地挤上前去，看一看朱、毛二人的模样。

与其他各地不同的是，毛泽东接受了永定县委的要求，决定拆除这座县城的城墙。他们反映说，这座城墙是统治势力的藩篱，是千百年来

张鼎丞。永定暴动的主要领导人，率领暴动队伍配合朱毛红军占领永定县城后担任第一任永定县革命委员会主席。

城乡对立的一个标记，更因为一年以前农民暴动攻城失败，难以攻克的城墙是其失败的一个重要原因，因此张鼎丞家乡的农民群众“对城墙仇恨刺骨”。中共闽西特委给省委的报告作了如下生动的描述：

> 此次四军入城后，党便在群众大会上通过打毁城墙的议案。随后各乡打城群众自早晨八时起便各路迤逦而来绕城工作，有如黑蚁。夕阳西下又鱼贯而归，所有午饭由农民自带，公家只备茶水，每日要费二十多元，足见打城群众之多。因此三、四日间，依山临水的永定城墙便变为平野，这是何等伟大的壮举呵！①

长期生活在农村或偏远山区的农民，难得有机会到县城，从古以来，一般平民百姓进城，总会遇到把守城门兵卒的吆喝和搜查，进得城去，所见到的是豪门富商的酒楼、商店乃至富户弟子逍遥的场所。贫苦农民仰望那高高的城墙，不免生出一种畏惧和仇恨，甚至不加辨别地把城里居民都视为敌人。1928 年春永定暴动时农民攻入城去，不仅呼喊“杀尽豪绅反动派”的口号，甚至喊出了“杀尽城里人”，足见城乡之间的对立与隔阂。拆毁城墙的“壮举”，便是农民群众发泄这种仇富情绪的证明。

朱毛红军的到来，助长了贫苦农民对于地主豪绅乃至城市富商的反叛激情。毛泽东、朱德也被贫苦农民的造反精神所振奋，他们指挥的红

① 中央档案馆、福建省档案馆编：《中共闽西特委报告——闽西斗争形势和组织状况》(1929 年 8 月 28 日)，《福建革命历史文件汇集》甲 8 册，第 121 页。

四军3个纵队被全部分派到各个乡村。得到了红军强力支持的贫苦农民，终于盼到了扬眉吐气的日子，纷纷行动起来，拿起各种武器，打出红旗，挂上苏维埃政府的牌子。在短短几天之内，永定县大部分乡村几乎都成为共产党领导的农民协会和苏维埃政府的天下。

作为这场席卷闽西的农民革命运动的总指挥，毛泽东看到了他从长汀到瑞金与赣南各县，再从瑞金到龙岩、永定，一路凯歌高奏，表明了他创建赣南闽西二十余县公开割据的计划已初见成效，而“闽西六县游击计划”开局也已大获全胜，要完成这一计划似乎已是胜券在握。6月1日，他在永定县北部湖雷镇名叫“正夫楼”的临时指挥部里，给中央作了如下报告：

> 我军现在永定分兵各县城湖雷金丰等处游击，帮助革命群众组织群众的工作并去发动群众斗争的新区域，消灭民团势力，刻在工作中。
>
> 五日后即移往他县（龙岩上杭等），闽西党有相当基础，群众也好，各县斗争日益发展，前途希望很大，张贞陈国辉卢新铭大部入粤，闽西闽南空虚，张贞陈国辉卢新铭（代郭旅长）三个残部合计五千人，故此时在闽西一带游击，是最好的机会，望省委对这方工作多加指导。①

短短几句话，毛泽东清楚地阐明了闽西的形势和朱毛红军的行动计划。他的这一计划的近期目标是等待时机，消灭闽西残存的主要敌人陈国辉和由卢新铭为代旅长的郭凤鸣残部。

毛泽东刚刚派人送出这份给中央的报告，就得到龙岩方面的报告。先前被朱毛红军击溃逃往漳平的陈国辉残部，重又回到了龙岩，兵力不过300人左右。前敌委员会决定，再次进击龙岩，诱使陈国辉主力回援，寻找机会消灭其主力。

龙岩城内守敌不足一个营，且孤城待援，势必难以固守。朱毛红军

---

① 《红军第四军前委书记毛泽东给中央的报告》（1929年6月1日），《中共中央文件选集》第5册，第681页，中共中央党校出版社，1990。

只出动第三纵队千余兵力，另再调动闽西地方红军第五十九团和龙岩赤卫队，于 6 月 3 日一举击破敌军，再次占领龙岩。

朱毛红军二克龙岩，使得正在广东参加军阀混战的陈国辉大为震惊。陈国辉立刻率其主力，急如星火地返回闽西。陈国辉主力的行动很快被派到各地的红军侦察人员发现，他们把这一情报紧急传送到已经到达坎市的毛泽东的指挥部。

傅柏翠回忆说，在朱毛红军第二次打下龙岩的第二天或第三天，红四军前委在坎市得到下洋方面哨兵传来的紧急报告，发现打着国民党旗号的大队人马从广东大埔方面向永定、龙岩方向开来。前委怀疑是张贞、陈国辉两部回师合击红军。由于情况不明，“前委决定部队往上杭、连城方面转移，暂避其锋，伺机行动”①。

傅柏翠率领部队和红四军第三纵队撤出龙岩城，他在龙岩附近赤水镇的一座房子里面见毛泽东，会同朱德与朱毛红军另外两个纵队向上杭方向转移。

部队一路警惕万分，朱德身先士卒，一直走在队伍前锋，一边观察一边率队行进，谨防敌人突然袭击。行军途中得到地方党组织的报告，上杭方面卢新铭旅之钟铭清团已经移师白砂镇，意欲截断红军退路。傅柏翠对这一细节记忆犹新：“前委分析了情况，决定打下白砂，消灭钟铭清这股敌人。部署一纵队明天从左翼包围，军部及二、三纵队由丰年桥正面打击，五十九团及江西随红四军入闽的一百多农民军从蛟洋、丘坊右翼进攻白砂。”②

钟铭清团是郭凤鸣残部，3 月间在长汀曾与朱毛红军交手，受到重创，对红军既惧怕又心存仇恨，他们原以为红军尚在龙岩，不意红军突然杀向白砂，措手不及，只有拼死抵抗。为了壮胆，他们扛着一面大旗，

---

① 傅柏翠：《闽西早期革命斗争的回忆》，福建省博物馆郑远镇记录整理，1978 年，《上杭党史资料》第 7 辑，1987。

② 傅柏翠：《闽西早期革命斗争的回忆》，福建省博物馆郑远镇记录整理，1978 年，《上杭党史资料》第 7 辑，1987。

上面写有“誓死灭共”，看来这支部队为了雪长汀惨败之耻而发誓立愿，不消灭共产党红军决不罢休。但是两军相遇勇者胜，钟铭清不是红军的对手，不到一天就溃不成军，仓皇败退。

朱毛红军的游击战术是毛泽东在井冈山创造的“十六字诀”，按照这套战术，如果敌人溃退即穷追不舍，击败敌军即分散到各乡村发动群众。白砂胜利之后，朱毛红军一部分追歼逃敌，另一部分展开于上杭北部各区乡，直达旧县、才溪、南阳以至连城县新泉。红军所向披靡，民众群起响应，各地方共产党组织领导的农民武装趁势而起，打击地主民团，成立农民协会和苏维埃政府。连城县南部 13 个乡联合行动，将近半个县在一夜之间成为了农民掌权的天下。

形势的发展，恐怕出于毛泽东、朱德的意料，闽西的国民党军队如此不堪一击，地方党组织领导的农民运动又是如此的广泛和深入。转移到连城新泉镇的前敌委员会对于下一步的行动，是北上长汀还是南下龙岩，发生了不同的意见。参与了这场讨论的傅柏翠回忆说：

> 刚好这时龙岩县委的郭滴人、邓子恢、陈品三等人来报告说，陈国辉已在广东打了败仗，以前在永定、大埔边发现的那队人马就是陈国辉从广东回来的残部。陈逃回到龙岩后士气低落，不堪一击。龙岩群众革命斗争情绪日益高涨，渴望红四军回岩消灭陈国辉军阀势力。毛主席及前委分析了这一形势作出决定，不往上打长汀，而往下去打龙岩。打下龙岩城，消灭陈国辉，建立闽西革命根据地。①

诱使陈国辉回龙岩聚而歼灭的时机已经到来，朱毛红军立刻出动。在上杭古田宿营一夜，第二天出发，黄昏时分悄无声息地抵达距离龙岩最近的小池镇。这次战斗由朱德全盘指挥。

朱德在他的司令部里召开了各纵队以上指挥人员的会议，分配作战任务，下令对龙岩断绝交通，封锁消息，第二天一早发起进攻。

---

① 傅柏翠：《闽西早期革命斗争的回忆》，福建省博物馆郑远镇记录整理，1978 年，《上杭党史资料》第 7 辑，1987。

这一天是6月19日。龙岩城里的守军陈国辉部没有任何准备，在一片混乱中匆忙应战。红军在城里与敌人展开巷战，两个多小时以后，剩余的陈国辉的部下退缩到几个院子里固守。红军战士把这几个院子团团围住，向院子里的敌人喊话，宣传“穷人不打穷人”“士兵不打士兵”“欢迎白军兄弟参加红军”“红军不杀投诚官兵”。受到心理瓦解的士兵们别无选择，大部分缴械投降，剩余不多的人员向城外逃亡，大都被歼灭或束手就擒。

红军发起进攻时，陈国辉在睡梦中惊醒，已经来不及组织抵抗，匆忙中带了二三十个随从抄小路逃出城去，回到他在闽南的家乡。

朱毛红军前后三次攻打龙岩，欲擒故纵，渐次消耗陈国辉兵力，最后一鼓作气消灭其精锐。陈国辉连续多次遭受打击，兵力已损失过半，从此再也没有回到闽西。

朱毛红军5月18日从瑞金向闽西进军，执行闽西六县游击计划，到6月19日第三次克复龙岩，前后一个月，纵横于长汀、龙岩、永定、上杭、连城五县之间，基本实现了预先制定的战略目标。

6月21日，毛泽东、朱德在龙岩城中心的中山公园召开庆祝胜利的大会，追悼牺牲的先烈。虽然是大雨淋漓，但是龙岩全城万人空巷，有2万多人把这个面积不大的公园挤得水泄不通。史沫特莱对这次集会作了这样的记述：

> 朱德和毛泽东在追悼牺牲人员的大会上都讲了话。参加大会的有整个龙岩地区的老百姓，他们从来没有听说过死难士兵还享有这样的荣誉。大会点起篝火，把缴获的鸦片烧掉，由朱德举行点火仪式。
>
> 毛泽东对群众说，将来，自由的中国要纪念每一个在革命事业中牺牲的士兵和老百姓，他们的家庭可以领到抚恤金，他们的子女可以受到公费教育。

朱德即席发表演讲，他选择的是他在过去和后来重复了无数遍的同一个话题，这就是中国人民革命斗争的历史。他从太平天国讲起，再讲到1911年辛亥革命、1915年发动反对袁世凯复辟的讨袁起义、1925年反帝爱国的五卅运动，还讲到1927年南昌起义。他虽然不是一个出色的演说家，在几万听众面前的声音甚至显得十分微弱，可是他尽量地选择人们通俗易懂的语言，而且不断地重复他的演讲，他“要求人民永远不要忘记自己乃是伟大、神圣的革命传统的后代，而这传统正是殖民地人民和全世界被压迫人民的解放斗争的一部分”①。

大会宣布成立龙岩县革命委员会，推举邓子恢为革命委员会主席，领导龙岩全县的斗争。②

① 〔美〕艾格尼丝·史沫特莱：《伟大的道路——朱德的生平和时代》，第299页，生活·读书·新知三联书店，1979。

② 《闽西工农斗争的形势》（1929年7月15日），中央档案馆、福建省档案馆：《福建革命历史文件汇集》（一九二八年—一九三六年），第58页。

党与军事领导的理论冲突

风起于临时军委

1929年5月28日前后，也就是在朱毛红军夺取永定之后的短短几天内，全军各纵队在接连取得胜利的鼓舞下，分兵于永定、龙岩和上杭县各乡村展开活动。毛泽东和朱德每天都会收到来自各地的捷报。几乎所有受到鼓舞的贫苦农民都行动了起来，宣布废除田契和借约，成立由他们自己派出的代表组成的苏维埃政府，实行土地革命。闽西的赤色版图，也在贫苦农民们欢庆胜利的锣鼓声中迅速地拓展开来。

不过，在这一阵阵欢庆的锣鼓声中，包括营连以下的大多数红军官兵也许并不知道，在永定县湖雷这个并不出名的小镇召开的红四军前敌委员会会议上，正在发生一场激烈的争论。争论的焦点，是要不要在红四军设立军事委员会的问题。

当时担任红四军政治部秘书长的江华，是最了解朱毛红军党内这场争论的知情者之一。他回忆说，这场争论从永定县湖雷前委会议开始，随后又争到上杭县白砂、连城县新泉，一直争论到6月22日在龙岩召开的中共红四军第七次代表大会。至于这场争论的由来，可以追溯到井冈山时期。江华说：

> 分歧的由来更久，从井冈山朱、毛红军会师以来，随着红军扩大和革命根据地的发展，对红军和根据地建设的问题，在红四军党

内以及主要领导者之间，即有一些不同意见，并且在行动上也常有所表现。所以，七大的争论，实质上并非单纯为军委这一机构是否设立的问题，而是关系到党对军队的领导、关系到红军建设的一系列原则问题。①

由此看来，湖雷会议上争论的要不要设立军委的问题，只是这一系列重大原则问题的表象，或者是引起争论的一个导火索。那么，不妨从揭开这个表象入手，从中读取涉及诸多深层次问题的全貌。

自从1928年4月朱、毛会师于井冈山，红四军成立之时开始，就成立了军事委员会，毛泽东、陈毅先后担任书记。同年11月，根据中央的指定，成立由毛泽东为书记，朱德、谭震林和两位工人、农民代表组成的前敌委员会。随后不久，朱德接替陈毅担任军委书记，陈毅改任红四军士兵委员会秘书长。

前敌委员会是一个红军初创时期中共中央的代表机构，主要领导人

永定县湖雷镇。1929年5月28日，毛泽东在此主持召开红四军前委扩大会议，试图解决由军委存废问题而引发的不同意见的争论。

① 江华：《关于红军建设问题的一场争论》，古田会议纪念馆编：《见证古田会议》，第319页，中共党史出版社，2017。

及其组织成员由中央指定，为红四军及其游击活动地区党的最高领导机关，在红四军内部直接领导军委的工作。这样，作为全军最高领导人的前委书记，毛泽东兼任红四军党代表，前委委员朱德兼任红四军军长、军委书记。这一领导体制确立以后两个月，红四军撤离井冈山向赣南转移，途中遭遇到前所未有的困难。在冰雪不化的困境和与敌人的周旋中，前委与军委共存已属多余且不利于行动的快捷，乃决定取消军委，全军行动统归前委直接指挥。关于这一决定的理由，毛泽东和陈毅向中央的报告中都留下了历史的记载。毛泽东的报告说：

> 今年一月四军从湘赣边界出发向闽赣边境，每日行程或作战，在一种特殊环境之下，应付这种环境，感觉军委之重叠，遂决议军委暂时停止办公，把权力集中到前委，前委直接指导之下组织委员会。①

毛泽东的这份报告发出三个月以后，奉命前往上海向党中央汇报工作的陈毅，写出长达数万字的书面报告，对此也有相同内容的说明：

> 四军出发赣南，前委在事实上随军走，所以只能管军队，至多达到某地作一点巡视地方党的工作，同时军队每日行动均须决定，因此觉得军委前委发生重复，遂将军委停止职权，由前委直接指挥两个团委，及特委营委及军部特支，颇觉便利敏捷，同时前委权力超过特委，军队行动脱离了地方主义的束缚。②

这两份报告向人们传达了相同的信息：红四军军委的取消是在“一种特殊环境之下”，为应对瞬息万变的游击行动，为避免机构的“重叠”利于迅速果断地指挥而作出的决定，取得了很好的效果。这种情况一直维持到同年5月朱毛红军为执行“闽西六县游击计划”攻占龙岩时，由于赣南、闽西根据地迅速发展，红军人数也大为增加，前委既要管军队，又管地方工作，感到兼顾不过来，为加强领导，“前委临时决定，组织军

---

① 《红军第四军前委书记毛泽东给中央的报告》（1929年6月1日于永定湖雷），《中共中央文件选集》第5册，第684页，中共中央党校出版社，1990。

② 《陈毅关于朱毛红军的党务概况报告（二）》（1929年9月1日），《中共中央文件选集》第5册，第772～773页，中共中央党校出版社，1990。

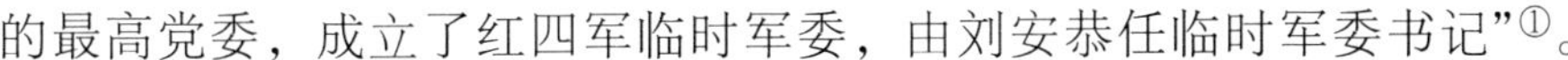

的最高党委，成立了红四军临时军委，由刘安恭任临时军委书记”[①]。

这就是说，“暂时停止办公”的军委，在三个多月之后又重新恢复办公。前委新任命的临时军委书记刘安恭，还兼任了红四军政治部主任。显然，这是一个仅次于毛泽东、朱德位居红四军第三号领导人的重要职位。担任这一职务的自然不是一般人物，这位第一次出现在红四军重要职位上的刘安恭为何人，他的出现对于朱毛红军将会产生何种影响，是一直被人们关心的问题。

刘安恭，四川省永川县（今重庆市永川区）人，1899 年出生。18 岁时前往德国留学，入柏林大学，攻读电机专业。在德国留学期间接受了共产主义思想，在比利时加入第三国际，成为共产党员，参加旅欧学生革命活动，并与朱德相识。回国以后曾经与朱德一起在四川军阀杨森部从事党的统一战线工作，大革命失败以后参加南昌起义，起义失败以后被派去苏联学习军事，1929 年初学成回国，很快被中共中央作为高级军事人才，以中央特派员名义派到红四军工作。

在德国和苏联留学多年的刘安恭，精通多种语言且熟读马克思主义经典，对苏联军事体制和用兵之道极为推崇。当他从莫斯科到上海，又从十里洋场来到穷乡僻壤的赣南闽西，所看到的红四军，是一支几乎没有受到过正规训练的农民武装，对毛泽东的带兵方式与作战原则不以为然，因此很想用他在国外学到的理论对这支队伍进行整顿和训练，甚至试图限制毛泽东为书记的前敌委员会的权力，以求他所主持下的临时军委发挥更大的作用。

带着这样的偏见和以中央特派员自居的傲慢，刘安恭在就任临时军委书记不久，就提出了一系列新的举措，发表了不少否定毛泽东的言论。江华回忆说：“他刚由苏联回国不久，不了解中国红军的发展历史和斗争情况，就主张搬用苏联红军的一些做法，并在他主持的一次军委会议上作出决定：前委只讨论行动问题，不要管其他事。这个决定限制了前委

① 江华：《关于红军建设问题的一场争论》，古田会议纪念馆编：《见证古田会议》，第 320 页，中共党史出版社，2017。

的领导权，使前委无法开展工作。显而易见，这个决定是错误的，是不利于革命斗争的，自然引起许多同志的不满。”①

最感到不满的自然是前委书记毛泽东。在他看来，以下级党委限制上级党委的决定，不仅有悖于组织原则，而且必然引起党内的混乱，前委的工作也必然会发生极大困难。为此，毛泽东不得不在永定县湖雷召开前委会议来讨论“党的工作范围、支部工作等问题”②。

湖雷会议上就三个议题展开讨论：是否党管一切，一切工作是否归党支部，党员个人在党组织内是否自由，总的精神就是“个人领导还是党的领导”。讨论的集中点是要不要设立军委。围绕着这一问题，会议出现了两种截然对立的意见。毛泽东对于这次会议的争论留下了这样的记录：

> 争论的焦点是在现在时代军党部要不要的问题，因为少数同志坚决地要军委，遂不得不攻击前委，于是涉及党的机关的本身问题，“党太管多了”、“权太集中前委了”就是他们攻击的口号。在辩论中论到支部工作，便有人说出支部只管教育同志的话，这亦是由于党的管辖范围一问题生出来的，因为他们主张党所过问的范围是要限制的，便不得不主张支部工作也是要有限制的了。因为党的意志伸张，个人意志减缩，一切问题都要在各级党的会议席上议决之后，才许党员个人依照决议去执行工作，使得个人没有英雄式的自由，于是从要有相当自由要求出来的“一支枪也要问过党吗?”“马夫没有饭吃也要党去管吗?”这就成他们嘲笑党部精密细小工作的口号了。以上是他们在湖雷前委会议时发表的意见……③

坚持要成立军委的一方，认为“党代替了群众的组织”和“四军党内有家长制”。毛泽东对此并不认同，认为这是“完全形式主义的说法”，认为四军只是一支4000多人的小部队，而且处于天天行军作战的游击时

---

①② 江华：《关于红军建设问题的一场争论》，古田会议纪念馆编：《见证古田会议》，第320页，中共党史出版社，2017。

③ 《给林彪的信》(1929年6月14日)，《毛泽东文集》第1卷，第67～68页，人民出版社，1993。

代，与常驻于边界的割据时代又截然不同，“军队指导需要集中而敏捷”，少数同志不顾实际而“只是形式地要于前委之下、纵委之上硬生生地插进一个军委，人也是这些人，事也是这些事，这是什么人都明白在实际上不需要的”。[①]

毛泽东还列举种种事实说明，自四军建立党的组织以来，一贯严禁代表群众组织，不仅前委指导下的工农运动委员会未曾有党的支部代表过工农协会，连队党支部未曾代替过连士兵委员会，而且党的各级组织也未曾代替过群众机关或政权机关，前委也从未代替过军士兵委员会、军司令部和政治部，“这是四军中有眼睛的人都见到的”[②]。

关于“四军党内有家长制”的指责，毛泽东指出：

> 这个同样是一种形式主义的观察。于此我们要先问什么叫做家长制，然后才可以知道四军内是否有家长制，不然随口乱说必定与事实不相符合。家长制的定义是：只有个人的命令，没有集体的讨论，只有上级委派，没有群众选举。如果大家承认是这个定义，那末，我们看一看，四军的党内有没有这定义所说的一样，就可以知道有没有家长制了。[③]

毛泽东历数以往的事实，大至从井冈山出发赣南问题的讨论，东固之分兵讨论，此次争论及分兵问题之讨论，小至各纵队的工作安排，都是经过前委和各纵委两级委员集体讨论，并且每次都有非委员的负责同志参加，最后作出决定。至于四军中有党委书记兼任红军党代表制度，必须分清楚党代表与党部书记的职责不同，不能把党代表的工作看作是党部书记的工作，不能以形式主义的观念来看待红军和党的工作。

毛泽东对于一味坚持成立军委，以与前委“分权”的形式主义，提出了严肃的批评：

---

①② 《给林彪的信》（1929年6月14日），《毛泽东文集》第1卷，第71页，人民出版社，1993。

③ 《给林彪的信》（1929年6月14日），《毛泽东文集》第1卷，第73页，人民出版社，1993。

形式主义之来源是由于唯心主义，唯心主义之来源是由于游民、农民与小资产阶级成分中产生出来的个人主义，这与小团体主义、流寇思想、单纯军事观点等等是在一条路线基础上的，只是一个东西。这种思想发展的另一方面必定是分权主义——也是代表游民、农民、小资产阶级的一种思想，而与无产阶级的斗争组织（无论是阶级的组织——工会，与阶级先锋队的组织——共产党，或它的武装组织——红军）不相容的。军委、前委分权的形式所以不能存在就是这个理由。①

显然，毛泽东断然否定了重新成立军委的意见，并且把这一意见归结为意欲与前委分权的形式主义、唯心主义与个人主义。由于两种意见相持不下，又由于军情紧迫，湖雷会议没有得出什么结果。不过，毛泽东还希望继续在党内做说服和疏通的工作，以期达到思想与工作的团结一致。

所以，毛泽东在 6 月 1 日从湖雷发给中央一封长信中，除了报告军委之撤销与重新成立，“刘安荣〔恭〕同志为书记兼政治部主任”的情况之外，只写了一句话：“党内现发生些毛病，正在改进中。”后头还提及：“刘安荣〔恭〕同志还未办公，听到详细的口头报告。”② 至于党内发生些什么毛病，如何改进，刘安恭在这些天不断拨弄是非，攻击前委，乃至挑拨朱德与毛泽东之间的关系，加剧党内不同意见的对立等情况，都略而未写。

白砂会议再起波澜

朱毛红军为诱歼驻龙岩的陈国辉旅，抓住时机向龙岩出击，然后又

---

① 《给林彪的信》（1929 年 6 月 14 日），《毛泽东文集》第 1 卷，第 74 页，人民出版社，1993。

② 《红军第四军前委书记毛泽东给中央的报告》（1929 年 6 月 1 日于福建永定湖雷），《中共中央文件选集》第 5 册，第 684、685 页，中共中央党校出版社，1990。

上杭县白砂镇。1929年6月8日，毛泽东在此再次主持召开红四军前委扩大会议，继续就红四军党内不同意见展开讨论。

转向上杭县白砂，击溃原郭凤鸣残部钟铭清团。前敌委员会和军部机关随军行动，转移到了白砂。

前敌委员会为继续解决湖雷会议未能解决的争论，达致共同的意见，在占领白砂以后第二天，即6月8日，在白砂下洋同书屋“又召开前委扩大会，继续讨论争论的问题”①，史称“白砂会议”。这次会议出席人员的范围更为扩大，总共41人。关于召开这次会议的时间已经提前通

① 江华：《关于红军建设问题的一场争论》，古田会议纪念馆编：《见证古田会议》，第321页，中共党史出版社，2017。关于白砂会议的时间、地点，时任白砂乡革命委员会主席袁作祺1978年回忆，红四军于1929年6月7日攻占白砂，毛泽东等高级领导人住乐育小学，第二天（6月8日）“搬到下洋，毛泽东住同书屋内，朱总司令则住土楼内”（该回忆录存上杭县博物馆，编号A-221）。傅柏翠在《闽西早期革命斗争的回忆》也说，红四军军部在白砂下洋，“毛主席住在下洋一座砖砌的大房屋里”。无疑，6月8日在白砂下洋同书屋，正是江华回忆的红四军前委白砂会议的时间与地点。现将此重要会议的地址，标志于远离白砂以北约10公里的旱康，并标名为“旱康会议”，缺乏历史依据。萧克没有参加白砂会议，他题名的“旱康会议”是他参加的会议。这个“旱康会议”如以上傅柏翠《闽西早期革命斗争回忆》所述，是1929年7月底中共闽西一大因敌人“三省会剿”提前结束以后，红四军发兵活动，8月初朱德在旱康召开红四军“前委扩大会议，商量分兵游击方案”。

知，会议的议题大家也都已经了解，大家也都清楚党内不同意见的双方涉及毛泽东和朱德这两位最高领导人。

但是，湖雷会议的争论表明，这场争论难以轻易解决，不同意见的对立情绪还难以化解。作为全军最高决策机关前敌委员会书记的毛泽东，深感难以继续工作，于是他在会议上提出一份事先准备好的书面意见，列举红四军党内存在的主要问题。出席这次会议的江华把毛泽东的这四条意见作了如下归纳：

> 一、前委、军委成为分权现象，前委不好放手工作，但责任又要担负，陷于不生不死的状态。
>
> 二、根本分歧在前委、军委。
>
> 三、反对党管一切（党管太多了，权太集中于前委了），反对一切归支部（支部只是教育同志的机关），反对党员的个人自由受限制，要求党员有相当自由（一支枪也要过问）。这三个最大的组织原则发生动摇，成了根本上的问题——个人自由主义与无产阶级组织性纪律性斗争的问题。
>
> 四、对于决议案没有服从的诚意，讨论时不切实争论，决议后又要反对，且归咎于个人，因此前委在组织上的指导原则根本发生问题（同时成了全党的问题），完全做不起来。

毛泽东在陈述了红军党内存在的以上种种问题之后，出人意料地提出了辞职的请求，表示“他不能担负这种不生不死的责任，请求马上更换书记，让他离开前委”①。

问题涉及红军党的领导方式，党在军队里的领导地位和作用，以及党的领导机关与军事机关的关系，每一个问题都十分尖锐和严肃。对于这些问题，朱德并不赞同毛泽东的主张，阐述了他的主张。

朱德认为，党应该经过无产阶级组织的各种机关（苏维埃）起核心

① 江华：《关于红军建设问题的一场争论》，古田会议纪念馆编：《见证古田会议》，第321页，中共党史出版社，2017。

作用去管理一切；表示极端拥护一切工作归支部的原则，而且认为红四军在这一原则上坚持得不够，成为了一切工作集中于前委，前委对外代替群众机关，对内又代替了各级党委。

朱德还认为，党员在党内要严格执行纪律，党员个人应当受到纪律的限制，只有赞成执行铁的纪律，方能培养全体党员对党的训练和信仰奋斗有所依归。[①]

显然，朱德与毛泽东的意见都强调了党对军队的领导，所不同者是领导方式。朱德更多地强调党支部的作用和一切工作归支部的原则，不赞成前委代替群众组织和各级党委的职权。这同毛泽东的主张有着明显的差异。

在两位最高领导人意见发生分歧的情况下，另一位在红四军举足轻重的人物第一纵队司令员林彪，在会议召开前三个小时送给毛泽东一封信，这也是他对红四军党内争论发表个人见解的意见书。

毛泽东把这封信在会议上公布。林彪支持毛泽东的意见，但不赞成毛泽东离开前委，希望他有决心纠正党内的错误思想，甚至对红四军的状况表示忧虑，称红四军的党面临着一场危机，如果少数人所作的个人主义领导胜利了，就有一种“破坏党的团结一致和不利于革命的前途会要到来”[②]。

林彪在支持毛泽东的同时，把批评的矛头含沙射影地指向了朱德：

现在四军里实有少数同志的领袖欲望非常高涨，虚荣心极端发展。这些同志又比较在群众中是有地位的。因此，他们利用各种封建形成一无形结合派，专门吹牛皮地攻击别的同志。这种现象是破坏党的团结一致的，是不利于革命的，但是许多党员还不能看出这种错误现象起而纠正，并且被这些少数有领袖欲望的同志所蒙蔽的

---

① 中共中央文献研究室编：《朱德年谱》（新编本）上卷，第148页，中央文献出版社，2006。

② 《给林彪的信》（1929年6月14日），《毛泽东文集》第1卷，第68页，人民出版社，1993。

阴谋，附和这些少数有领袖欲望的同志的意见，这是一个可叹息的现象。①

林彪强调说明，他提出的问题“专指军委问题”，他只是为当前党内的严重问题而给毛泽东写信；他把造成党内争论的责任推给朱德，指责朱德用手段拉拢部下，说朱德是因为不满毛泽东而攻击前委，却又没有别的办法达到目的，因此“希图成立军委以脱离前委之羁绊”②。

林彪给毛泽东这封信的公布，以及林彪在会上的发言，令人感到震撼而惊愕。从参加南昌起义以后的两年中，林彪一直作为朱德的部下追随左右，参加湘南暴动，上井冈山，直至赣南、闽西，他由一个连长连升三级擢为纵队司令员，在他的同辈中可谓一颗耀眼的明星。然而他竟然在如此重要的关头，如此严肃的会议上，指名道姓地指斥对他有知遇之恩的一军之长。这要有足够的勇气，是什么原因使得林彪有这样的勇气冒这样的风险？

有研究者引用一些当事人的回忆作出解释，认为很可能是由于朱德从严治军，曾经给林彪以纪律处分，引起心胸褊狭的林彪的记仇所致。

当时的第四纵队司令员傅柏翠回忆说：

1929年8月在上杭一次支队长以上干部会上，林彪公然说：朱德在赣南行军途中，说我逃跑暴露了目标，给了我记过处分，这点我不在乎，就是这个月扣了我两块钱饷，弄得我没钱抽烟，逼得我好苦。

傅柏翠认为，林彪为此而“对朱德军长不满，便向毛泽东党代表写了一封攻击朱军长的信，说朱军长好讲大话，‘放大炮’，拉拢下层，流氓习气”等等。③

---

① 中共中央文献研究室编：《朱德年谱》（新编本）上卷，第148页，中央文献出版社，2006。

② 《红军第四军第七次代表大会决议案》（1929年6月22日于龙岩）。原件存中央档案馆。

③ 张国琦：《毛泽东与朱德在一九二九年》，龙岩市博物馆编：《龙岩革命史资料》第5期，1995年。

有研究者还引用朱德的话分析，认为林彪公然站出来反对朱德可能有其个人动机。朱德曾经说过，林彪“从来就看不起他的上级，井冈山时期他当连长时，就看不起营长周子昆同志，他想办法反对周子昆。后来，他当了营长，便开始反对团长王尔琢同志”。由此看来，此后林彪当了团长、纵队司令员，是否个人野心随之膨胀，就要反对军长朱德？①

令人感到费解的是，林彪也并非一贯支持毛泽东。还在井冈山最为困难的时期，毛泽东坚持井冈山的工农武装割据，反复论证中国的红色政权必定能够存在和发展，林彪却声言光吃南瓜红米难以坚持，鼓动脱离根据地的流动游击。即使在白砂会议半个多月之前的瑞金前委会上，他还同毛泽东唱对台戏，“不相信革命高潮有迅速到来的可能”，“不赞成一年争取江西的计划，而只赞成闽粤赣交界三区域的游击”，但是又没有在此三区域建立赤色区域的深刻的观念，不赞成毛泽东关于建立农村赤色政权去促进全国革命高潮的主张。②

林彪这种反复无常、令人捉摸不透的言行，不能不引起人们的疑惑，得出“别有用心”的结论。但无论如何猜测或评价，林彪在白砂会议的言行，给原本已起风波的红军第四军搅起层层波澜，挑拨和加剧了朱毛之间的矛盾。

刘安恭也不退让，不仅继续坚持建立军委的主张，而且以支持朱德的姿态，把红四军的党分为两派，说朱德“是拥护中央指示的”；毛泽东“是自创原则，不服从中央指示”，甚至提出“完全选举制度及党内负责同志轮流更换来解决纠纷”。③ 这无异于鼓动在“完全民主制度”的旗号下，党的书记轮流坐庄，以此排斥毛泽东前委书记的职务。

---

① 张国琦：《毛泽东与朱德在一九二九年》，龙岩市博物馆编：《龙岩革命史资料》第5期，1995年。

② 《毛泽东给林彪的信》（1930年1月5日），《中共中央文件选集》第6册，第553页，中共中央党校出版社，1989。

③ 《红军第四军第七次代表大会决议案》（1929年6月22日于龙岩）。原件存中央档案馆。

林彪和刘安恭这两个人物，出于各自目的分别支持毛泽东和朱德，在红军党内产生了十分严重的后果，挑动两位主要领导人的矛盾，激化业已存在的分歧与争论。也正因为此，毛泽东和朱德对刘安恭的评价，完全不同。

在毛泽东眼里，刘安恭是一个“托洛茨基派”。在那个年代，“托派”无异于敌人的代名词。现存历史材料显示，毛泽东一生中至少有两次对刘安恭作了严厉的批判。

1936 年夏秋之间，毛泽东在陕北窑洞里向美国记者埃德加·斯诺叙述古田会议之前红军党内反对极端民主化、流寇思想、军阀主义残余等错误倾向的斗争，特别提到了“刘恩康”（即刘安恭——引者）这个人的危险：

> 在这以前（指古田会议以前——引者），上面所说那些倾向是十分严重的，而且被党内和军事领导内的一个托洛茨基派别利用了来削弱运动的力量。这时开展了猛烈的斗争反对他们，有些人被撤销了党内职务和军队指挥职务。刘恩康——一个军长（应该是军委书记兼政治部主任——引者），就是其中的一个典型。据揭发，他们阴谋在对敌作战时使红军陷入困境而消灭红军。几次作战失败后，他们的计划就暴露得非常明显了。他们恶毒地攻击我们的纲领，反对我们的一切主张。经验已经证明他们的错误，他们被撤去领导职务，在福建会议（即古田会议——引者）以后，他们就没有影响了。[①]

毛泽东显然夸大了刘安恭对红军建设的破坏作用，表明了他对刘安恭的耿耿于怀。甚至在事隔 30 多年以后，毛泽东在 1961 年召开的广州中央工作会议上旧事重提，批评 1931 年以前中央派到红军工作的一些巡视员不作调查研究，指手画脚，随意指责，“那一批人以刘安恭为首，他和一些人刚刚来就夺取军权，军队就落到了他们手里。他们一共四五个人，都当了前委委员，直到第九次代表大会”。[②]

毛泽东在这里没有讲“夺取军权”的四五个人除刘安恭以外还有哪

---

① 〔美〕埃德加·斯诺：《西行漫记》，第 146 页，生活·读书·新知三联书店，1979。

② 《在广州中央工作会议上的讲话》（1961 年 3 月 23 日），《毛泽东文集》第 8 卷，第 257 页，人民出版社，1999。

几个人，但很显然，支持刘安恭的还有一些重要的前敌委员会的领导干部。军长朱德是其中最重要的军事首长。所以，朱德对刘安恭的评价，与毛泽东完全相反。

1937 年，同样是在陕北的窑洞里，朱德向另一位美国记者艾格尼丝·史沫特莱娓娓动听地叙述他在红军的历史时，提到了这位“红军出色将领”“刘安康”（即刘安恭——引者）。他说，1929 年 10 月底，他率领的红四军由闽西南下广东东江地区，受到了粤军第十九路军的阻击。史沫特莱这样转述了朱德的回忆：

> 这一次，他又被十九路军打败了，十九路军派出装备精良的三个整师来穷追。他损失了几百人，然而最大的损失之一乃是红军出色将领、受过高等教育的团长（应该是第二纵队司令员——引者）刘安康阵亡。朱将军的心看来好像是一幅卷轴，上面刻满了大大小小的革命战役以及在他指挥下的阵亡将士的姓名，他念念不忘。①

这是目前所见到的朱德对刘安恭唯一的评价——“红军出色将领”。这六个字，包含了朱德对于刘安恭太多的赞誉与眷念。

毛泽东和朱德对于刘安恭截然不同的历史评价，折射出发生在白砂会议上对以刘安恭为书记的临时军委是否有必要存在的争论。既然双方的意见难以达成一致，会议就将这个问题提交给代表们表决。结果是：“四十一人会议中三十六票对五票取消那少数同志们硬要成立军委的一件事。”毛泽东对此十分满意，认为这件事表明，四军的党比 3 月 20 日占领汀州以前有了明显的进步，“各纵队的基础已是不能动摇，个人自私的欲望决定会被群众所拒绝”，大多数人也一定不会支持他们“不利于团结，不利于革命”的主张。②

毛泽东的意见以压倒多数的高票获得支持，刚刚成立的临时军委随

---

① 〔美〕艾格尼丝·史沫特莱：《伟大的道路——朱德的生平和时代》，第 306 页，生活·读书·新知三联书店，1979。

② 《给林彪的信》（1929 年 6 月 14 日），《毛泽东文集》第 1 卷，第 68 页，人民出版社，1993。

之取消。刘安恭被派任第二纵队司令员，陈毅接任红四军政治部主任。

按照一般逻辑，到白砂会议为止，朱毛红军党内的这场争论应该可以终结了。然而，这场争论只是就军委的存废有了一个结论，而这只是争论的许多问题当中的一个比较表层的问题，更深层次的论争才刚刚开始。

《前委通信》袒露论争实质

白砂会议结束后，朱毛红军经上杭旧县，6 月 10 日北上连城县的新泉，似乎有西返赣南的动向；然而这只是一个假象，目的是麻痹刚从广东赶回龙岩城里的陈国辉旅主力。全军在此稍作休整，策应连城南部 13 个乡村的暴动，待机再取龙岩，一举消灭陈国辉。

毛泽东率领的前委机关驻扎于新泉镇上一座木材商人的大宅，青砖门檐的上方刻着“望云草室”四个字，很有一番怡淡雅适的意趣。出门沿着一条小巷转过几个弯，有一座大院，则是朱德的司令部。

经过从湖雷到白砂的争论，红军党内的分歧并没有消停。作为争论双方的主要当事人毛泽东和朱德，还有不少问题未曾袒露。特别是由于林彪在白砂会议前写给毛泽东的信在会上公布，以及林彪在会议上的发言，深深触动着这两位领导人的心灵。他们都在思考，如何对林彪作出回应。

6 月中旬，由红四军前委出版的一份油印刊物《前委通信》第三期发到各级党组织，上面刊发了毛泽东、朱德分别于 6 月 14 日、6 月 15 日写给林彪的长信。这是鉴于白砂会议的不同意见争执不下，前委要求他们“各作一篇文章，表明他们自己的意见”①。按照这一要求，他们各写了这样一封信。这两封信都坦率地陈述了对当前红军党内存在分歧的见解和分析。这两封信，由于各自观点的不同，更由于两位最高领导人不同的意见用这样的方式公开于全军党员面前，其引起的反响不同寻常。

---

① 中共中央文献研究室编：《毛泽东传（1893—1949）》上册，第 201 页，中央文献出版社，1996。

朱德的这封信，一开始就这样写道：

> 林彪同志：我读你给前委一封信，知道你对党很忠实，很爱党，很注意去研究党的问题，我很赞成你这种积极去讨论弄个明白的态度。所以，我也想为党的最高原则三条件即：党管理一切，一切工作归支部，党员党内绝对无自由等若是有人反对就使党动摇问题谈点看法。①

汻城县新泉望云草室

朱德要谈的“党的最高原则三条件”，正是毛泽东所坚持的三个原则，也是由军委设立与否引出的这场争论的核心问题。在朱德看来，共产主义所提出的是无产阶级专政，共产党组织只是作为他们的总参谋部，只能经过无产阶级组织的各种机关（苏维埃）起核心作用去管理一切。党是不能管理一切的，如果真要实行这一原则，那么必然会使党脱离群众，使共产党孤立。所以，此口号——党管理一切——是违背党的无产阶级专政主张的。“有鉴于此，如不反对所谓的最高原则第一条，那就是会没有党的最高原则。”朱德认为，“党管一切的原则”不是在共产党的学术之内，作为共产国际的一个

---

① 本节有关 1929 年 6 月 15 日朱德《给林彪的信》的有关引文与论述，分别转引或参考中央文献研究室编：《朱德年谱》（新编本）上卷，第 150～151 页，中央文献出版社，2006；张国琦：《毛泽东与朱德在一九二九年》，龙岩市博物馆编：《龙岩革命史资料》第 5 期，1995。不另注释。

支部，我们中国共产党不能自创原则，亦不能擅自修改原则，作为一个共产党员，更不能找理由而为了自己利益自行其是。认为党代替群众机关直接管理一切是曲解了共产党组织的最高原则。问题还不止于此，更严重的是书记管理一切。

对于第二个原则，即“一切工作归支部”，朱德表示不仅不反对这一原则，而且十分拥护这一原则，认为党的新生命就在于这一原则的实行巩固党的基础，要打破家长制及包办制，就在于力求此原则之实行，可惜的是，红四军在过去的工作中没有做到这一点。尤其是在下了井冈山之后，一切实际工作集中在前委，军委停止办公，各级党部只等前委的决定，有时前委召开联席会议数日，各级党部坐等命令的到来，以便遵照办理。朱德认为，似这样，何尝有工作归支部呢？权力都集中在前委，集中到了书记一个人身上，还谈什么民主集中制。他认为，前委对外代替了群众机关，对内代替了各级党部。要做到一切工作归支部，就应该实行由下而上的集中制，而不应该实行由上而下的家长制。

对于毛泽东所提第三条原则，即党员在党内绝对无自由，朱德认为，党员应该遵守共产党的铁的纪律，党的决议、指示都应该无条件执行，这样才能培养全体党员对党的忠诚和信仰，奋斗有依据。对于这一点，他没有异议。而且他认为，党的领导干部，更应该以身作则，作出表率，严格遵守党的纪律和无条件执行党的决议。

朱德相信，把理论问题搞清楚有好处，这次辩论不但对党没有损失，并且会使党有长足的进步。他对林彪说：

> 我们四军的党变成群众的党应有此次的斗争，要使四军变为全国一致的新的组织的党，也要有此次斗争，要合乎国际共产党也必须有此次斗争，斗争之结果必然是好的。请你不要消极，不要绝望，每个同志积极的斗争，使党内一切不正确的、一切错误都要应有尽有的洗除，努力建设新生命的党。

朱德通过给林彪这封信，呼吁大家要纠正错误，努力建设新生命的

党。而要克服种种困难，“只有各同志大家担负起来，迅速建造党的新的基础。为党的问题，请大家站在党的立场去讨论”。

毛泽东也不平静，也在深深地思索着这一场争论。白砂会议以后的几天内，这些争论的问题在党内群众当中引起了广泛的注意，热烈地讨论起来。他有感于林彪在白砂会议前给前委的信和人们讨论的各种问题，决定从更加深远的角度研究这些问题，提出自己的主张。

6 月 14 日，毛泽东根据前委的要求，给林彪写了一封长信，全面阐述了这场争论的历史渊源、争论的主要问题、他在争论中的主要观点以及他对争论的态度。尽管是私人通信，却是要公之于众的公开信。这是迄今所见历史文献中最全面反映毛泽东在这场争论中所持观点的文献。

毛泽东在这封信的一开头这样写道：

> 林彪同志：你的信给我很大的感动，因为你的勇敢的前进，我的勇气也起来了，我一定同你及一切谋有利于党的团结和革命的前进的同志们，向一切有害的思想、习惯、制度奋斗。因为现在的争论问题，不是个人的和一时的问题，是整个四军党的和一年以来长期斗争的问题，不过从前因种种原因把它隐蔽了，到近日才暴露出来。其实从前的隐蔽是错误了，现在的暴露才是对的，党内有争论问题发生是党的进步，不是退步。①

毛泽东并没有拘泥于眼前的具体问题，他要把问题的根源向前追溯。他认为：“不明四军斗争的历史，便不明白现在争论问题的来源，不明白它的来源，便不明白自有四军到现在两个思想系统的斗争的全部问题的性质。”他把历史的源头一直延伸到红四军成立，也就是 1928 年 4 月，研究在那以后的一年当中红四军党内争论的“全部问题的性质”。他把这些问题归纳为 14 个：

> （一）个人领导与党的领导，（二）军事观点与政治观点，（三）小团体主义与反小团体主义，（四）流寇思想与反流寇思想，（五）

① 《给林彪的信》（1929 年 6 月 14 日），《毛泽东文集》第 1 卷，第 64 页，人民出版社，1993。本节以下所引毛泽东这封信的引文和观点，均出此处，不再另加注释。

罗霄山脉中段政权问题，（六）地方武装问题，（七）城市政策与红军军纪问题，（八）对时局的估量，（九）湘南之失败，（十）科学化、规律化问题，（十一）四军军事技术问题，（十二）形式主义与需要主义，（十三）分权主义与集权，（十四）其他腐败思想。

在这些问题当中，毛泽东认为“个人领导与党的领导，这是四军党的主要问题”，是四军历史问题的“总线索”，其他问题都由此而产生。因此，研究红四军党内的争论，首先就要研究这个问题。

毛泽东所说的“个人领导与党的领导”问题，也就是要不要坚持党对军队的绝对领导的原则问题。关于这一原则，毛泽东在率领秋收起义部队上井冈山时即已确立，朱毛红军成立以后，又先后建立了党代表制度和各级党委或支部，成立了由毛泽东为书记的前敌委员会和朱德为书记的军事委员会，在全军形成了严密而完整的党的组织系统。

尽管如此，党的组织系统仍然不能有效地保证党的绝对领导。因此，红军当中就难免存在旧思想、旧习惯和旧制度；更因为四军是在经受了1927年的失败，红四军成立之后的党组织又是1927年失败之前的组织基础，既非常薄弱，又在失败中完全失去了领导；而“那时候的得救，可以说十分原因中有九分是靠了个人的领导才得救的，因此造成了个人庞大的领导权”。了解历史的人不难理解，毛泽东所指出和要解决的，正是红四军存在的实际问题。

毛泽东从红四军近一年来的历史观察中进行分析，由于党的建设不断加强，中共湘赣边界特委和前敌委员会对于斗争策略的正确，以及群众斗争之发展，“个人与党斗争的盈虚消长”，党的领导渐渐加强。他把这个历史过程分为三个时期。

第一时期是1928年4月红四军成立到在湘南失败，于9月重回井冈山。这一时期党在红四军的领导地位尚未确立。

第二时期是在此之后到1929年3月14日占领汀州的6个多月，党的领导大为加强，开展了对小团体主义的批评，党的组织与政治理论水平有了相当的提高，“这时期内少数同志极力把头低下来，党确处在指挥

的地位了”。

毛泽东分析说，第二时期“党的领导抬头”的第一个原因是“在湘南失败及大余一路逃难形势之下，个人没有显出什么大领导”，不比第一时期在军事上迭获胜利那样，感到非依赖党的领导不可，否则便有塌台的危险。第二个原因是这一时期“党的组织与同志们的政治程度和斗争经验”确有进步。第三个原因是受到了“两支新鲜的友军”即红五军和江西红二、四团的影响，特别是彭德怀关于反对小团体主义的愤激情绪；还有江西红二、四团党的绝对领导，例如指导员支配军官、每一个子弹的分配都须经过党组织批准等，“可以说是帮助四军党的领导加强的原因”。

第三时期是红军占领汀州以后到这次争论的爆发。在这个时期，红四军不仅在赣南、闽西开辟了大片革命根据地，自身建设也大大加强。在政治方面大力贯彻党的六大的路线与方针政策，在军队内部把原先团的编制改为纵队，并且设立政治部加强政治工作。由于这些措施，“小团体主义从事实上开始减弱”，“各级党部更能无顾忌地讨论各种各样的问题”，作为军事指挥机关的“司令部的职权也有限制了”，红军也发展了，大规模的游击战术学会了。总之，毛泽东认为，在这一时期，“党及红军的各个方面实在都比以前进步了”。

既然朱毛红军在 1929 年 3 月攻占汀州以后的这一时期各方面都进步，特别是在党的领导大大加强的情况下，为什么又会因为党的领导问题而引发严重的分歧与争论？毛泽东告诉林彪：

> 但因为党的意志极大的限度的伸张、个人意志感到从来未有的痛苦，一连打了几个胜仗和一种形式主义的理论从远方到来，这三样汇合所以爆发了近日的争论。争论的焦点是在现在时代军党部要不要的问题，因为少数同志坚决地要军委，遂不得不攻击前委，于是涉及党的机关的本身问题，“党太管多了”、“权太集中前委了”就是他们攻击的口号。

毛泽东认为坚持要设立军委，并且又攻击前委的意见，都是同试图扩大个人自由、削弱党的权力的主张相关的。其原因是“因为党的意志伸张，个人意志减缩，一切问题都要在各级党的会议席上议决之后，才许党员个人依照决议去执行工作，使得个人没有英雄式的自由”。这就必然会引起这些同志反对毛泽东提出的关于党管一切的三条原则。毛泽东认为，这种情况，“就是个人领导和党的领导争雄的具体的表现”。毛泽东还进一步指出：

> 少数同志们硬是要一个军委，骨子里是要一个党的指导机关拿在他们的手里，以求伸张那久抑求伸的素志（即与历来指导路线不同的另一指导路线），然而表现出的理由仍然是冠冕堂皇的，可惜完全是一种形式主义罢了。

毛泽东认为这场争论的本质，就是“个人主义与反个人主义的，亦即个人领导和党的领导的斗争”，这是红四军历史问题的总线索。其他问题的发生与发展，都同这一总线索相关联，而每一个问题也都产生了两种不同意见的对立。毛泽东在给林彪的这封信中，道出了与此相关联的若干突出的问题，并且阐述了他的观点。

首先就是单纯军事观点，“四军中向来就有一些同志是偏于军事观点的，与站在政治观点即群众观点上的人的意见不合，这是一个很严重的政治路线问题”。经过长期的斗争和工农群众的影响，这种观念渐渐被洗刷了一些，但是没有完全消灭，特别是在军事失败的时候，这种观点就又抬头，以为“什么都可以取消，只要枪杆子保存就够了”。这些同志在会议席上最厌烦的是讨论宣传和组织问题，“在游击工作中发展单纯的军事影响而不去发展政治影响”。

毛泽东指出，“军阀军队残余的小团体主义是造害红军最大问题之一”，如果小团体主义不消灭，不能如红二、四团那样完全由集体的党的领导，“则红军只是一个好听的名称罢了”。

还有流寇思想，“历来在红军中是很利害的”。毛泽东认为，这种思想在政治方面最明显的表现，“就是罗霄山脉中段政权问题的不同的见解”，当时在这个问题上红军党内的一致只是一种表面现象，“骨子里面是有一部分同志时时刻刻要脱离边界的斗争”。流寇思想的根源是游民成分，同时还影响到红军的城市政策和军纪。对此，“负责同志亦显然发出不同的意见”。一种以为军纪破坏一些、城市破坏一些也没有什么大要紧，另一种则相反。毛泽东严肃指出，“军纪问题是红军一个很大的政治问题，但因一种人主严，一种人主宽，效果便相消了”。

红军中存在不同意见的问题，还有一个是对时局的估量。由于对形势与时局判断上的分歧，也就产生了对红军行动方针的不同意见。毛泽东列举 1928 年 7 月在井冈山时红四军大部开去湘南，以致造成“八月失败”为例，本来党内大多数同志都认识到了这一次行动的错误，然而近日有少数同志却又不认为是错，“说往湘南是对的，留在边界的倒反是错了”。毛泽东指称这是“少数同志之中的奇异见解”。

毛泽东还批评红军党内存在的非科学态度，要求红军“规律化”；批评红军这种非科学“烂糟糟”的现象，如同“原始的游民的队伍”，必须努力和这种现象作斗争。

总之，毛泽东认为，关于坚持设立军委这样一种形式主义的观点，以及上述种种错误思想的来源，是游民、农民与小资产阶级成分中产生出来的个人主义。这种观点与小团体主义、流寇思想、单纯军事观点等等，有着共同的思想基础。这种思想发展的另一面，“必定是分权主义”，而这一思想同无产阶级及其先锋队中国共产党，以及共产党领导下的武装组织红军，是不相容的，由此毛泽东得出结论：“军委、前委分权的形式所以不能存在就是这个理由。”

对于红军党内出现的这场争论，毛泽东的态度是不回避，不调和，以积极的态度加以暴露，开展思想斗争，“一定不肯调和敷衍，模棱两可，是非不分”。只有这样，“四军的改造工作由此可以完成，四军的党由此可以得到一极大的进步，这是绝对无疑的”。

那么，何以解释毛泽东在白砂会议上提出辞职的请求？在白砂会议上，毛泽东对他的辞职提出了四条理由，引起人们的严重关切，会议之后不免议论纷纷。事隔五天，毛泽东在给林彪的这封信里，再次申述了他辞职的决心，并且从另外一个角度阐明了他的理由：

（一）对于与党内错误思想奋斗，两年以来已经既竭吾力了，现在我又把问题的内容提出以后，使多数同志们作不断的奋斗才能得到最后的胜利。

（二）我在四军的日子太久了，一种历史的地位发生出来的影响是很不好的，这是我要指出的中心理由。

（三）我个人身体太弱，智识太贫，所以我希望经过中央送到莫斯科去留学兼休息一个时期。……

（四）四军的党已经有了比较坚固的基础了，我去之后，决然没有不好的影响。党的思想上的分化和斗争既已经起来了，决不因我去而不达到胜利的目的。……

毛泽东从阶级分析的方法，解读红四军党内各种非无产阶级思想的来源及其危害，并且用思想路线的概念分析党内思想斗争，号召同志们努力奋斗，克服各种错误思想。

从毛泽东先后两次表述的辞职的理由来看，6 月 8 日在白砂会议提出的辞职声明侧重于对四军党内否定或削弱党的领导的批评，对于这种倾向表示了一种愤慨和不满。

从在连城新泉写的这封《给林彪的信》提出的辞职理由来看，毛泽东似乎并非真正地不愿意继续担任前委书记，只是从另外一个角度向四军各级党组织和 1324 名党员提出警示和期盼，希望大家在他离去之后继续奋斗。他在信中说，红军党内存在的种种不正确思想，不利于党的团结和革命的前途，“有离开无产阶级革命立场的危险”。

毛泽东在这封信的最后部分指出，自己是以一个“唯物史观论者”的视角，考察红四军成立以来的历史问题的各个方面，指出近日发生的关于军委的问题，“只是历史的结穴，历史上一种错误的思想路线上的最后挣扎”。这是毛泽东在中共历史上第一次提出“思想路线”的概念，并用这一概念论述党内思想问题。

为此他提出，我们必须同这些错误思想作斗争，以求红军彻底改造，

“凡有障碍腐旧思想之铲除和红军之改造的，必须毫不犹豫地反对之，这是同志们今后奋斗的目标”。他并且表示，“至于我之请求离开前委，并不是消极，不参加这种斗争”。

毛泽东这封信，言辞恳切，信心十足，看不出他真是要离开岗位的惜别之情，而是表明了他在面临十分困难的情况下，要求彻底克服红军党内的错误思想以确立党对军队的绝对领导，完成他对红军改造的急迫心情，也表明了他在红军党内这场严重的思想斗争中所持不妥协的立场和观点。

毛泽东在最后写道：“自然我的工作我只能提出意见，决定要在党部，我没有离开一天仍旧可以随大家作思想奋斗一天!”

写完这一句，毛泽东签署上自己的名字和时间、地点：毛泽东　六月十四日于新泉。

中共红四军七大与毛泽东去职

从《前委通信》第 3 期发表的毛泽东、朱德两封信的内容看，双方的观点并没有取得一致，在湖雷会议和白砂会议上争论的那些问题依然存在，而且毛泽东更进一步把这场争论提升到了“很严重的政治路线问题”的高度，使得不同意见的对立更加尖锐。

红军时期的萧克。萧克跟随朱德上了井冈山，转战赣南、闽西，出席过中国共产党红军第四军第七、八、九次代表大会。

亲历过这一段历史的萧克回忆说，从湖雷会议开始，大会小会进行讨论，有时甚至争论起来。那时候党内不忌讳争论。刚刚学习过的党的六大的党章规定“在未经决议以前党内的一切争论问题，可以自由讨论”，所以大多数人从关心党、爱护党的角度发表自己的看法，展开争论。到了新泉看到公开发表的毛泽东、朱德分别写给林彪的信，各纵队、支队党委讨论得更加热烈了，甚至连朱、毛去留的问题都提出来了。萧克的回忆记述了这样一些情况：

> 四军驻新泉的七八天，连以上尤其是支队、纵队干部天天开会，老是争论这么几个问题：党应不应管理一切？是管理一切、领导一切还是指导一切？等等。当时，领导上号召大家发表意见，放手争论。但得不出结果，大家觉得该由上边领导人来管了，多数干部希望停止争论。①

一场原本是由刘安恭挑起的争论，加上林彪居间挑拨，发展为红四军最高领导人的意见对立，显然，这场争论虽然带有个人意气，却是涉及这支在中国共产党领导下新建立起来的武装队伍最本质的问题，就是要不要坚持党对红军绝对领导和如何领导的问题，以及由此引出的一系列十分重要的问题。而且这场争论并不只是局限在领导层，已经扩展为全军各级党组织和全体党员参与的大讨论。

而且，朱毛红军面临的不只是自身的内部争论，更为现实的是面临着国民党在平息了蒋桂战争的内部分裂之后，蒋介石于6月16日调动闽粤赣三省军队向红军发动“会剿”，刚刚建立起来的闽西革命根据地也迫切需要主力红军的帮助，加以巩固和发展。

在这样的情况下，红军党内的争论不能再延续下去，必须有个了结，以便集中精神和力量应对外部的压力和红军发展的需要。

6月19日，朱毛红军第三次攻占龙岩，击溃陈国辉旅，局面随之更为展开。前敌委员会决定，召开中共红四军第七次代表大会，这次会议肩负的任务，虽然是要停止争论，化解矛盾，以便应对敌人的“会剿”和发展革命局面，但是在矛盾尚存争论未息的情况下，该由何人来主持这次会议？前委选择了政治部主任陈毅。事实上，在那样的背景和气氛下，陈毅是唯一适当的人选。

---

① 萧克：《朱毛红军侧记》，第93页，人民出版社，1993。

龙岩北门松涛山西侧，坐落着一座前后三进的大宅，典型的客家风格，主人是邱姓富商。朱毛红军入城之后，借用这座大院为前敌委员会的驻地。毛泽东与他的夫人贺子珍居住在二进中厅右侧的一个房间，这里实际上也是毛泽东的临时办公室。红四军党代表大会召开在即，毛泽东虽然不是会议的主持人，但作为前委书记，还有大量的工作要做。其中主要的工作，是不断找干部调查研究，召开座谈会，向干部陈述他的观点和主张。

龙岩县新邱厝毛泽东的住处

红四军第四纵队司令员傅柏翠参加过这样的座谈会。他记得，他先后有两三次应约到毛泽东的住处谈话，有一次他是去参加毛泽东召集的各纵队领导的碰头会。不大的房间里坐满了人，凳子不够用，傅柏翠就坐在毛泽东的床上，而且还就势把脚跷起来，很是随意。毛泽东对大家说：近来有人说我是家长制，我是坚持书记制，民主集中制。毛泽东还针对极端民主化倾向，提出八个字："精密工作，严格督促。"①

① 《傅柏翠有关红四军二度入闽的回忆》，《龙岩革命史资料》第5期，1995年7月。

红四军司令部驻地——原龙岩县图书馆

朱德的司令部设在离毛泽东前委机关不远处的山坡上的龙岩县图书馆，这是一座刚建成不久的两层洋楼。陈毅领导的政治部机关就在毛泽东住处后面的公民小学。6 月 22 日，经过几天的准备，中共红四军第七次代表大会就在这所学校的兴学祠大厅里召开。

这是在历史上受到诸多争议的一次会议。有说是这次会议把毛泽东赶出了红军，有说是一次两条军事路线斗争的会议。历史当事人在不同时代背景下又作出不同的评价。

陈毅在“文化大革命”时期说：“我那时候犯了一个大错误，七次大会的结果很坏。”①

朱德在 1944 年的一次讲话中说：“关于如何建军，在闽西，当时红四军内部曾发生过争论，表现在四军第七次和第八次党代表大会上。争论点为：军队已发展到一个新规模，需要有一套新办法，就像红四军第九次党代表大会上所通过的那样的一套新办法，才能进一步建设无产阶

① 《陈毅同志“九一三”以后的讲话》(1971 年 10 月下旬)，记录稿。

级的新的军队。”①

龙岩县公民小学兴学祠（抗战时期被毁，1940年重建）。1929年6月22日，中国共产党红军第四军第七次代表大会在这里召开。

江华的回忆文章写道：“会议开了一天，虽然通过了决议案，选举了新的前委会，但对从七大前就开始争论的主要问题，仍未得到解决。”②

萧克认为：“‘七大’达到了停止党内争论，增强团结，以便分兵发动群众，扩大苏区，并为打破敌人‘会剿’作准备。真有‘兄弟阋于墙，外御其侮’之慨。”③

无论什么人在什么历史背景下，对这次会议作过何种评价，历史的真实却只有一个。不妨把历史还原给这个真实，一是当事人尽可能客观

---

① 《在编写红一军团史座谈会上的讲话》（1944年），《朱德选集》，第128页，人民出版社，1983。

② 江华：《关于红军建设问题的一场争论》，古田会议纪念馆编：《见证古田会议》，第322页，中共党史出版社，2017。

③ 萧克：《朱毛红军侧记》，第102页，中共中央党校出版社，1993。

不带偏见的回忆，一是当时的文献记载。

傅柏翠。闽西地方红军负责人之一，受命把闽西红军组编为红四军第四纵队并担任纵队司令员。

傅柏翠，尽管是第四纵队司令员，却因为所有争论的问题与他无关，也没有参与到争论当中。他后来又脱离了共产党，并且反对共产党，再后来举旗起义成为民主党派人士，晚年又重新加入了共产党。这样一位历史人物，对于过去那场红军党内的争论，并无成见与偏袒。1978 年 8 月他旧地重游，在到实地考察后，重又想起了红四军党内的那场争论。他说，红四军的第七次代表大会他只参加了一个晚上，还迟到了一些。

记忆所及，他看到了这样的场景：

当我到会场时，在主席台上坐有三五个人，朱军长正在发言，还是答辩那些问题，说得很多。大家说不要再讲了。他还是在讲，并说让我说完吧。毛主席也发了言，他讲话简明扼要，胸怀宽阔。我记得毛主席说，有问题以后还可以讨论，也可以写文章，现在不需要作出答辩，是非留待以后由历史来作证明，不同意见可以保留吧。

最后是陈毅同志发言，他好像是作一个结论性的讲话。意思是说，你们两人都是头头，这样争论影响不好，大家都是从井冈山下来的，总的问题是统一了，不要再争论，还是要团结到底。

最后会议决定是给朱德同志一个警告处分，毛主席是严重警告处分。①

红四军七大的真实情况究竟如何？傅柏翠的回忆十分简单，但大致

① 《傅柏翠先生谈有关红四军“七大”的情况》(1978 年 8 月 15 日—25 日)，龙岩县革命纪念馆陈仙海记录整理。

有一个线索，特别是他提到的政治部主任陈毅那个“结论性的讲话”，究竟有哪些内容？实际上，这个发言，就是大会的决议。

当时不过28岁的陈毅，血气方刚，坦荡直率。他同朱德一起率领南昌起义仅存的千余人马，历尽艰辛，与毛泽东在井冈山会师成立红四军以来，担任过军委书记、士兵委员会秘书长，一直是这支部队举足轻重的领导人。对于这场争论，他有自己的看法。他觉得：“你们朱毛两个人天天在吵架。一个晋国，一个楚国，你们两个大国天天在打架，我这个郑国在中间简直是不好办。”他自认为是在晋楚之间，到底站在哪一边？就是怕红军分裂，怕党分裂，希望两方面团结。①

在陈毅看来，自从他与朱德上井冈山以来，毛泽东的领导是正确的，红军离不开毛泽东，但是毛泽东也有缺点。他说那时候党内比较民主，“不管你是哪一个，也可以给你框几个缺点”。朱德也有缺点，1928年7月开赴湘南遭到很大的损失，他根本就不作检讨，现在又跟刘安恭共同反对毛泽东，是很危险的。刘安恭一来就当二纵队司令员，这是不对的，顶多当个副营长，好好地学习学习，而且还讲什么脱离生产的红军不能存在，四军的经验就完全证明了脱离了生产照样能够存在，而且还能发展。

考虑到这些，陈毅首先对毛泽东作了一番批评，“对毛主席我打了他一棒，对朱军长我也打他一棒，对刘安恭我也打他一棒”，目的是要大家团结，不能分裂。但是他后来认识到，这种“各打五十大板”的做法造成的结果，是无原则的团结，是和稀泥，实际上是削弱了毛泽东的正确主张，助长了错误。②

陈毅按照“各打五十大板”求团结的思想，殚精竭虑，起草了《红军第四军第七次代表大会决议案》。大会经过一天的争论，通过了这个决议。

这个决议分为两个部分。第一部分为“党内争论问题”，第二部分是“分兵问题”；而第二部分只有一句话：“由新前委讨论。”因此这个决议

① 《陈毅同志“九一三”以后的讲话》（1971年10月下旬），记录稿。

② 《陈毅同志“九一三”以后的讲话》（1971年10月下旬），记录稿。

的内容就是“党内争论问题”。

这个问题包含有七节：一、过去工作的检阅；二、这次争论之原因和性质；三、党应不应该管理一切；四、对《前委通信》第三期的意见；五、对朱毛同志的意见；六、对中央指定之前委委员不动，决定以陈毅为书记；七、提出几个口号作为这次争论的结果及党员以后的工作标准。①

决议对红四军成立以来的重大决策和行动以及实施的政策，作了全面总结。在总的政治策略上，决议认为红四军在罗霄山脉中段坚持武装斗争，发动群众，武装群众，发展边界党和群众组织，建立罗霄山脉中段政权，“这是十分对的，很正确的”。关于政权形式，决议肯定了那种根据群众的需要“采取公开与秘密两种形式”，同时批评一部分不顾群众需要“强迫性质”的政权形式。关于井冈山时期的经济政策，决议认为有个时期“采取极端没收，含有军事共产的意味，实出于不得已”，随着红四军人数减少与消耗减轻，这种偏向已经得到了纠正。决议充分肯定了红军的宣传兵制度，特别是士兵委员会制度，认为这样有利于士兵参加军队管理，维持红军纪律，施行士兵政治教育，“这个制度是绝对正确的”。

决议对四军成立以来有争议的行动和决策，进行分析并作出结论。认为1928年5月因边界经济困难而把第三十团、三十三团送回湘南是对的，但是军委不考虑当时湘南实际情况，以致造成很大损失。同年7月二十八团、二十九团开往湘南的行动，迁就了二十九团的“农民意识的回家观念”，是避免边界斗争的逃跑主义。决议肯定了1929年1月出发赣南游击以“应付三省会剿”的决策，但认为在雩都会议上前委作出“一年内争取江西全省”的计划，“这个政策是未曾对主观情形有很好的估量，是不对的”。

对于在红四军七大之前一段时间里争论的党内“有没有家长制度”的问题，以及由此产生的指责“党代替群众组织”和“上级党包办支部工作”的争论，决议作出结论，认为由于党员群众对于党组织和下级对

① 本节以下引用《红军第四军第七次代表大会决议案》的引文和文意，均转引自或参考萧克的《朱毛红军侧记》（第94～100页，中共中央党校出版社，1993），以及该决议的抄件，不再另加注释。

于上级都存在有“机械服从”，把一切工作归于书记一人，从而“形成家长制度的倾向”。但是决议又指出，四军党组织没有犯“代替群众组织的错误”；同时，由于红四军实行支部建在连上的制度，党支部发挥了重大作用，“说上级包办支部工作，完全不是事实”。

“党是不是应该管理一切？”是党内争论的重要问题之一。双方意见各执一词，难以取得一致。为此，会议专门查找了刚刚传达学习的中共六大有关决议，研究结果认为“这个口号的意义与中央颁发的组织问题第三章的组织原则并不冲突，所以这个口号是对的”。但又认为这个口号的文字处理表述不明确，可能引起不正确的解释，因此建议今后不要用这个口号，而应按照中央文件的精神解释党的组织问题。

对于毛泽东在白砂会议提出辞职而申述的几条理由，特别是关于前委与军委发生分权的问题，会议决议明确地指出，“前委与军委呈分权式是不对的”，因为军委分明是前委的下级党部，它的决议须报告前委审查。规定前委只讨论行动问题，“这是临时军委的错误”；而依目前工作范围的实际，在前委之下再设立一个军委机关，“实系重叠”，完全没有必要。

决议对毛泽东 6 月 14 日在新泉写给林彪的信中的某些观点，也提出了批评，认为毛泽东所说四军历史上有个人领导与党的领导的斗争，“这未免近武断”，四军的领导同志绝对没有人想要一个人领导而去争取党的领导；说四军党内有流寇思想与反流寇思想的斗争“也不是事实”。决议批评了小团体主义，认为四军党内的小团体主义确有存在，但各派意见当中没有哪一派曾经有坚决的反小团体主义的倾向。另外，在肯定前委对时局的估量“大部分很正确”的同时，决议指出了存在的“偏于乐观的倾向”，例如关于一年内争取江西的计划、关于蒋桂战争爆发后提出改变军阀战争为阶级战争的口号、判断蒋桂战争必将引起全国混战等，都是“过于乐观”的估量。

同时，决议肯定了毛泽东指出的四军党内存在有“偏于军事观点，不注意地方的武装，湘南行动之错误，作事不科学化，浪漫不喜规律，及其他腐败思想”，认为这样的批评是正确的，“的确有些同志犯这个错误”。

决议对毛泽东、朱德各自的观点，主要是在白砂会议上的意见和

《前委通信》第 3 期上发表的意见，既有肯定，也有否定与批评，同时对于他们个人的思想作风和工作作风，也都作了严厉的批评。

决议针对林彪、刘安恭在这场争论中的言论作了严肃的批评，认为他们“离开党而谈党的严重问题”，并且“过分估量，失之推测”，“凭空臆断”，甚至“不调查清楚事实状况，偏于一面之词轻率发言”；认为他们在党内争论中的行为造成了不良影响，“不但不能解决党内纠纷而使之加重”，指出“这种轻率的工作是不对的”。

那么应当如何来认定这次争论的性质和原因？无论在红四军党内，还是在以后漫长的历史进程中，对于这场争论都存在不同的解读。

毛泽东最早给出的结论，是在 6 月 14 日给林彪的信中，强调这场争论的原因是“因为党的意志极大的限度的伸张、个人意志感到从来未有的痛苦，一连打了几个胜仗和一种形式主义的理论从远方到来，这三样汇合所以爆发了近日的争论”，其性质是“少数同志们历来错误路线的结穴，两个指导路线的最后斗争”。①

在此以后，无论在战争年代，还是新中国建立以后，特别是到了 20 世纪六七十年代，人们几乎都把这场争论定性为人民军队建军史上“两条路线的斗争”，中共红四军七大是“错误路线”占上风以及毛泽东受到排挤的一次会议。

实际上，红四军七大的决议对此的结论，则认为引起这场争论有五个方面的原因：一是由于四军党员的经济背景复杂所引起的思想认识的不一致；二是负责同志之间工作方式与态度不好，引起了意见纠纷；三是组织上不完备，领导人兼职较多而且责任心都很重，爱多管事；四是新的理论批评旧的习惯引起反响；五是过去党内缺乏批评精神。

至于这场争论的性质，大会决议否定了毛泽东关于“路线斗争”的结论。会议决议明确指出了这场争论的性质：

这次争论不仅是朱毛闹意见，不仅是组织原则的解释不同，实

① 《给林彪的信》(1929 年 6 月 14 日)，《毛泽东文集》第 1 卷，第 67、71 页，人民出版社，1993。

由于过去党的斗争历史上各种不同的主张，各种不同的方式互相精神（原文如此，意为僵持——引者）着，历久不得解决，加上组织上有缺陷，及党内批评精神缺乏，造成这次争论的总爆发。

除此结论以外，大会决议还就毛泽东给林彪的信作出评价，认为这封信的判断一部分合乎事实，一部分不合乎事实，因为党内过去所有的错误和不正确思想的来源，“并不是简单的两种路线的斗争结果”。

大会决议在对争论的原因及各方意见作出分析和评价之后，对朱德、毛泽东作出一个总的批评，认为他们作为党内外的主要领导者，对于这次党内严重的争论给党造成不好的影响，都负有责任，“都有同等错误，但毛泽东同志因负党代表与书记之工作，对此次争论应负较大的责任”。据此，会议决定给毛泽东以严重警告处分，给朱德以警告处分。

但大会并没有在组织处理上对任何人采取不利于团结、不利于工作的措施，不仅保留毛泽东、朱德的前委委员职务，而且明确宣布他们在红四军的职务不变，在中央没有派人来之前继续工作。林彪、刘安恭在这次争论当中犯有严重的错误，大会决议对他们的错误作了严肃的批评，但是大会也还是提名他们为前敌委员会委员的候选人。

大会最后选举了新的前委。新的前委除保留中央指定的毛泽东和朱德，选举陈毅和 4 个纵队的司令员林彪、刘安恭、伍中豪、傅柏翠及士兵代表，共 13 人为委员，决定以陈毅为书记。这个决定即呈报中共中央批准，在未批准以前即可负责开始工作。

会议通过了包括以上主要内容的决议，选举产生了新的前委，而且都采取少数服从多数的原则，在程序上应该是顺理成章。但是对于这次会议各种不同的评价，却一直延续了几十年。

如果人们把这次会议放在那样一个特定的历史背景和时空条件下来加以观察和分析，应该能够得到客观和正确的结论，分清其主流和支流。因为，朱毛红军毕竟是在大革命失败以后极端困难的时期，由历经流血牺牲和白色恐怖的幸存者集结起来的队伍，是中共领导下的第一支正规红军，然而却是一支还处在幼年时期尚不成熟的军队。其主要领导人毛泽东、朱德、陈毅，以及林彪、刘安恭等，都有着共同的政治抱负和信念，为了共同的大目标而出生入死。所不同的是斗争的方针策略和军队建设的原则，即使夹杂有个人意气，也还不是立场和路线的问题。

如果在这一前提之下来考察红四军七大的功过是非，其主要成果无疑是主流，应当肯定。大会决议对朱毛红军成立一年多来的主要方针、重大决策与行动，以及自身建设，所作出的各项结论基本正确，反映了客观实际；对毛泽东为代表的重要意见，特别是关于党对军队绝对领导的原则以及其他一些意见，作了基本的肯定；对于争论双方也都有所批评，主要是批评了他们的思想方法和工作作风。而在发扬党内民主方面，则是充分尊重了各种不同的意见，运用方法虽然不很成熟，却是遵循了共产党人矢志追求的民主集中制的组织原则。

特别重要的是，红四军七大所争论并据以作出结论的那些问题，受到了中共中央的极端重视。中央多次召开政治局会议加以讨论，为准确判断红军建设问题提供了大量的客观依据。从这一意义上说，红四军七大的召开和决议的作出，为半年以后古田会议的召开和古田会议决议的顺利通过，创造了条件。

另外，正是因为红四军七大停止了争论，新产生的前敌委员会在新的形势下，率领红四军成功击破了闽粤赣三省敌人的“会剿”，“使汀江两岸直到永定、龙岩之间红旗连成一片，成为当时全国最大的一块苏区”①。

当然，红四军七大存在不少缺点。例如没有在政治上提出明确的方针，对党内错误思想只是就事论事地提出问题，缺乏分析和解决的办法，对朱德、毛泽东的批评有不实事求是之处，组织处理也欠妥善。特别是毛泽东落选前委书记，在未取得中央认同之前就仓促行事，有违组织程序。然而，这些问题不是会议的主流。这一方面同战争年代远离党中央的复杂背景有关，但也表明了红军初创时期诸多规章制度不够完善。

事实上，对于这次会议，不同人物在不同的时期，出于不同的理解

---

① 萧克：《朱毛红军侧记》，第 102 页，中共中央党校出版社，1993。

作出过不同的评价。即使是历史当事人也有不同的评价。这次会议以后，朱德曾经告诉中央："党内争论问题，自七次大会后，即告结束，虽有少数同志仍留点成见，但正确的指示，大家很诚恳地接受，消除一切成见去对付敌人。"①

这次会议的当事人之一的江华，当时是毛泽东的主要支持者之一，虽然他认为这次会议未能解决争论的主要问题，但也作了比较肯定的评价。江华这样说：

> 回顾这段历史，我认为，那时召开七大是完全必要的，是红四军领导人共同研究决定的，不是任何个人行为；而且召开这次大会的目的和愿望是好的，是想统一认识，解决分歧，结束争论，加强团结，以利革命。七大的决议，对井冈山时期的一些历史问题和红四军实行的一些制度等结论，也是基本正确的。七大并非一无是处。至于七大未能完全解决分歧，这也是客观的历史局限性所决定，并非任何个人的主观意志所能转移。②

江华认为，尽管红四军七大解决问题的时机还不成熟，问题未得到解决，然而正是有了这场争论，中央听取了陈毅的汇报，才有了中央的"九月来信"，也才有了古田会议，使党彻底纠正党内的错误思想有了基础。

另外一位历史当事人萧克还认为，红四军七大充分发扬了民主，敢于对党的主要领导人提出批评，是件好事。至于选举陈毅为前委书记，也不能说是把毛泽东排挤了。毛、朱、陈是红四军比较有威信的三个领导人，既然大家认为朱、毛都有不对的地方，通过民主选举推选陈毅为书记，也没有什么不好，何况陈毅也曾经担任过军委书记。"大家既然是大会的代表，就有选举权，选陈老总有什么不可以呢？陈老总也是好同志嘛！"③

随着历史的发展，相信对于这次会议的评价将会更加客观、正确。

---

① 转引自萧克：《朱毛红军侧记》，第 100 页，中共中央党校出版社，1993。

② 江华：《关于红军建设问题的一场争论》，古田会议纪念馆编：《见证古田会议》，第 326—327 页，中共党史出版社，2017。

③ 蒋伯英：《萧克将军访谈录——一份尘封 27 年的口述历史》，《党史研究与教学》2009 年第 2 期。

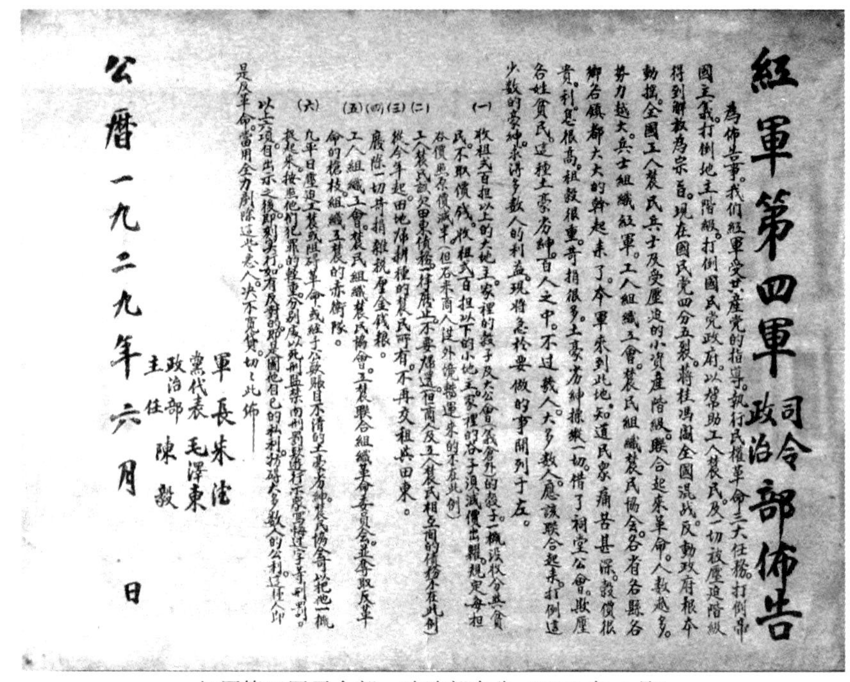

紅軍第四軍司令政治部佈告

為佈告事。我們紅軍受共產党的指導。執行民權革命三大任務。打倒帝國主義。打倒地主階級。打倒國民党政府。以幫助工人農民及一切被壓迫階級得到解放為宗旨。現在國民党四分五裂。蔣桂馮閻全國混戰。反動政府根本動搖。全國工人農民兵士及受壓迫的小資產階級。聯合起來革命。人數越多。勢力越大。兵士組織紅軍。工人組織工會。農民組織農民協会。各省各縣各鄉各鎮都大大的幹起來了。本軍來到此地。知道民眾痛苦甚深。穀價很貴。利息很高。租穀很重。苛捐很多。土豪劣紳操縱一切。借了祠堂公會。欺壓各姓貧民。這種土豪劣紳百人之中。不過數人。大多數人應該聯合起來。打倒這少數的豪紳。求得多數人的利益。現將急於要做的事開列于左。

(一) 收租五百担以上的大地主家裡的穀子及大公會(義倉外)的穀子。一概沒收分與貧民。不取價錢。收租五百担以下的小地主家裡的穀子須減價出糶。規定每担穀價照原價減半(但谷米商人從外境轉運來的不在此例)

(二) 工人農民欠田東債務。一律廢止。不要歸還(但商人及工人農民相互間的債務不在此例)

(三) 從今年起。田地歸耕種的農民所有。不再交租與田東。

(四) 廢除一切苛捐雜稅厘金錢粮。

(五) 工人組織工會。農民組織農民協會。工農聯合組織革命委員会。並奪取反革命的槍枝。組織工農的赤衛隊。

(六) 凡平日壓迫工農或阻碍革命或經手公款賬目不清的土豪劣紳。農民協會可把他一概捉起來。按照他們犯罪的輕重。分別處以死刑監禁肉刑罰款遊街罰跪罰站等刑罰。

以上六項自出示之後即刻實行。如有反對的。即是圖他自己的私利。妨碍大多數人的公利。這種人即是反革命。當用全力剷除這些惡人。決不寬貸。切切此佈

軍長 朱德
党代表 毛澤東
政治部主任 陳毅

公曆一九二九年六月 日

红军第四军司令部、政治部布告（1929 年 6 月）

中共红四军第七次代表大会，在战火弥漫的闽西，在朱毛红军发展史上具有转折意义的那个年代，只开了一天，就是在这样的纷争中走入了历史。然而，历史却记载了这令人回味和难忘的一天：1929 年 6 月 22 日。

毛泽东潜行闽西山村

上杭蛟洋之行

中共红四军第七次代表大会结束，去向何方，成为已经不再担任前委书记的毛泽东思考的首要问题。是继续留在红四军党代表的岗位吗？那么他就须接受新任前委书记陈毅的领导，而对于陈毅在会上“各打五十大板”，在他看来是“调和主义”的解决方法，问题依然存在，他似乎不愿意在这样的局面下继续工作。是离开红军吗？按照中央先前的意见到上海党中央机关去工作，他的抱负又是在农村创建根据地，他不愿意到城市去住他所说的“洋房子”。

权衡再三，毛泽东还是选择了他在新泉写给林彪那封信里公开表述的意向：“希望经过中央送到莫斯科去留学兼休息一个时期。在没有得到中央允许以前，由前委派我到地方做些事。”于是，毛泽东向前委正式提出了这一请求。前委原先已经讨论过派赴苏联留学人员的名单，于是重新讨论，增补毛泽东等人，人员由原定 22 人改为 20 人，并正式上报中央。①

① 张国琦：《毛泽东与朱德在一九二九年》，龙岩市博物馆编：《龙岩革命史资料》第 5 期，1995 年 7 月。

前委给中央介绍一批干部到苏联学习的报告于 7 月 10 日发出，经由福建省委转报。这份报告说：四军许多同志经过历年游击斗争，对于基本理论及政治情况，“日形隔膜生疏”，他们虽然积累了许多斗争经验，但自身的进步，“不免为隔于环境上的困难所限”。如果这些人才能够送去苏联修业一年，“将来对于革命的贡献，必更有效果”。同时，前委要求中央派一批干部到四军替代，以便这批干部尽快启程。①

等待中央审批，必定要很长的时间，而朱毛红军面临着两个急迫的任务，一是应对蒋介石调动闽粤赣三省军队对闽西的“会剿”，三省大军已经分头集结，正向闽西苏区中心区域逼近，形势已很紧迫；二是进一步发展并巩固闽西革命根据地。于是前委决定，陈毅和朱德率领红四军全军分兵于闽西各县，发动群众并积极筹划击破敌人的“三省会剿”；毛泽东及其夫人贺子珍，政治部原秘书长江华，原三纵队党代表蔡协民、曾志夫妇，前往上杭蛟洋，帮助闽西特委召开中共闽西第一次代表大会。派去红四军第四纵队担任政治部主任的谭震林，也随同前往。对此，红四军代理军委书记熊寿祺后来向中央写的书面报告作了这样的记述：红四军在第三次攻占龙岩以后，四个纵队分兵于闽西各县，“前委派五人(毛泽东等)在蛟洋帮助闽西特委开闽西第一次代表大会，总目标是造成闽西赤色区域”②。

7 月 8 日，毛泽东一行离开龙岩前往上杭蛟洋。离开的时候，大家的心情并不很好。已经被任命为闽西特委秘书长的江华，也是被选送去莫斯科的人选。他说他和毛泽东、谭震林等人去蛟洋，“并非为指导闽西党一大的召开，而是调离了我们的工作”，“我们离开部队由龙岩出发时，把我们的马也扣留了，那时我们一行人真有些灰溜溜的样子”③。在另外

---

① 《中共福建省委转前委给中央信——介绍红四军一批干部到苏联学习》(1929 年 7 月 25 日)，中央档案馆、福建省档案馆编：《福建革命历史文件汇集》甲 5 册，第 42 页，1984。

② 熊寿祺：《红军第四军状况》(1930 年 5 月)，古田会议纪念馆编：《古田会议文献资料》，第 486～487 页，中共党史出版社，2017。

③ 江华：《关于红军建设问题的一场争论》，古田会议纪念馆编：《见证古田会议》，第 328 页，中共党史出版社，2017。

一次谈话中，江华干脆说："他们通过选举的办法把毛主席和我们（指蔡协民等）赶出了军队。毛主席在历史上三次被赶走，这就是第一次。"①

而毛泽东对于离开自己一手创建的红四军，更是怀着一种特别复杂的情感。他虽然还是红四军党代表、前委委员，但是对于自己是否还能重回红军并无把握。中共中央早已向他发出征调令，只是他一直不愿意前往，此次是他自己提出要去莫斯科，虽然中央尚未批复，行程也难以确定，但是离去似乎是肯定了的。而他自己，却还是希望着与同志们一起"作思想奋斗"，彻底纠正各种非无产阶级思想，把红军塑造成为一支真正的人民军队。然而他却失去了这样的权力，因此颇有一种痛心疾首的无奈。这种心情一直深深地掩藏在他的心中，直到数十年之后，还念念不忘。

1956 年中共八大召开，在预备会议上，毛泽东回顾自己的历史，谈到民主革命时期受到党内各种错误的打击有 20 次之多，其中包括"开除党籍，开除政治局候补委员，赶出红军"，等等。② 而被"赶出红军"，正是指中共红四军七大，以至于他不得不离开龙岩前往上杭蛟洋。毛泽东自己也未曾想到，他这次离开红军，长达 4 个半月。

实际上，在上杭县蛟洋召开中共闽西第一次代表大会，是红四军前委作出的决定。这次大会的主席团在写给福建省委的报告中说，朱毛红军自 5 月 17 日由瑞金向闽西进军之后的两个月内，三次攻占龙岩，占领永定，并在闽西各县分兵游击，形势发展很快，但是闽西地方党组织由于"历史很短，组织稚弱"，不能领导群众开展工作，"只能跟着群众后面走"。为此，红四军前委为了加强闽西地方党的组织，提高领导组织能力，派了高静山等红四军的骨干分别参加几个县委的工作，同时决定召开各县委代表大会，也就是中共闽西第一次代表大会，"决定今后闽西工作之方针"。这

① 《访问江华同志记录》，访问者赵惠、萧京、邱林忠，1974 年 11 月 25 日于北京。

② 毛泽东：《在八大预备会议第二次全体会议上的讲话》（1956 年 9 月 10 日），《党的文献》1991 年第 3 期。

份报告还特别说明，这次会议“以各县县委书记参加，是训练性质”。① 张鼎丞、谭震林的回忆也证实：1929 年 7 月，“中共闽西特委遵照红四军前委的决定，在上杭县蛟洋召开了闽西地区党的第一次代表大会”。②

这次大会结束以后向省委写的报告写得更加明确：“此次代表大会是在前委上次决定的，通告是在六月二十七日发出。”③ 由此可以推定，中共红四军第七次代表大会在 6 月 22 日结束之后，新成立的由陈毅担任书记的前敌委员会决定召开中共闽西第一次代表大会，并派毛泽东等人前往出席，代表前委予以指导。

历史文献记载，中共闽西特委关于召开闽西各县党代表大会的通知发出之后，各县区出席会议的代表共 54 人于 7 月 10 日到达蛟洋学校报到，共青团福建省委特派员金文和闽西各县共青团也各派一人出席。在此之前，“前委已派三同志前往参加，已于八日由岩动身，九号到蛟洋”④。

上杭县蛟洋文昌阁。1929 年 7 月 20 日，中共闽西第一次代表大会在此召开。

此处所说“前委已派三同志”，应当是指毛泽东

① 《闽西代表大会主席团向省委报告》(1929 年 7 月 13 日)，中央档案馆、福建省档案馆编：《福建革命历史文件汇集》甲 8 册，第 55 页。

② 张鼎丞、谭震林：《红旗跃过汀江》，第 3 页，福建人民出版社，1981。

③ 《闽西代表会议情形》(1929 年 7 月)，中央档案馆、福建省档案馆编：《福建革命历史文件汇集》甲 8 册，第90 页。1984。

④ 《闽西代表大会主席团向省委报告》(1929 年 7 月 13 日)，中央档案馆、福建省档案馆编：《福建革命历史文件汇集》甲 8 册，第 55 页，1984。

和调任闽西特委秘书长的江华、闽西特委组织科科长的蔡协民。据江华回忆，谭震林随毛泽东离开龙岩之后，直接前往驻扎在上杭县白砂的四纵队任职，并未出席蛟洋会议；而毛泽东夫人贺子珍、蔡协民夫人曾志是随同行动，也没有正式出席蛟洋会议。

中共闽西第一次代表大会的地点，历史文献的记载是“蛟洋学校”。这是一座建于清代乾隆十九年（1754 年）的古建筑，上下三层，构思奇巧，斗拱飞檐，宏伟壮观，称为“文昌阁”，原为当地文人学士聚会题试的场所，民国以后在此设立学堂，名为广智小学。1928 年蛟洋暴动以后，这里成为闽西党组织的活动场所。

中共闽西一大从毛泽东到达蛟洋之时起，一直到会议结束，都由闽西特委书记邓子恢主持，并且始终得到了毛泽东的指导，会议的日程安排工作也按照毛泽东的意见作出调整。大会的文献资料留下了这样的记录：

> （会议）七月十一日开幕。后因前委出席大会代表毛泽东同志之指示，从事各种调查（土地、政治、党务、武装群众与政治组织、物价、洋货侵入与工农业破产……）费去一礼拜之久，至七月二十日，大会才开幕……大会开幕后，在毛同志指导之下，很密切具体的讨论中间。①

这份记录显示，毛泽东始终主导着会议的各项议程。毛泽东在到达蛟洋之后，发现准备工作不够充分，特别是代表们对于本地政治、经济和根据地各项建设情况尚未彻底明了，因此提议推迟召开，花了一个星期的时间进行深入的调查。这是毛泽东一贯的处事风格，把一切结论建立在调查研究的基础之上。正是有了这一个星期的调查，也正是因为有了毛泽东的直接指导，中共闽西一大所作出的各项决议，特别是政治和土地问题两个决议，成为中共历史特别是土地革命战争史上的典范之一。

---

① 《闽西代表会议情形》（1929 年 7 月），中央档案馆、福建省档案馆编：《福建革命历史文件汇集》甲 8 册，第90 页，1984。

上杭蛟洋文昌阁内中共闽西一大会场

大会于7月20日召开，议程有四项：（一）各县代表和闽西特委书记邓子恢分别报告过去一年来的工作情况和经验教训；（二）前委代表毛泽东报告；（三）讨论通过各项决议；（四）选举新的特委。在这几项议程中，第二、三两项是与毛泽东直接有关的内容，目前虽然还没有发现历史文献的记载，但历史当事人的回忆和保存下来的大会决议，已经可以清晰地再现毛泽东在蛟洋会议上的思想和行为。

邓子恢、张鼎丞的回忆，记录了毛泽东在大会上作报告最为精彩的片段：

毛泽东同志讲话时，赞扬了闽西的革命斗争。当他指出闽西党今后的基本任务是巩固和发展闽西革命根据地的时候，他高声地向全场代表问道：

“能不能巩固？”

大家都高声地回答：“能！”

毛泽东同志又侧着头问道：“有什么条件？”这一问，把大家问住了，会场上一片沉寂。

这时，毛泽东同志拿起粉笔，就在主席台的黑板上，写下了这样六个条件：

“一、闽西苏区已有八十万群众，经过长期斗争，而且暴动起来了；

二、闽西各县有了共产党，这个党与群众建立了亲密的联系；

三、闽西各县已建立了人民武装——红军、赤卫队；

四、闽西的粮食可以自给；

五、闽西处于闽粤赣三省边沿，山岭重叠，地形险阻，便于与敌人作战；

六、敌人内部有矛盾，可以利用。”

接着，他又告诉大家巩固根据地的三条基本方针政策，这就是：一、深入地进行土地革命；二、发展工农武装彻底消灭民团土匪，有阵地地波浪式地向外发展；三、发展党，建立政权，肃清反革命。①

出席会议的代表都是各县的县委、区委书记，他们虽然都有一定的文化，但大多来自农村基层斗争第一线，基本上没有接受过马克思主义理论的基本训练，对全国革命形势和党的方针策略缺乏深刻的了解。可以说，毛泽东的报告，让他们第一次聆听到中共最高层级的形势分析和理论指导，更是第一次有了把中国革命理论与闽西苏区具体的方针政策如此紧密地结合起来并成为今后指导根据地建设方向的感受。

这次会议的主持人邓子恢在40年以后接受历史学专家专访时，对此还感受深刻。他说，毛泽东的报告“大大提高了闽西党的水平，推动了闽西的斗争”。到会的代表们听完报告以后，“不仅知道了总路线，使自己的工作有了方向，而且有了工作的办法，受到了鼓舞，增强了信心”。②

受到毛泽东报告鼓舞的会议代表们，经过了会前一个多星期的调查，对闽西政治、经济和根据地各项建设已经了然于心，对于会议各项决议的草案提出种种修订意见，“大家争论极烈，得了很大进步”。但是战场形势的急剧变化，蒋介石调动闽粤赣三省军队对闽西苏区的“第一次会剿”步步逼近，加上毛泽东因为鞍马劳顿而身染恶性疟疾，使会议不能按原定计划完成各项议程，不得不提前结束。

---

① 邓子恢、张鼎丞：《闽西暴动与红十二军》，中共福建省委党史资料征集编写委员会编：《福建党史资料》第三辑，第33～34页。

② 《访问邓子恢记录》，1970年11月5日于北京，古田会议纪念馆曾广德记录整理。

关于这一情况，历史文献留下了这样的记录："因为毛同志患病，遂把组织、宣传、工运三个重要问题留去，先把其他问题提前讨论。不料毛同志病体未痊而李旅入汀消息传来，前委召集紧急会议，变更行动计划。特委为应付敌人起见，讨论一个应付敌人计划，发出紧急通告。为要各地执行起见，大会不能继续下去，遂在29日以前闭幕了。"①

按照原先的计划，会议起草并须交付讨论议决的议题有10项，而且专门成立了由邓子恢、蔡协民负责的13人起草委员会。这10项议题是政治、土地、组织、政权、宣传、工运、军运、妇女、共青团、济难会。毛泽东不仅直接指导议案的起草，而且与代表们一起参与各项议题的讨论。然而由于病体不支，只能舍去组织、宣传、工运三项，会议也就未对此三项议案付诸讨论议决。而且，由于形势紧迫，会议在7月25日讨论通过政治、土地两个最主要的议案，并且选举产生以邓子恢为书记的新的中共闽西特委之后，一部分代表即先行离开，回到前线去应对敌人的"三省会剿"。

指导邓子恢制定土地革命政纲

中共闽西一大在战云密布的非常时期提前结束，却留下了一份在中共历史上有着重要价值的精神遗产，这就是在毛泽东指导下经过反复讨论通过的7项决议。尤其是其中的《政治决议案》和《土地问题决议案》，对于国内形势的分析，对于闽西土地革命历史经验的总结，对于今后闽西斗争的总方针以及苏区建设、土地政策的确立，发挥了极其重要的作用，对其他革命根据地也产生了广泛的影响，堪称当时中国土地革命的典范。

而这份土地革命政纲的制定，经由毛泽东指导，融入了毛泽东对于土地革命的理论主张，由邓子恢和蔡协民执笔起草完成。邓子恢回忆说："闽西'一大'的政治决议是我起草的，交毛主席看过，主席作过修改，改得

---

① 《闽西代表会议情形》(1929年7月)，中央档案馆、福建省档案馆编：《福建革命历史文件汇集》甲8册，第90～91页，1984。

不多，因为是根据毛主席讲的写的。决议案的另一起草者是蔡协民。”①

实际上，自从朱毛红军踏入闽西这块土地开始，毛泽东关于土地革命的理论主张和实践经验，就渗透到了这块新开辟的红色区域。邓子恢作为中共闽西特委书记，直接受到毛泽东的影响和指导，在 1929 年 6 月就已经制定过一份土地革命政纲。中共闽西一大的土地政纲，是在前一份纲领的基础上经过补充修改以后更为完善的第二份纲领性文件。

为了使人们清晰地了解毛泽东对于闽西土地革命产生的巨大影响，不妨把历史从中共闽西一大向前推进几个月，从中一览闽西土地革命纲领的确立和进步。

中共闽西一大土地问题决议案版本。在毛泽东指导下，中共闽西第一次代表大会通过由邓子恢主持起草的土地问题决议案，确定了闽西党组织的土地纲领。

① 《访问邓子恢同志记录》，1970 年 11 月 5 日于北京，古田会议纪念馆曾广德记录整理。

朱毛红军在 1929 年 3 月首次入闽占领长汀，5 月二次入闽一举渡过汀江，连下龙岩、永定，如摧枯拉朽，席卷闽西。毛泽东的到来，不仅在军事上帮助闽西党组织打开了局面，建立了根据地，而且带来了他关于土地革命的主张和政策。1928 年 12 月，毛泽东在井冈山主持制定了著名的《井冈山土地法》。不久以后，中共六大决议传达到井冈山，毛泽东乃于 1929 年 4 月在江西兴国主持制定了又一个土地法，史学界称之为《兴国土地法》。《兴国土地法》基本照搬了《井冈山土地法》，只是根据中共六大决议精神纠正了《井冈山土地法》中的一个错误，把“没收一切土地”改为“没收一切公共土地及地主阶级的土地”①。

红四军在转战赣南闽西途中每天紧张行军，几乎不可能停下来同当地党组织和农民一起做土地革命的工作，但是印刷了大量宣传文告四处张贴和宣传，如由毛泽东起草的著名四言体文告《红军第四军司令部布告》，以及《共产党宣言》《告商人及知识分子》《农民协会章程》。这些文告规定了土地的没收与分配，以及正确对待商人、知识分子及土匪流氓的政策，鲜明地提出了“打击地主阶级”② 和“保护商店，保护学校，保护邮局”③ 等口号。这些文告和标语，历经半个多世纪的风雨沧桑，至今还有一些残留在闽西偏远山村的墙头，足见其在农民中间的影响和顽强的生命力。

朱毛红军所向披靡，贫苦农民揭竿响应。闽西数百里广袤的古老山区，在很短的时间里成了农民的天下。贫苦农民按照自己的意愿，急切要求建立自己的革命政权，从豪绅地主手里夺取并分配属于自己的一份土地。在此关键时刻，邓子恢得到了毛泽东的指示。邓子恢回忆说：

> 此时，我去见毛主席，毛主席对我讲，闽西大局已定，特委要有领导斗争的纲领以指导闽西各地的工作，要我起草。我便按主席

---

① 《毛泽东农村调查文集》，第 40 页，人民出版社，1982。

② 红四军政治部：《农民协会章程》，1929 年 5 月。

③ 红四军政治部：《红军标语》，1929 年 4 月。

的指示起草一个文件，主要内容是：

一、土地革命斗争纲领。根据溪南里1928年分田的经验说明土地如何分法，如田契烧掉，分田以乡为单位，照顾原耕等。

二、建立地方武装赤卫军、区乡赤卫队、不脱产的少先队等。

三、肃反、收缴反动武装。反动头子凡群众要求杀的，乡肃反委员会可以决定不必请示。

四、成立革命委员会。县、区、乡由群众推举成立革命委员会。此外还有建立农民协会等群众组织等。

邓子恢把起草好的这份政纲送给毛泽东审阅。毛泽东看完之后，只说了一句话“很好”，在文字上作了个别修改即交付印发。邓子恢说：“这是闽西党第一次发纲领以文件指导斗争，过去只是口头传达或是写信。”①

这份指导闽西革命根据地土地革命的第一个纲领性文件，从邓子恢回忆所列内容，只是这份纲领的几个要点，具体的内容并未记述。查遍各地档案部门，也没有发现这份纲领的历史原件。但有两份历史文件对此有间接提及。

第一份历史文件是1929年7月13日《闽西代表大会主席团向省委报告——红四军入闽后的斗争形势》，其中说到红四军三次攻占龙岩后实行分田斗争：“田地的分配按照特委规定土地分配法分配之，以劳动〔力〕为单位，以人口为比例，以乡为单位。山林由苏维埃管理分配，分配后农民使用。农民的茶山、竹山，能以分田地之法分配之，不没收。”第二份是同年8月28日的《中共闽西特委报告——闽西斗争形势和组织状况》，这份报告在写到红四军入闽以后由分谷斗争发展到分田斗争时说：“当时特委曾发出一个土地决议案的通告，内容是夏收条例、分田标准、债务问题、山林问题四种，督促各地同志限期分田。”②

这两份报告提到的闽西特委的“土地分配办法”和“土地决议案”，当为同一份土地纲领，也就是邓子恢回忆中提及的那份根据毛泽东意见

---

① 《访问邓子恢同志记录》，1970年11月5日于北京，古田会议纪念馆曾广德记录整理。

② 中央档案馆、福建省档案馆编：《福建革命历史文件汇集》甲8册，第54、127页，1984。

写成的“土地革命斗争纲领”。问题是这两份文件关于土地分配的政策写得不明确，难见其全貌。

好在邓子恢的另一份回忆录对其中的一些内容作了较为详细的补充。由邓子恢撰写的1961年出版的《龙岩人民革命斗争回忆录》（该文已收入人民出版社2007年出版的《邓子恢自述》），虽然没有专门述及他根据毛泽东的意见起草的纲领的全部内容，却写到了他在此之后主持召开了龙岩县委扩大会议，“讨论闽西特委根据毛泽东同志指示所颁发的土地革命斗争纲领”。[①] 会议共讨论七个问题，即：（一）建立地方武装；（二）肃反；（三）分配土地；（四）废除旧债；（五）保护工商业；（六）婚姻自由；（七）发展新区。

关于土地分配问题，邓子恢在回忆录中是这样写的：

> 会议根据一九二八年永定溪南里的经验，决定以乡为单位，将全乡农民原来所耕土地按人口平均分配，地主富农与雇贫农各得同样一份土地，中农自耕农土地略多者可以不动。分配办法则采取按原耕抽多补少办法，不要打乱平分。乡与乡之间交错土地不划界限，而采取归原耕乡村分配的办法，土地分配后夏收作物即归分田人收获。[②]

除了土地政策以外，龙岩县委扩大会议还对其他一些亟待解决的问题作出决议。关于债务问题，“决议所有旧债一律废除，本利不还，但商店当年来往账款不动”。关于工商业政策，“决议遵照红四军布告，保护工商业照旧经营，公平交易，地主兼工商业者其家产没收，但商店资产不动”。[③] 另外还对废止封建婚姻、保护婚姻自由做出了规定。

邓子恢回忆中提及的龙岩县委扩大会议讨论的闽西特委土地革命斗争纲领，既反映了毛泽东关于土地问题的政策主张，又体现了闽西暴动时期土地分配的经验。这份纲领首先在邓子恢家乡龙岩县白土后田村搞试点，然后在龙岩县各区全面推广，不到一个月就完成了全县的土地分配。

---

①②③ 《邓子恢自述》，第69页，人民出版社，2007。

龙岩县的分田经验和闽西特委、红四军发布的关于土地革命的纲领与布告，随着朱毛红军的节节胜利，迅速传播到闽西各县。当时正值春夏之交青黄不接之时，农村粮食紧张，暴动乡村首先从收缴地主粮仓分谷开始，然后宣布废租废债，焚毁田契、借约，很快就又转变为没收和分配地主的土地，搞得轰轰烈烈。到 7 月间，龙岩、永定县的土地革命发展到了高潮，上杭、武平、连城、长汀等县也相随而起，开始分田。

正是在这样的背景之下，毛泽东指导的中共闽西第一次代表大会召开，大会所要研究和解决的问题，是共产党领导下建立起来的新的政权体制下，80 万闽西苏区人民从未体验过的自己当家做主的新秩序面临的一系列问题，而最为突出的是如何保持与发展苏维埃政权，如何深入进行触及封建统治基础的土地革命。

于是，中共闽西一大所要讨论的政治问题和土地问题，成为最为迫切的重要议题。由毛泽东指导、邓子恢和蔡协民起草通过的《政治决议案》和《土地问题决议案》，正是毛泽东领导创建闽西革命根据地指导下的第二份土地革命纲领。这两个决议，对闽西革命根据地未来一个时期的发展和土地革命的深入展开，确立了重要的基础。

《政治决议案》关于形势的分析，显然受到了毛泽东在那个时期思想的影响。这个决议认为：蒋桂战争结束以后，帝国主义和统治集团内部的矛盾愈加尖锐，各派军阀在全国范围内大小战争的继续爆发是毫无疑义的趋势。这样的形势，表明全国范围内各派军阀，都将迅速地走向崩溃。同样，福建反动统治是“五部三派”的军阀割据和不断混战的局面。而在革命势力方面，数月以来全国各地工农革命运动高涨，商业和学生小资产阶级日益趋向于革命，表明了革命潮流的逐渐发展。因此，闽南闽北的工农势力在全省全国工农势力影响之下，亦当逐渐地发展起来。这种革命势力的发展与统治阶级内部的冲突相汇合，福建统治阶级必将走向崩溃的前途。同时，东江赣南的红军和苏维埃区域的发展，使闽西打破了孤立的形势，于斗争的前途是有利的。

中共闽西一大政治问题决议案版本。在毛泽东指导下，中共闽西第一次代表大会通过了由邓子恢主持起草的政治决议案，确定了闽西党组织的总路线。

上述关于1929年夏季国内政治形势的分析，与毛泽东在此之前3个月即4月5日写的《红军第四军前委给中央的信》，以及在此之后半年写的《星星之火，可以燎原》对于1929年形势的分析，有着惊人的一致。概括起来就是，国内各派军阀混战不息，反帝反军阀反地主的革命高潮日益高涨，“反革命潮流逐渐低落，革命潮流逐渐升涨”①。

正是由于受到毛泽东关于时局和革命发展潮流分析的影响，邓子恢起草的《政治决议案》中对闽西政治局面和土地革命的开展才有了正确的把握，从而对闽西敌我双方力量以及闽西革命根据地存在与发展的意义做出正确的估量，认为“闽西工农武装割据的前途是确定了的”。这一割据的意义在于“与赣南东江及湘赣边界的革命势力取得联系，促进一般革命潮流的高涨”，因此闽西工农政权的建立与发展具有“全国意义”。

在这一基础上，中共闽西一大《政治决议案》确定了闽西党组织的总路线是：“坚决的领导群众，为实现闽西工农政权的割据而奋斗。”进而《政治决议案》又提出了为实现这一路线必须完成的五项主要任务：“（1）巩固并扩大党的组织；（2）发展组织广大群众；（3）实行土地革命；（4）建立苏维埃政权；（5）扩大工农武装。”②

引人注目的是，《政治决议案》在提出上述五项任务之后突出强调了土地革命，认为“实行土地革命使闽西广大的贫苦农民得到土地，建设斗争的坚实基础，尤其是闽西斗争的主要目标”。也就是说，实行土地革命是五项任务当中最重要的任务。③

由于土地革命在农村革命根据地建设特别是在初创时期的重要性，中共闽西一大给予了特别的关注，大会召开之前进行的为期10天的调查，土地问题是主要的内容之一。《政治决议案》以专门的篇幅分析了闽西6个县农村各阶级的土地占有状况：占人口不足5%的地主阶级占有85%的土地，而占人口90%以上的雇贫农和中农占有的土地还不足

---

① 《毛泽东选集》第1卷，第102页，人民出版社，1991。

②③ 《中共闽西第一次代表大会政治决议案》（1929年7月），福建省委党校党史研究室编：《红四军入闽和古田会议文献资料》，第75页，福建人民出版社，1979。

15%；田租剥削十分严重，高达收获量的60%至80%。由于土地兼并严重，贫苦农民的土地占有量日渐减少，农村中围绕着土地的斗争必然要剧烈起来，“这可见农民要求土地之迫切，而两年来广大的农民斗争，目标完全在于土地”。[①]

毛泽东自1925年以后，特别是在八七会议之后，对于农民土地问题倾注了特别的关注，尤其是经历了井冈山根据地的创建，对于土地革命积累了初步的经验。同样，邓子恢经历了自1928年以来激烈的农民运动。他们两人在农民的土地问题上有着共同的体会，因此，《政治决议案》作出上述分析与结论很自然地是他们的共同主张。也可以说，毛泽东和邓子恢都认为，农民斗争的积极性或投入革命的参与程度，主要取决于对土地需求的积极性。所以，农村社会各阶级的经济和政治地位，决定了各自对土地革命的态度。

《政治决议案》对闽西农村各阶级及其对革命的态度作了这样的分析：豪绅地主阶级是“目前反动的中心”，是最腐败最没有能力也是垂死了的阶级，他们“每天在恐慌崩溃的途中”。商业资产阶级，即城市大资产阶级，“他们与洋货及土地有密切的关联，所以他们对于反封建势力、反帝国主义的工农、民权革命是一定要反对的……这个阶级是有坚决的反革命性，是闽西革命势力的主要仇敌”。小资产阶级分为农村和城市两种。农村小资产阶级“如富农小地主等，除小地主中有一个破产部分有些革命性外，其余均是反革命的。他们在革命高潮中投机混于革命队伍，白色恐怖一到，即表现其反革命性”。农民小资产阶级的中农“可以参加革命”。城市小资产阶级如小商人、小手工业者，“他们对革命是同情的，因为推翻帝国主义、地主阶级与军阀政府革命是于他们很有利益”。贫农和城市手工业工人是“闽西革命主力”。[②]

---

① 《中共闽西第一次代表大会政治决议案》（1929年7月），中共福建省委党校党史研究室编：《红四军入闽和古田会议文献资料》，第69页，福建人民出版社，1979。

② 《中共闽西第一次代表大会政治决议案》（1929年7月），中央福共省委党校党史研究室编：《红四军入闽和古田会议文献资料》，第71、72页，福建人民出版社，1979。

《政治决议案》对农村各阶级的上述分析，主要依据于各阶级的经济和政治地位，判断其对待革命是反对、支持或动摇。这一分析的观点与毛泽东的阶级分析大致相同。

另外，《政治决议案》对“游民阶级”也就是流氓无产者或土匪（或失业或为匪或以赌钱为生者等）作了具体的分析，认为这个阶级是个特殊群体，过去多半依附于反革命势力，但由于这个群体数量不少，“在闽西各地占当地人口百分之二十五”，所以不能掉以轻心，“对付他们是很要注意”。[①] 也就是说，对于这部分为数不少的贫困者，应当充分注意他们的经济利益，并在政治上引导他们支持革命。这一点同毛泽东在八七会议上提出的见解很有相似之处。毛泽东把这部分人群称之为“会党土匪”，认为应当有一个正确的政策，不应把他们看作敌人，只要我们实行土地革命，是一定能够领导他们的。[②]

有了对于形势的客观认识和对农村各阶级的正确分析，闽西党组织已经清醒地注意到这样一个事实，即在革命潮流迅速发展的闽西，当务之急是加紧实行土地革命，在中共六大决议的基础上，总结闽西过去土地斗争的经验与教训，制定新的更加切合实际并被贫苦农民拥护的政策。只有这样，刚刚形成的农村革命根据地才有可能巩固和发展，农民才能真正获得解放，千百年来束缚和阻碍中国农村发展的封建主义才会被彻底摧毁。这一认识，在中共闽西一大《土地问题决议案》中关于“土地革命的意义”一节中表述得十分清楚：

> 土地革命的主要目标，在改良农业生产方法，使土地改善，生产力提高，农产品增多，以发展农村经济，解放困苦的农民，而解决全社会的生活问题。
>
> 要达到上述目的的根本只有用革命的方法，没收一切地主阶级

---

① 《中共闽西第一次代表大会政治决议案》（1929 年 7 月），中共福建省委党校党史研究室编：《红四军入闽和古田会议文献资料》，第 72 页，福建人民出版社，1979。

② 中共中央党史研究室编：《土地革命纪事（1929—1937）》，第 46～47 页，求实出版社，1982。

的土地，归于农民生产者，舍用这样痛快的方法，是决没有其他道路可走的。①

这两段话明确地宣示了这样一个观点：土地革命的目标在于发展农村生产力，解放农民以推进社会的进步；其方法只有一个，就是没收一切地主阶级的土地归农民所有。这个观点不仅表明邓子恢已经把土地革命上升到理论的意义上来认识，由于提出“没收一切地主阶级的土地”的口号，还表明闽西的党组织接受并贯彻了中共六大关于在资产阶级民主革命阶段正确的土地政策。引人注意的是在这之后的另一段话：

农民得了土地，解除了一切封建束缚，开辟了农业资本主义生产之道路，表面上看来是要朝向资本主义那条路跑的。但因为无产阶级在这民权革命当中建设了革命的领导权的原故，最后的结果是要把农业引向社会主义的道路上发展的。②

邓子恢在这里实际上阐述了无产阶级领导的土地革命的前途，在此时是反封建的资产阶级民主革命，而终极的目标是社会主义，从而阐明了中国革命发展的两个不同阶段。这是迄今所见邓子恢关于农村土地革命与资本主义、社会主义两者之间关系的最早论述。而清晰地描述无产阶级领导的新民主主义革命与社会主义革命两个不同发展阶段及其相互关系，是毛泽东在1940年前后发表的《〈共产党人〉发刊词》《中国革命和中国共产党》和《新民主主义论》等重要著作。人们不禁引起某种联想或者推断，邓子恢的这些论述与断言，同毛泽东的理论主张之间，有着某种默契与共通之处。

诚如前面已经提及，邓子恢和蔡协民负责起草的中共闽西一大《政治决议案》是按毛泽东讲的意见完成的，那么上述《土地问题决议案》是否也经毛泽东口授或具体修改，现在还没有看到明确的记载。但就会议原定10项议题因为毛泽东患病而略去宣传、组织、工运三项的记录来

---

①② 《中共闽西第一次代表大会土地问题决议案》（1929年7月），中共福建省委党校党史研究室编：《红四军入闽和古田会议文献资料》，第100页，福建人民出版社，1979。

看，《土地问题决议案》及其他讨论通过的各项决议，毫无疑问是经由毛泽东审阅或修改，才最后定稿的。

中共闽西一大关于土地革命的方针和政策，在《政治决议案》中作了原则性的阐述，在《土地问题决议案》中则对这些政策作了进一步具体的规定。总体上看，这两个决议案中关于土地问题的政策，基本上接受和贯彻了中共六大的决议，例如强调“没收地主阶级一切土地”，以贯彻土地革命中的阶级路线；正确地规定了不过分打击富农以使其中立的方针。

但这两份文件的贡献还不止这些，其可贵之处是提出了更进一步的政策，在理论上有更切合实际的创新。

突出的方面是对于城乡资本主义成分的中小资产阶级采取比较温和的方针，对中小商人和农村中的富农、小地主提出争取和团结的政策，至少要求不要给予过重的打击。例如对于富农，规定在革命的初期“不没收其土地，并不派款，不烧契，不废除其债务”，以争取其中立；“对自耕的中农不要予以任何的损失”。在革命深入以后，“富农田地自食以外的多余部分在贫农群众要求没收时应该没收”，但是对他们不要过分打击；从事于劳动的富农甚至可以参加政权机关工作，但是“不要使他们当选为政府及农会的委员”，不能担任政权中的领导。

决议还认为，对于人中小商人，应予区别对待，认为城市中等以上商业资产阶级是“闽西土地革命的最大敌人”，必须“剥夺他们的政权，而且没收他们的土地”，但对于大小商店“应取一般的保护政策（即不没收），对反动商人宁可杀人、罚款，不可没收商店”；认为城乡小资产阶级在党的正确方针之下，是同情革命的，“因此，对城乡小商人绝对不要没收商店、焚烧账簿，和废除账目”，同时也明确规定“商人及小地主不应参加政权”。①

---

① 《中共闽西第一次代表大会政治决议案》（1929年7月），中共福建省委党校党史研究室编：《红四军入闽和古田会议文献资料》，第71、83、88、89页，福建人民出版社，1979。

由此可以看到，毛泽东指导下制定的这些政策，把小地主、富农、城乡中小商人列为小资产阶级，对他们采取较为宽容温和的政策，对他们封建剥削的部分坚决予以没收，对他们反革命的行动坚决予以打击，而对于资本主义成分则是予以保护，而且对他们土地财产的处理做出了比较明确具体的规定。不足的是，对于小地主的划分没有明确的标准，执行起来难以把握而容易发生混淆。把小地主划入小资产阶级也未必正确，这是一个有待研究的问题。

为什么要做出这样的规定，中共闽西一大的决议写得很明白："这以上的政策都是取得小资产阶级对革命的一致或者中立的。"即使是在革命深入以后赞同并帮助农民向富农进攻并分配其土地，也要把握分寸，"并不是抛弃小资产阶级，也不是要过分的打击他们，这是要注意的"。[①]

我们从这些十分明确的政策语言表述中，可以清晰地读懂毛泽东、邓子恢在无产阶级领导下的资产阶级性质的民主革命阶段，在对待地主阶级、大资产阶级以及包括富农在内的小资产阶级所采取的不同政策，甚至对于反动的商业资产阶级也采取"宁可杀人、罚款，不可没收商店"的政策。当然，中国共产党在当时尚未提出新民主主义理论，但这些政策的制定，对于10年以后毛泽东创立新民主主义理论或许是重要因素之一。

还有一点引起人们注意的是，上述关于保护富农及小资产阶级某些合理利益的政策，是建立在对过去"左"倾错误进行否定和批判的基础之上的。中共闽西一大《政治决议案》以专门的篇幅总结了1928年至1929年闽西党组织的经验教训，指出的错误十分具体，竟达20多项，其中许多是"左"倾盲动的错误。在这一决议案中，被指称为"盲动主义""盲动倾向"的错误至少有7处。

仔细研究上述中共闽西一大的土地政策，可以发现这是在中共六大的土地政纲的基础上，吸收了毛泽东在井冈山以及闽西党组织1928年以

---

① 《中共闽西第一次代表大会政治决议案》（1929年7月），中共福建省委党校党史研究室编：《红四军入闽和古田会议文献资料》，第88、89页，福建人民出版社，1979。

来领导土地革命的经验教训制定的，因此比前者更加系统完备，解决了过去不曾解决的问题，纠正了某些错误观念。虽然这个土地纲领尚未解决农民的土地所有权和土地分配中肥瘦不均这两个农民至为关心的问题，但较之过去中共其他各种土地政纲，则是大大地进步了。这表明中国共产党在土地革命方面经过反复实践与探索，在理论与策略上日趋成熟，使得党的土地革命路线臻于丰富和完善。

因此，中共闽西一大的土地纲领在以后的土地革命中，甚至在解放战争和新中国建立以后的土地改革过程中，都发挥了积极作用，在中国的土地改革史上占有重要地位。在探索中国农村由半殖民地半封建社会向新民主主义直至社会主义社会的伟大变革中，毛泽东和邓子恢作为这份土地政纲的主要制定者，在这一方面的艰辛探索和理论创新无疑应当受到历史的肯定。

中共闽西一大土地改革的政策贯彻以后，在红四军的帮助下，不过一个多月的时间，闽西革命根据地的土地改革即告基本完成。当时中共闽西特委的一份报告，对龙岩、永定、上杭三县的土地分配情况作了如下描述：

> 在四军帮助之下，现在（龙岩、永定）二县大部分之田已分完了，上杭各区也在开始分田，大概十天之后必有很好的成绩。契纸烧完了，田分了，谷子收起了，农民家里塞满了谷堆子，都愁没有谷仓存储，这里可以想见一般农民是如何心满意足了。[①]

受到鼓舞的不仅是农民，还有中小商人等一般小资产阶级。中共闽西一大制定的土地政策由于明确地规定了对商业贸易的保护政策，制止了一度存在的破坏城市和打击商业的“左”倾错误，保护并促进了商业的繁荣，使那些惶恐不安甚至视土地革命为洪水猛兽的商家得到安抚，开始改变对这场骤然而来的革命的态度，由敌视转变为同情。所以中共闽西特委得出结论：“城市政策之正确使商人阶级认识革命，尤其使小商

① 中央档案馆、福建省档案馆编：《中共闽西特委报告》（1929年8月28日），《福建革命历史文件汇集》甲8册，第127～128页，1984。

人同情于革命。"[1] 中共闽西特委对于商业政策改变之后的闽西商业情况作了这样具体的记述：

> 过去闽西做了不少破坏城市之行动，如烧账簿没收商店等，使一般商人恐慌而反对我们。此次我们在永、岩二县，坎市、湖雷等处实行保护商店，公买公卖。四军离开后，所谓"土共"支配之下也是同样保护他们。他们在取消苛捐什税之后购买力增加，商业繁盛之后米价便宜，开消节省之后商人阶级得到利益。……因此一般商人安心营业，仍旧采办货品流行而来，为永城、湖雷等处较特繁盛，所谓经济封锁今年不成问题，一般商人都说共产党文明，尤其是小商人过去受大商人压迫抽首，一旦得到相当利益，对于革命尤其同情，但欲望他们参加革命尚说不到。[2]

这一段记录，清晰地描绘了中共闽西一大关于保护工商业以争取中小资产阶级的政策贯彻以后，闽西中小商业资产阶级对革命的态度，以及商业经济繁荣的景象。这种情况，在 1929 年中国的各农村革命根据地或许是不多见的。

至此，人们有理由相信，邓子恢在农民问题特别是土地问题方面的认识，已经同毛泽东的主张一致起来。而在此之前的 1927 年和 1928 年，无论对于农民土地问题在中国革命中的重要地位，还是关于实行土地革命的方针、策略和具体方法，邓子恢还是在苦苦摸索，同毛泽东的理论主张存有差距。经过 1929 年春夏之间不过几个月土地革命的实践，邓子恢在这些问题上思想认识的迅速提升和理论经验的趋于成熟，除了实践的作用以外，毛泽东对他的影响和指导是最为重要的因素。在此之后的中国民主革命时期，邓子恢与毛泽东在农民土地问题方面涉及的一系列主要理论主张，几乎都很一致，配合也很默契。之所以如此，他们在 1929 年的这一段亲密合作，是一个很重要的基础。

---

①② 中央档案馆、福建省档案馆编：《闽西工作报告》（1929 年 8 月 22 日），《福建革命历史文件汇集》甲 8 册，第 102 页，1984。

从苏家坡到金丰大山

中共闽西第一次代表大会期间，蒋介石调动闽粤赣三省共 2 万余兵力，对朱毛红军与闽西苏区展开的“三省会剿”，紧锣密鼓地开张起来。江西金汉鼎之第十二师 4 个团相继抵达汀州，其前锋于 7 月 29 日进抵长汀河田。福建各部由漳州、泉州向闽西逼近，试图在一星期内占领龙岩。广东蒋光鼐第三师出动第七旅陈维远部之第十三、十四两个团和第八旅戴戟部之第十五团，进逼闽粤边境，直指永定、上杭。

各方敌情报告迅速汇集到正在连城新泉的朱德司令部。7 月 29 日，新任前委书记陈毅和朱德在新泉得到确切的情报，三省敌军来势凶猛，形势已是十分紧张。而此刻毛泽东虽已离开红军到上杭县蛟洋指导召开中共闽西一大，但他们感到敌情重大，必须同毛泽东共同商讨退敌计划。

连城新泉到上杭蛟洋不过四五十里，朱德、陈毅赶到蛟洋会见毛泽东，立刻召开前委紧急会议，讨论应敌之策。

这是朱毛红军在龙岩召开红四军党的七大以后的第一次前委会议，出席会议的第四纵队司令员傅柏翠对这次会议留下了深刻的记忆，多次谈到这次会议的情况。

傅柏翠回忆说，会议就在蛟洋文昌阁召开：

> 对于敌人的“三省会剿”，毛主席首先分析了国内外形势，然后指出，国际间帝国主义互相争夺，国内统治阶级混乱一片，始终不能统一，军阀混战会不断发生，敌军各自为政，对我们必然是“剿而不会，会而不剿”，没有什么可怕的，我们可以采取牛皮政策，不要硬碰，只要韧，坚持斗争，一定胜利。

傅柏翠说，前委紧急会议讨论之后，对红四军的军事行动原则作出决定：“转移目标，分散队伍缩小目标，同敌人作长期斗争”。并且还决定，红四军可以“用一部分兵力向闽中行动，转移敌人的目标，留下一部分在闽西帮助地方斗争”。之所以向闽中运动，是因为三省敌军分别由闽南、江西、广东三面合击，只有闽中这一路的敌人力量薄弱，便于行动。①

陈毅在不久以后到上海，向中共中央写的报告，也提到了这次会议的决策，内容与傅柏翠的回忆大致相同：

> 在目前之闽西游击计划，积极准备反动派“三省会剿”之到来。如三省合兵进攻闽西，红军可取道闽北入赣东转入赣南发动沿途的群众，或入闽省腹地到福州延平之间活动，或分兵两路，一路往闽北，一路留闽西，上面三个方式视敌人逼进之情况大明时才作决定。②

毛泽东的发言和前敌委员会的决定表明，毛泽东与陈毅、朱德在应对敌人“三省会剿”的方针策略上一致，虽然没有最后确定行动的方向和时间，但是确定了行动原则。

会议还讨论了中央要求派员去上海报告工作的问题。毛泽东表示不去上海，愿意留在闽西地方工作。会议乃决定，陈毅赴上海，朱德代理前委书记，毛泽东则转移到乡间养病，不公开活动，指导地方工作。③

前敌委员会会议结束，大家立刻分头行动。朱德率领前委机关干部和军部转移到蛟洋附近一个名叫早康的小村庄，根据蛟洋紧急会议的决定，作出具体部署，指挥分布在闽西各县的四个纵队的游击活动，密切关注三省敌军动向，随后又率领第二、三纵队向闽中敌后出击，开始了打破敌人“三省会剿”的作战行动。陈毅由闽西特委派出的交通陪同，启程前往厦门，转道赴上海党中央。

毛泽东则在中共闽西特委书记邓子恢的安排下，在极为秘密的状态下行动于上杭、永定的偏僻山村，开始了一段隐秘的生活。

---

① 傅柏翠：《闽西早期革命斗争的回忆》，福建省博物馆郑远镇记录整理，1978 年，《上杭党史资料》第 7 期，1987。

② 《陈毅关于朱毛军的历史及其状况的报告（一）》（1929 年 9 月 1 日），《中共中央文件选集》第 5 册，第 768～769 页，中共中央党校出版社，1990。

③ 傅柏翠：《闽西早期革命斗争的回忆》，福建省博物馆郑远镇记录整理，1978 年，《上杭党史资料》，1987。

为了应对国民党的“三省会剿”，闽西特委机关撤出龙岩，转移到了上杭县苏家坡。这是一个畲族小村庄，居住的村民是畲族，都姓雷，不过二三十户人家，坐落在上杭县与龙岩县交界的大山深处。四周是陡峭的山谷和茂密的丛林，遮天蔽日，满目葱翠，一条小溪环绕于村前淙淙有声，昼夜不息。置身其间，真有世外桃源的意境。

从蛟洋到苏家坡，不过二十里。毛泽东身患重病，闽西特委备了一副担架，把他送到了苏家坡。随同前往的还有他的妻子贺子珍，以及已经调任闽西特委的秘书长江华、特委组织科长蔡协民、共青团闽西特委书记曾志。

陪同毛泽东一起到苏家坡的邓子恢回忆，毛泽东在蛟洋、苏家坡总共住了约一个月。然后离开苏家坡转移去永定其他的乡村，“这时毛主席有病，时常睡不着，没有警卫员，有一个人照顾他的生活”①。这个照顾毛泽东生活的就是贺子珍。

毛泽东到苏家坡的最初一段时间，国民党“三省会剿”的军队尚未入占闽西苏区，闽西特委组织上杭、永定、龙岩各县委在已经建立苏维埃政府的县城和乡镇举行声势浩大的“八一”国际赤色日示威活动。苏区各地彩旗飘扬，盛况空前，尤其是龙岩城参加示威群众多达 3 万人以上。通过这些活动，苏维埃政府动员群众，震慑敌人，号召民众武装反抗敌人的进攻。

但是没过几天，“三省会剿”的声浪高涨起来。朱德率领的红四军主力已经离开闽西向闽中出击，敌人进攻的形势日渐紧张。深居于山林的毛泽东却得不到外界敌我主客观形势的消息，犹如与世隔绝一般。他不断催促邓子恢到各地搜集情报，从中了解敌情，甚至因为不能及时得到报纸而很不客气地批评了邓子恢：

记得有一次毛主席还批评过我。毛主席要我们随时给他送报纸，要我们去龙岩拿。我们没有及时去拿，毛主席批评我们拖拉，说不

---

①② 《访问邓子恢同志记录》，古田会议纪念馆曾广德记录整理，1970 年 11 月 5 日于北京。

看报不知道敌情，怎么领导革命？敌人来到你面前还不知道。[②]

在红军的通信技术还没有建立起来的那个年代，毛泽东在许多情况下不得不依靠从各地搜集来的报纸，对形势做出分析和判断，制定行动计划。

8 月中下旬，国民党加紧对闽西苏区的“会剿”，福建暂编第一师张贞所部杨逢年旅占领龙岩，张汝勛旅占领漳平；粤敌陈维远旅占领永定，赣敌金汉鼎亦占领长汀。三省敌军步步进逼，向苏区纵深推进。

为应对敌人的进攻，毛泽东和闽西特委指挥留在闽西的第一、四纵队采取积极的对敌作战方针，决定把队伍分兵于龙岩、永定、上杭三个县，在很短的时间里把群众组织起来，武装起来，“在群众包围中应敌，小敌来则打，大敌来用群众力量同他奋斗”。依照这样的方针，林彪率领的第一纵队分兵三路，分别在以永定合溪、金丰里，上杭大洋坝三地区为中心的 30 公里范围内，“深入群众，迅速帮助分田，建立苏维埃政府，组织并训练赤卫队，建立递步哨、交通网”。同时，封锁敌人的交通，断绝敌人的粮食，从四面八方扰乱敌人。[①]

第四纵队在谭震林、傅柏翠等指挥下，分散于上杭县北部各区乡，以蛟洋、白砂、古田等处为中心，向长汀河田、连城新泉方向游击，“中心工作是深入群众配合应敌”，牵制与打击江西之敌金汉鼎之第十二师。[②]

在反击国民党“三省会剿”日趋紧张的那些日子，毛泽东所患严重的疟疾不见好转，病情更加严重起来。这种疾病在卫生技术尚不发达的年代，尤其是在贫困偏僻的闽西山区，曾经夺去了许多人的生命。而前敌委员会在 7 月 8 日报请福建省委转中央关于毛泽东、江华（当时名为黄琳）等 20 人调去莫斯科的报告，久久得不到回复。为便于养病和康复，同时也为了毛泽东更加隐蔽和安全，等待中央的通知赴莫斯科学习，中共闽西特委决定把毛泽东转移到永定县金丰大山去休养一段时间。

---

①② 熊寿祺：《红四军部队情况报告》（1930 年 5 月），古田会议纪念馆编：《古田会议文献资料》，第 487 页，中央党史出版社，2017。

关于毛泽东离开苏家坡转移去永定时的身体状况，江华在8月29日给福建省委的一封信中，有如下简要的报告：

> （毛泽东）因无西药医治，延长到以今，更为沉重。毛同志已带数名同志伏在山中休养，他的身体经过数年军队的艰难跋涉，弱及不胜风飘，须要长期休养。而休养时没有西药医治，真急得我们束手无策。毛同志的病该长期休养，请转报告中央。①

江华的这封信，是日本东京大学教养学部外国语科中国语室长期从事毛泽东思想研究的学者村田忠禧，于20世纪80年代在日本外务省的外交档案史料中发现的，而据档案记载，这封信又是日本驻厦门领事寺嶋广文1930年9月20日呈送给了日本外交大臣币原喜重郎的。

1930年前后，闽西特委派往福建省委的秘密交通员先后有多人中途被捕，设立在厦门鼓浪屿的中共福建省委也曾多次遭到破坏。江华这封信以及同一批包括邓子恢8月27日给省委的信及闽西特委报告，几经转手，落入了日本领事馆手中。从史料来源和所涉内容的研究，可以认定这封信的内容是真实可信的。

在这封信中，江华专门报告了他与毛泽东等待赴苏联去学习的问题。江华说，“我与毛同志要到俄学习情形，〔虽〕然前回有报告到中央，已去两月，恐有遗失之故”，目前红四军向闽北、赣东活动以与方志敏取得联络，大约要到明年三四月间才能重返闽西，“因此我请求省委速来信介绍到中央转苏俄”，并尽快派人来接替工作，以免“搁延我们赴俄日期”。江华还特别说明，如果毛泽东的身体稍能恢复，将一同前往，“此亦请你们报告中央”，沿途交通也要求福建省委负责，“我个人走不成甚么问题，若与毛同志赴，那更要很可靠的交通线了”。②

江华这封信，透露出很多过去不被人所知道的信息，其中关于毛泽东的病况以及急于离开闽西赴莫斯科学习的心情，以往只听到一些传闻，却从来没有如此真实的历史记载。

---

①② 转引自〔日〕村田忠禧：《一九二九年的毛泽东——围绕离开与返回红四军》，中国革命博物馆编：《党史研究资料》1987年第12期。

闽西特委之所以送毛泽东到永定，是因为在当时永定是闽西苏区革命势力最为强盛的地区之一。1929 年 8 月间，永定县大部分地区已经建立红色政权，土地革命也已普遍完成，人民群众对共产党及红军游击队极为拥护。永定县参加红军游击队人数也最多。刚建立的红四军第四纵队 800 余人，其中大半来自永定。全县地方武装的武器，有火炮 200 门、各种长短枪 2600 余支，占闽西苏区六县总数一半以上。①

更为重要的是，留在闽西开展游击活动的红四军第一纵队，由粟裕率领的第一支队和萧克率领的第二支队，分别活动于永定县合溪、金丰里、岐岭和上杭县蓝家渡、大洋坝一带。毛泽东后来转移活动的地方，就是这些地区，生活和安全完全不成问题。

毛泽东在 8 月 10 日前后离开苏家坡以后的大约两个月时间，先后经过或住宿的地方有上杭县大洋坝，永定县岐岭乡和陈东乡的牛牯扑、石岭、大排笼、上石笼、何凹头，还有永定县湖雷、堂堡、合溪等乡镇，

永定县岐岭的金丰大山。永定岐岭是福建省最早建立农村党组织的乡村之一，周围是绵延数百里的金丰大山，大山深处散落的许多小村庄是红军游击队可靠的后方基地。

---

① 《中共闽西特委报告——闽西斗争形势和组织状况》（1929 年 8 月 28 日），中央档案馆、福建省档案馆编：《福建革命历史文件汇集》甲 8 册，第 138、140 页，1984。

至少有十多个乡村。有许多村庄，在一般的地图上找不到。其间大多时间毛泽东住在永定县东部金丰大山密林深处的一些小村庄里，沿途都由当地党组织安排专人用担架送行，被安排到苏维埃干部和贫苦农民家里居住，或者在丛林中搭个简易的竹寮作为临时居所。

当地群众并不知道这个身体病弱、操着浓重湖南口音的人是毛泽东，但从外表与气度，看得出他是红军的大人物，只是并不知道他的真实名字。当地苏维埃政府的干部只告诉村民，他叫“杨先生”。于是，一些接近或帮助过这项工作的农民们，留下了许多关于这位“杨先生”的深刻记忆，直到40多年以后，还记得不少当年的细节，甚至还记得具体的日期。

永定县东部地区的岐岭、陈东一带，是福建省最早建立农村党组织的地区之一，也是1928年张鼎丞领导永定暴动时群众斗争最剧烈的一个地区，各个乡村几乎都建立了苏维埃政府，许多青壮年加入了红军游击队或少年先锋队。巅连起伏的金丰大山，丘壑纵横，林海茫茫，是红军游击队出没的最好战场。

金丰大山深处的牛牯扑，是一个只有18户人家的小山村，全村老少不过127人，却是红军游击队的一个重要基点。村民们记得，农历七月十七日（公历8月21日），曾经带领他们举行暴动的卢肇西（当时是闽西特委军委委员，1930年任红四军第四纵队政治部主任），带着“杨先生”和几个随行人员来到牛牯扑。村民们在离村庄不远处半山腰的青山下搭建了一个竹寮，把“杨先生”

永定县岐岭牛牯扑。毛泽东在茫茫林海中的小山村里住了将近两个月，一边休养，一边工作。

安顿在那里。当年只有 13 岁的陈春裕，是村里的少先队队长，他按照领导布置的任务，每天要给“杨先生”送报纸和信件。①

毛泽东为他所住的这个住所取了一个颇为雅致的名称——饶丰书屋，并且自己题写贴在门额上。他把这个竹寮当作了办公室，除了养病，始终没有停止工作。粟裕的部队则经常在这一地区活动，随时监视着附近国民党军队的动向。粟裕常常看到，毛泽东这个竹寮里的灯光往往经夜不熄。②

村民陈添裕记得，毛泽东在牛牯扑住了 28 天，离开的时间是农历八月十三日，也就是公历 9 月 15 日。那一天，陈添裕和他的堂兄弟陈万裕是陪送毛泽东的成员之一。1975 年 5 月，69 岁的陈添裕对调查访问者仔细回忆了这样一些情节：

> （农历）八月十三日那天，卢肇西叫我和万裕两个人到青山下抬毛主席，因为当时毛主席患疟疾。刚把毛主席抬起时，路不好走，就由万裕背着走。但万裕个子矮小，毛主席个子高，背着不好走，我的个子高，只得由我背。我背毛主席到角楼上原来毛主席住的地方。毛主席给我十多元银元。我不要，我说：我是本地人，好歹过得去，先生出门人，多带点钱。后来毛主席拿了一张名片给我，名片上写着“毛泽东”等字。我把这名片珍贵地放在竹筒里，后来敌人烧楼被烧掉了。……八月十五日（公历 9 月 17 日）清早，毛主席从这里经雨顶坪到高地去湖雷。红军离开牛牯扑后的八月二十日（公历 9 月 22 日），国民党三省的匪兵来到牛牯扑，烧了我们和毛主席住过的楼房。③

这个贫农出身的陈添裕何以记忆如此清晰？他当年 23 岁，正当年轻力壮之时，认识当地的革命领导人卢肇西，又逢中秋节，更因为在送走

---

① 《访问陈添裕笔录》，1975 年 5 月 28 日；《访问陈春裕记录》，1971 年 5 月 24 日。记录稿存古田会议纪念馆。

② 《粟裕战争回忆录》，解放军出版社，1988。

③ 《访问陈添裕笔录》，1975 年 5 月 28 日。记录稿存古田会议纪念馆。

毛泽东以后的第六天，国民党军队烧毁了他和毛泽东曾经住过的楼房。如此经历是他人生的唯一际遇，可谓刻骨铭心，后来又无数遍地向别人倾诉这段奇特历史，自然不会有大的偏差。

毛泽东离开牛牯扑以后，陈添裕说去了湖雷方向。历史研究人员循着这个线索继续调查，来到永定县陈东、石岭、湖雷的一些乡镇，继续寻找毛泽东的历史足迹。从众多直接或间接的历史见闻者那里，人们可以把零星片段的信息，拼接成一个完整的历史图像。

当地的老人们说，1929 年中秋节前后，有一位名为杨子任的“杨先生”，在苏维埃政府干部陪同下从牛牯扑来到这一带乡村。这个“杨先生”身体虚弱，坐在摇篮一般的竹箩筐中被抬到村里。有 5 个随行人员，其中有 3 个女同志，有一位名叫贺子珍的是“杨先生”的夫人，另外两位女同志的名字发音为“朱顺奎”和“张顺良”。还有两位是“杨先生”的卫兵，身佩短枪，牵着一匹黄马。

正值国民党“三省会剿”紧张时期，随时都要防范敌人的袭击。为此，毛泽东不得不经常转换住址，宿营的地方一般选择在群众基础可靠的乡村，有时甚至不得不住到山林的竹寮中去。毛泽东在离开牛牯扑以后，又先后搬迁居住在邻近的岭头、石龙下、何凹头、黄沙坑等好几个村庄。①

有一段时间，毛泽东住在石岭乡苏维埃政府主席苏全胜的家里。苏全胜的妻子卢亚灿一直没有忘记，毛泽东住在她家时，从不去哪里，整天在她家的竹棚子里“或看书，或看报，或写字，有敌情时苏全胜就带他到山寮里去躲藏”，或者翻过山岭转移去别的地方。每隔几天，就会有些人来找，或者一起开会，“会开完，红军就有军事行动”。②

在这位乡苏维埃主席妻子的眼中，毛泽东的穿戴就好像一个普通

---

① 《访问卢福娣、谢堂姑、张茂顺等座谈纪要》，1969 年 8 月 7 日；《访问熊华荣等五人座谈摘录》，1969 年 7 月 22 日。记录稿抄件存古田会议纪念馆。

② 《访问卢亚灿谈话记录》，蓝世隆、吴雄昌记录，1969 年 7 月 30 日。抄件存古田会议纪念馆。

的乡村教师，瘦高的个子，穿一件当时叫作“爱国布”也就是粗布做的灰色长衫，很疼爱她家的小孩子，有时候还下地帮助锄几下地。不过看来他的身体很虚弱，往往力不从心，她的丈夫不让他下地。她总感到他身上有那么一种神秘感，因为她的丈夫特地交代，这个穿长衫的“杨先生”的情况，不能到外面去讲，别人问起，就说不知道。当然，这位农村妇女看到的只是一层表象，她不可能理解，这位“杨先生”虽然身处几乎与外界隔绝的大山深处，却始终把握着中国革命的脉搏和前行的方向。

重返苏家坡

毛泽东失踪了，他的名字和行动从人们的视野中突然消失，几个月不见踪影。他究竟去了哪里？外界许多人，包括中共中央乃至毛泽东的敌人，几个月以来一直在关注着他的行迹和生死命运，各自作出不同的判断。甚至有人大胆推测毛泽东已不在人间。日本驻厦门的领事寺嶋广文居然还把“死亡说”的传闻向他的上司外务大臣币原喜重郎作了报告。①

当然，毛泽东对于外界对他的关注毫不在意，而且也浑然不知。他关注的不只是自己病体的康复，更多的是正在蓬勃兴起的闽西苏区的安危和红四军的命运。

事实上，地方党组织和在附近活动的第一纵队派出的交通员，不断地给毛泽东送来各种报纸和情报。从来自各个方面的大量信息中，毛泽东知道，朱德率领的第二、三纵队已经击破国民党“三省会剿”，收复龙岩，又在地方红军配合之下，于9月20日率领部队一举攻占了上杭县城，使闽西苏区的赤色版图迅速扩大到武平县，直抵闽粤边境。

① 〔日〕村田忠禧：《一九二九年的毛泽东——围绕离开与返回红四军》，中国革命博物馆编：《党史研究资料》，1987年第12期。

这一连串的好消息，毛泽东当然为之兴奋不已。只是他的身体尚未康复，甚至还难以行动自如。原先约定一起赴莫斯科的江华，也因为身体的原因已经在中秋节以后离开闽西特委，9 月 22 日前后到达了设立在厦门的福建省委机关。

恰在此时，毛泽东得到来自上杭的红四军前委的信息。红四军在占领上杭之后，代理前委书记朱德决定召开中共红四军第八次代表大会，以便解决红四军七大未能解决的问题。会议召开之前，朱德亲自给毛泽东写信，请他到上杭出席会议。毛泽东接到朱德的信，回信说："我不能随便回来。"①

毛泽东的态度为什么如此强硬？原因是在陈毅身上。毛泽东对红四军七大的情况记忆犹新，他特别把红四军七大造成的把他"赶出红军"的后果，归咎于陈毅各打五十大板的"调和主义"，甚至干脆把那次会议上陈毅的调和折中称为"陈毅主义"，因此在他看来，这个"陈毅主义"不打倒，他就不能回去。

在陈毅的回忆中，他从上海党中央回到红四军，在广东松源见到朱德时，从朱德那里看到了毛泽东的这封信。1971 年他在谈到这件事情的时候说，"那个信我现在大体上还记得"。毛泽东在信中说："我平生精密考察事情，严正督促工作。这是陈毅主义的眼中之钉，陈毅要我做八面美人四方讨好，我办不到。我不能够随便回来。"②

尽管毛泽东不愿意回来，朱德仍然决定召开中共红四军第八次代表大会。但陈毅尚在中央没有回来，毛泽东又不回来，前委显然不健全，会议开了三天，没有能够解决什么问题。出席会议的一些代表对于毛泽东不回来，并且在来信中对陈毅的责备，很不满意。

萧克说，毛泽东这封回信主要是针对陈毅的，"把陈毅说得很厉害，我

---

① 中共中央文献研究室编：《朱德年谱》（新编本）上卷，第 160 页，中央文献出版社，2006。

② 《陈毅同志"九一三"以后的讲话》（记录稿），1971 年 10 月下旬。

们看了都不满意。当时决定要叫他回来，再不回来要给他一个警告处分”[①]。

于是，红四军八大作出决议，请毛泽东回来主持工作。朱德在这份决议上签上名字，再次派人送交毛泽东。[②]

毛泽东收到信时，已经从岭头乡苏维埃政府主席苏全胜家里搬迁到了湖雷乡黄沙坑塘下村。尽管他的身体仍然虚弱，但既然党的组织作出了决议，就必须服从，他立刻启程前往上杭。

当时参加护送毛泽东的老赤卫队员还记得很清楚，毛泽东在农历九月初五（10 月 7 日）离开塘下村，苏维埃政府派出熊华荣、熊盛荣等 8 个赤卫队员负责护送。因为毛泽东的身体虚弱难以远行，他们用担架轮流抬送，途经堂堡乡苏维埃政府住一夜，九月初六送到合溪乡。[③] 过了合溪，便是上杭县，经过兰溪、庐丰，10 月 10 日前后，毛泽东到达上杭。

毛泽东回来了，重又见到了朱德和红四军的将领们，还有一大批他所熟悉的邓子恢、蔡协民、曾志等闽西特委的干部。但是，毛泽东确实病得不轻，是用担架抬回来的。事实上，他还不能够工作。

或许毛泽东自己意识到了他指责陈毅的那封复信写得不恰当。他向大家作了说明：我那封信写得是不好，身体不好，精神情绪不大好，所以写了那样的信。我的身体还没有好，要继续休息。[④]

看到久病未愈的毛泽东，谁还能责难他呢？毕竟都是为了同一个目标，经历了无数次生死与共的奋斗与心灵磨难而凝聚到了一起的战友。

上杭城的克复，标志着国民党的“三省会剿”被完全打破，闽西苏

---

① 蒋伯英：《萧克将军访谈录——一份尘封 27 年的口述历史》，《党史研究与教学》，2009 年第 2 期。

② 中共中央文献研究室编：《朱德年谱》（新编本）上卷，第 160 页，中央文献出版社，2006。

③ 《访问熊华荣等五人座谈记录》，访问者：范鸿煌、张增清，1971 年 11 月 29 日。抄件存古田会议纪念馆。

④ 蒋伯英：《萧克将军访谈录——一份尘封 27 年的口述历史》，《党史研究与教学》2009 年第 2 期。

区连成为一片。毛泽东的重返，又平添了几分欢乐。为了让毛泽东得到更好的静养休息，朱德把毛泽东安顿在上杭南门一座叫作“广福楼”后来又改称为“临江楼”的二层小楼，并让闽西特委的邓子恢、曾志等一些地方干部同他住在一起，以便就近照料。朱德不时前来看望毛泽东，交谈思想与理论问题，消除成见，互相砥砺。毛泽东到达上杭以后不多天，朱德以前委的名义写给福建省委转报中央的报告说：“党内争论问题，自七次大会后，即告结束，虽有少数同志仍留有点成见，但正确的指示，大家很诚恳的接受，消除一切成见去对付敌人”。①

为了给毛泽东治病，曾志他们从上杭城里请来一位医生诊治。医生确诊为疟疾，由于久病不愈，又烧又泻，因此体质虚弱，身体浮肿。医生开了“金鸡纳霜”特效药，并且交代必须加强营养，增强体质，要求一天一只鸡，再加两斤牛肉熬成浓汤饮服。

上杭临江楼。毛泽东带病到达上杭县城，同朱德和红四军指战员相会。他居住在这座临江小楼，远眺群山，俯看汀江，吟就《清平乐·蒋桂战争》和《采桑子·重阳》。

曾志说，他们专门请了个厨师，按照医生的要求天天熬牛肉鸡汤，“二十天以后，在我们的悉心照顾下，毛委员的病痊愈，身上的浮肿也消失了”②。

① 《红四军前敌委员会关于开往潮梅一带游击情况的报告》（1929年10月18日于上杭），解放军政治学院党史教研室编：《中共党史教学参考资料》第14册，第234页。

② 曾志：《一个革命的幸存者——曾志回忆实录》上册，第99页，广东人民出版社，1999。

广福楼临江而立，近水远山，寥廓无垠。毛泽东来到上杭前后，红军一举克复上杭，闽西苏区形势为之展开；又逢重阳佳节，秋高气爽，加以身体逐渐康复，心绪舒畅。颇具诗人气质的毛泽东，面对浩浩汀江，不禁浮想联翩。红四军自 5 月间二次入闽、强渡汀江以来的战斗历史与闽西苏区蓬勃发展的一幅幅喜人景象，一一浮现，毛泽东顿感诗兴大发，先后吟就了《清平乐·蒋桂战争》和《采桑子·重阳》。前一首写作时间注明是“一九二九年秋”，后一首则更明确标示为“一九二九年十月”。关于这两首词作，毛泽东特地作了说明，是“在马背上哼成的，文采不佳，却反映了那个时期革命人民群众和革命战士们的心情舒快状态，作为史料，是可以的”。①

人们如果读完了毛泽东在此之前的历史，再来读一读他认为可以“作为史料”的这两首词，两相对照，必定有更深一层的感受。

先读一下《清平乐·蒋桂战争》：

风云突变，军阀重开战。洒向人间都是怨，一枕黄粱再现。

红旗跃过汀江，直下龙岩上杭。收拾金瓯一片，分田分地真忙。

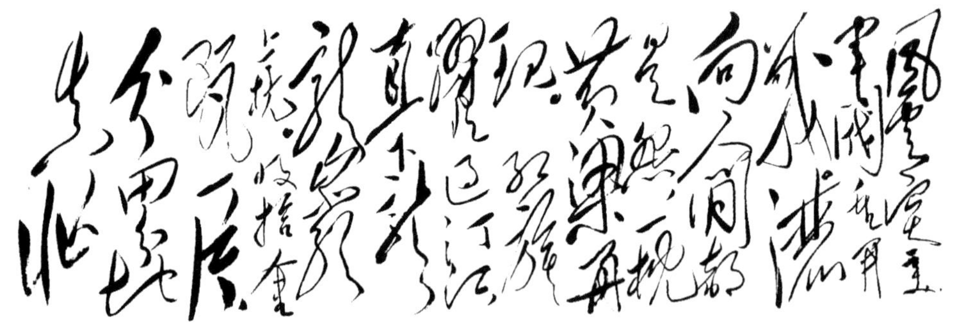

毛泽东词《清平乐·蒋桂战争》手迹

① 吴雄选编、陈一琴审订：《毛泽东诗词集解》，第 52 页，河北人民出版社，1998。

再读《采桑子·重阳》：

人生易老天难老，岁岁重阳。今又重阳，战地黄花分外香。

一年一度秋风劲，不似春光。胜似春光，寥廓江天万里霜。

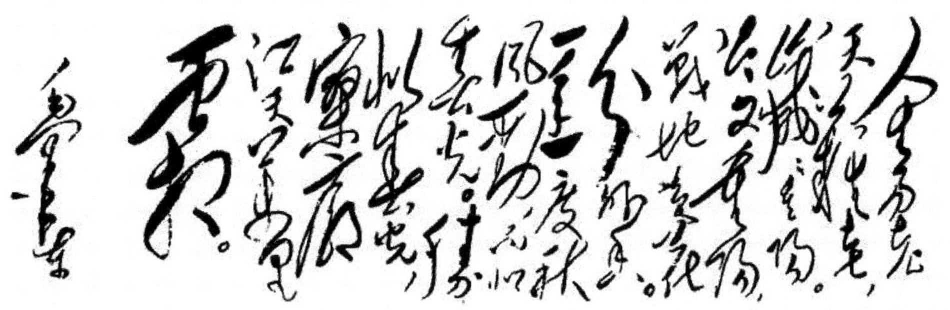

毛泽东词《采桑子·重阳》手迹

无论是内容，还是情趣意境，词作无不真实而又艺术地再现了凯旋的战士眼中一幅幅美丽图景，展现了毛泽东舒展而又昂奋的情感。

然而风云变幻的政局，使得毛泽东不得不中断在上杭的治疗和休养。10 月 13 日，中共福建省委组织部部长谢汉秋以省委巡视员的身份专程由厦门赶到上杭，带来了中共中央和福建省委给朱毛红军的最新文件。这些文件显示，国民党内部的反蒋派桂系军阀进兵广东，攻击拥蒋派粤军陈济棠部。中共中央和福建省委下令红四军必须利用军阀混战的有利时机，立刻向广东省东江地区进击，创造东江割据局面，以与闽西、赣南连成一片，促进全国革命高潮。按照中央的命令，红四军决定于一星期之后出击东江。

前敌委员会迅速调整部署，备战出击。但前敌委员会深感目前领导不健全，陈毅赴上海未归，“毛同志久病，现虽起床，尚不能行走，此次去东江，当不能出发，负责同志更觉困难”①。在此危急重要的关头，朱德不得不独自担此重任，毅然出击。

① 《四军前委关于开往潮梅一带游击的报告》（1929 年 10 月 18 日），古田会议纪念馆编：《古田会议文献资料》，第 308 页，中共党史出版社，2017。

10月20日，朱德率红四军从上杭出发，开始了出击东江的行动。红军前脚刚走，赣敌金汉鼎部却已逼近上杭，21日深夜，已经由武平抵达上杭城外50里处。留在上杭的福建省委巡视员谢汉秋与闽西特委紧急商讨，认为上杭城内及周围仅存的地方武装力量薄弱，难以抵御敌军攻击，且上杭城三面临水，只有城西的陆路可通武平县，而敌人恰好就从武平方向逼近，一旦被其封堵，再要退出将十分困难。

情况已经万分紧急，谢汉秋与邓子恢当机立断，“决定次晨（二十二）三点钟全部退出杭城以防万一。二十二日晨三点各机关武装病伤兵全都离城过河。金部果然二十二日晨五点钟时分〔来〕，我们事先得安全退出，真是万幸”。[①]

事出紧急，中共闽西特委迅速组织人员护送毛泽东，深夜出发，从广福楼撤到汀江渡口，登船渡江，于10月22日凌晨3点之前撤离了危机四伏的上杭。待到金汉鼎之先头部队2000余人入占上杭之时，毛泽东在邓子恢、曾志等人的陪同下，安然向上杭北区之白砂行进。在白砂稍作休整，又随闽西特委机关转移到了苏家坡。

上杭县苏家坡。坐落在万山环抱之中的苏家坡，青山绿水，是中共闽西特委驻地。毛泽东在此居住一个多月。

---

① 《巡视员谢运康给福建省委报告》（1929年10月25日于上杭白砂），中央档案馆、福建省档案馆编：《福建省革命历史文件汇集》甲5册，第362页，1984。

其时，毛泽东的病情已基本痊愈，身体也已初步康复，一路上或步行，或骑马，情绪也很舒畅。邓子恢回忆说，在去苏家坡的路上，他陪同一起走，同行的“还有警卫员、马夫，毛主席骑马，我走路，记得快到时，经过一座山，马蹦跳了一下，毛主席跌下来，脚还扣在马镫上”。①

1979 年，笔者访问了曾志。曾志在回忆到这一段历史时，也谈到了邓子恢回忆的这一情节。她说大约是在走到上杭县将军桥附近，毛泽东从马背上跌下来，一只脚还扣在马镫上，把大家吓了一跳。但是毛泽东却安然无恙。后来，曾志在她的回忆录里，又写到了她陪同毛泽东由上杭撤退途中的场景：

> 身体已完全恢复后的毛委员，和我们一起走回苏家坡。毛委员边说边迈着缓缓的大步，一副游哉悠哉的样子，而我们都要一溜小跑地跟在旁边。但当时我们这群年轻人还是最爱跟着毛委员行军，听他讲笑话，摆“龙门阵”，走一路笑一路。他说：“我现在身体完全好了，吃得也多，拉屎就像牛拉屎，一拉一大堆。”惹得我们笑破了肚皮。②

苏家坡闽西特委机关驻地。这是一座客家风格的乡村祠堂，院落里是闽西特委的办公场所，后进正厅是毛泽东创办的贫民小学，小阁楼上是毛泽东、贺子珍的居室。

---

① 《访问邓子恢同志记录》，1970 年 11 月 5 日于北京，古田会议纪念馆曾广德记录整理。

② 曾志：《一个革命的幸存者——曾志回忆实录》，第 99 页，广东人民出版社，1999。

毛泽东重又回到了苏家坡这个坐落在深山峡谷之间的畲族小山村。他与妻子贺子珍住在一座叫作“树槐堂”的二层小楼上，对面的房间住着蔡协民、曾志夫妇。邓子恢和闽西特委机关也都安顿在附近。

毛泽东与贺子珍合影（1937 年）。1929 年秋，毛泽东在贺子珍的帮助和悉心照顾下，身体逐渐康复，他们在山清水秀的苏家坡度过了一段宁静的时光。

曾志记得，大病初愈的毛泽东还是以休息为主，他的休息就是读书看报。他很用功，不知道从哪里弄来两本《模范英文读本》，是当时初中二年级的英文课本，“虽然他有很重的湖南口音，读得也不很准，听起来令人发笑，但他天天读”。

曾志还记得毛泽东夫妇之间的不少生活情趣，她说他们就如一对顽皮的青年夫妻那样喜欢打打闹闹，有时也闹些别扭。曾志说，那时贺子珍怀孕，心绪时有烦躁，“毛委员又喜欢开玩笑，开过了头，贺子珍就生气，两个人便吵了起来。吵着吵着，你打我一下，我也打你一下，就这样打起来了。但一会儿，两人又和好如初有说有笑了。我和蔡协民就住在对面的房间里，经常耳闻目睹他们的打闹说笑”①。

恢复了健康的毛泽东，耐不住寂寞，他总要找一些事情来做。他听说这个村子居住的都是畲族的贫苦农民，大多数是文盲，周围荒山野岭，

① 曾志：《一个革命的幸存者——曾志回忆实录》，第 100 页，广东人民出版社，1999。

没有一个小学，村里的孩子们几乎都没有读过书，于是就在他住的树槐堂楼下大厅里办起一个小学，有十六七个孩子来读书，学识字和算术。他要闽西特委的干部从城里买来铅笔、课本等学习用具，分发给大家，请了一位当地的老师给孩子们上课。有时候他还亲自给孩子们上课，讲一些简单的革命道理。

闲暇之时，毛泽东到村子里转悠，随意找农民聊聊家常，倾听他们的呼声和要求。闽西特委常委雷时标是当地人，有时候陪同毛泽东到农民家去串门。他记得，有一天清早，毛泽东走进雷选如的家。这一家是贫农，生活比较穷困，正在吃早饭。毛泽东看到他一家老小都在吃地瓜。雷选如的妻子捧了几个地瓜请毛泽东吃。毛泽东边吃边同他们聊，问他们家分了多少地，共产党的政策好不好。雷选如一个劲都说好。

苏家坡树槐堂。毛泽东在祠堂的正厅创办了全村唯一的贫民小学，动员贫苦农民的孩子来读书识字。

毛泽东说，路总有上坡、转弯，总有不如意的地方，苏维埃政府的工作也总有做不好的地方吧。雷选如这就讲起，眼看就是秋收季节，但是秋粮一上场就跌价，待到明年春天就又猛涨。

毛泽东问是什么原因，雷选如说，这是因为奸商把持市场，穷人总是吃亏。毛泽东回到特委机关，马上召开会议专门研究了农民反映的问题。他“教育干部要深入实际调查，关心群众生活。不久，有关部门作出了限制粮食价格的规定，打击了富农、奸商的不法活动，保护了广大贫苦农民的利益”。①

时值深秋，苏家坡周围枫叶正红，点缀在葱翠的山间，层层叠叠，引人入胜。邓子恢陪同毛泽东到林间散步，边走边谈。毛泽东把话题转到了党的群众路线和工作方法上。而这个问题，邓子恢似乎还没有认真考虑过，一时语塞，由此引起毛泽东的一番教诲。邓子恢茅塞顿开，大受教益。正因为此，邓子恢对这次谈话终生难忘，写到了他的回忆录里面：

> 毛泽东同志忽然问我说：“领导者的任务究竟是什么？”当时我答不出来，以后他说：“据我看来领导者并没有什么了不起的本事，他的任务就在于替群众当传达员，把大多数群众的意见传达给党委，党委根据群众意见加以总结分析作出决定，然后再传达到群众中去。”
>
> 这一段话用现在的话来解释，就是“从群众中来，到群众中去”，就是群众路线的领导方法。毛泽东同志这个指示当时我曾传达给各县县委，这对龙岩党的群众路线工作作风进一步养成有很大帮助，对龙岩人民革命斗争的长期坚持也有巨大作用。②

苏家坡地方不大，方圆不过三五里，却是青山绿水，景色优美。离毛泽东住处不远有一小溪，溪上架座小桥。曾志说，“晚饭后，我们经常陪同毛委员夫妇去那里散步，欣赏暮色中的田园风光和落日的霞晖”。溪

① 《访问雷时标录音记录》，1973 年 11 月 7 日。记录稿存古田会议纪念馆。

② 邓子恢：《龙岩人民革命斗争回忆录》，第 51 页，福建人民出版社，1961。

边还有一个山洞，洞中的水塘里天然生长有一种娃娃鱼，味道鲜美。她与毛泽东夫妇也到这个山洞游玩，抓娃娃鱼；或者到溪边，学着当地群众的办法，点起松柴火把捞鱼，然后回去美餐一顿。

每当此刻，“毛委员总是兴致勃勃地在一旁看着。毛委员很爱吃鱼，而且特别爱吃鱼头，因此，我们大家也很高兴去干这桩事，总觉得自己捞回来的鱼特别好吃”①。

诗一般的田园生活，闽西特委的妥帖照料，邓子恢、蔡协民、曾志等一批忠诚的拥护者随侍左右，楼下是琅琅读书的稚童，身边有已经怀有身孕的妻子陪护；而远处又不时传来闽西革命根据地日渐发展巩固，苏区民众分田分地真忙的喜讯。在这样闲适而舒畅的环境中，毛泽东的身心健康，理所当然地大为改善，度过了在闽西山村的最后一段“隐居”时光。

重返苏家坡一个月以后，毛泽东得到陈毅从上海返回红四军的消息，以及陈毅带来中共中央的重要指示。中央向毛泽东发出召唤，催促他重返红四军主持前委工作。于是，毛泽东收拾行装，告别苏家坡的乡亲和风景如画的田园风光，重又承担起中共中央赋予的重大使命。

---

① 曾志：《一个革命的幸存者——曾志回忆实录》，第100页，广东人民出版社，1999。

朱德率部转战闽粤

击破“三省会剿”

中共红四军第七次代表大会召开前后，闽西土地革命运动迅速展开，赤色区域大为拓展，影响所及，闽粤赣三省边区革命势力相继而起，大有星火燎原之势。

南京国民政府为之震动，决心调集三省兵力对朱毛红军和正在崛起的闽西革命根据地发动联合进攻，谓之“三省会剿”。

6 月 16 日，蒋介石发出“会剿”令，命令江西金汉鼎师集中于瑞金、汀州，福建张贞师集中于连城、龙岩，广东蒋光鼐师集中于上杭、永定，限于 6 月 30 日之前到达上述指定地点，“会剿”“朱毛共党”。然而三省军队相互观望推诿，行动迟缓。蒋介石乃于 6 月 29 日在北平电令金汉鼎为“三省会剿”总指挥，统一指挥各省所部加紧“会剿”，要求“三省军队共同一致，不得推诿，以为一劳永逸之计”。①

蒋介石虽然连续发出两道“会剿”令，但三省军队由于内部掣肘、颇多纠葛，以致行动迟缓，一时难以造成“会剿”的局面。

在时局还不很明朗的情势下，朱毛红军决定还是按照原先的“六县分兵计划”，在闽西各县作较大规模的分兵游击，借以进一步发动群众，

① 《金汉鼎指挥剿匪部队》，《时报》1929 年 7 月 28 日，第一版。

巩固与扩大赤色区域。至于如何分兵，红四军七大正集中精神于解决党内争论问题，对此没有作出最后决策，只在大会决议的第二部分写了一句话："分兵问题：由新前委讨论。"

红四军七大结束以后，新任前委书记陈毅召集前敌委员会会议对目前形势和敌我力量作了分析。前敌委员会认为，当前国民党各派军阀的混战告一段落，蒋介石与冯玉祥之间暂时妥协，但北方冯玉祥与阎锡山的联合，南方反蒋派别的活动以及两广军阀正在酝酿的第二次混战，表明军阀之间的分裂与混战仍然难免。前委认为，在此情势之下，国民党鼓吹的"三省会剿"还是有可能实施，不过三省敌人的行动难以达成一致，红军须利用敌人内部的矛盾，采取灵活的游击战术，"因此决定准备群众诱敌入赤色区击破一面"①。

前敌委员会的这一项计划，在 7 月 8 日给福建省委的报告中写得更加明确："此时东江、赣南皆不能去，只有留在闽西，敌来当相抗对付。现在分头在永定、龙岩、杭、汀、连之一部发动群众的斗争，造成赤色区域之势力割据，敌来当打破一面找出路。"②

这项计划，就是后来红四军执行的"七月分兵计划"。按照这一计划，红四军主要的作战对象是闽敌张贞所部暂编第一师，作战地点在龙岩附近。红军分兵发动群众的计划分作两期实施，"第一期的工作是以大、小池、古田为中心"，第二期再扩展为整个闽西根据地。③

前敌委员会把这项计划向福建省委报告的当天，立刻付诸行动。毛泽东率江华、蔡协民等赴上杭蛟洋指导中共闽西第一次代表大会，陈毅、朱德率前委、司令部和直属队前往连城县新泉，确定新泉为全军集中地，各纵队按计划分别开赴如下各地开展工作：

---

① 熊寿祺：《红军第四军状况》（1930 年 5 月），古田会议纪念馆编：《古田会议文献资料》，第 487 页，中共党史出版社，2017。

② 《中共福建省委关于反"三省会剿"问题给闽西党的指示》（1929 年 8 月 8 日），中央档案馆、福建省档案馆编：《福建革命历史文件汇集》甲 5 册，第 107～108 页，1984。

③ 《中共福建省委关于反"三省会剿"问题给闽西党的指示》（1929 年 8 月 8 日），中央档案馆、福建省档案馆编：《福建革命历史文件汇集》甲 5 册，第 108 页，1984。

一纵队由坎市、合溪、蓝家渡、庐丰、安乡，在上杭对河沿韩江东岸直上，一直工作到回龙、官庄。

二纵队由雁石、溪口、梅村直入连城。

三纵队在龙岩工作一时期再由大、小池经古田至新泉。

四纵队一个支队在永定，一个支队在白砂、蛟洋等处一面工作，一面整理。[①]

然而到了7月中旬，国民党加紧"三省会剿"的部署。福建方面率先行动，国民党福建省政府主席杨树庄亲自出马，7月12日乘军舰"普安"号抵达厦门，召集军事会议，确定"会剿"计划。7月14日，杨树庄将这一计划电报蒋介石：确定以张贞暂编第一师为主力，另调海军陆战队两个团、省防军教导团协同，"拟分为两路，右路由适中进攻龙岩，续逼连城，进趋长汀；左路由南靖进攻永定，经上杭与右路会合，直捣长汀"。此外，令闽中卢兴邦旅出动两个团严阵以待，"扼守宁化、清流、永安、大田等县，严密堵截"[②]，以防红军向闽中出击。

7月17日，杨树庄又召集张贞和海军陆战队第二旅旅长林寿国等重要将领在"普安"军舰举行会议，进一步落实"会剿"的部署，确立在全省调集6个团又2个营共1万余人进兵闽西，由张贞、林知渊各率一路，分别从漳州、泉州出发，杨树庄则留驻厦门，指挥全局。

在此之后，参与"会剿"的闽粤赣三省大军陆续向闽西出动，总指挥金汉鼎率其第十二师4个团由赣南入闽，占领汀州，其前锋于7月29日抵达长汀县河田；张贞所部两个旅分别向华安县、龙岩县适中进发，企图在一星期内占领龙岩；广东出动蒋光鼐之第三师，其第七旅陈维远部之第十三、十四两个团和第八旅戴戟部之第十五团，以永定县、上杭县为进攻目标，逼近闽粤边境。

三省军队相继出动之后，金汉鼎的"剿共"指挥部于7月31日向新闻

① 熊寿祺：《红军第四军状况》（1930年5月），古田会议纪念馆编：《古田会议文献资料》，第486～487页，中共党史出版社，2017。

② 《杨树庄给蒋介石电报》，1929年7月14日。原件存中国第二历史档案馆。

界宣布，参与“会剿”的兵力为福建7个团、江西4个团、广东3个团，共2万余人，其作战部署是“以赣军为主力，闽粤为堵截”[①]。显然，以赣军为主力并由金汉鼎充任“剿匪”总指挥，是因为这支部队一直是朱毛红军的老对手。然而自1928年湘赣两省三次“会剿”井冈山，直至此次发动三省军队“会剿”闽西，金汉鼎及其赣军似乎从来没有占到什么便宜。

“会剿”的声浪一阵紧似一阵。7月29日，红四军前委在新泉得到消息，金汉鼎部李文彬旅3个团已经抵达长汀、河田，而且又新增派两个团即将入闽。前委书记陈毅、军长朱德感到形势已十分紧迫，立刻前往蛟洋，会同毛泽东召开前委会议，研究应对办法。

中共闽西特委在给福建省委的报告中称，当中共闽西第一次代表大会尚未结束时，而毛泽东又病体未愈之际，“李旅入汀消息传来，前委召集紧急会议，变更行动计划”[②]。于是，朱毛红军不得不终止正在各县执行的“七月分兵计划”，中共闽西一大也提前结束。

这个“变更的行动计划”是如何确定？又是一个什么样的计划？出席会议的第四纵队司令员傅柏翠的回忆多次述及。毛泽东在会议上对敌人“三省会剿”的形势作了分析，认为军阀混战不会停息，目前暂时联合起来对红军“会剿”不会长久，必然是“剿而不会，会而不剿”，“我们可以采取牛皮政策，不要硬碰，只要韧，坚持斗争，一定胜利”。前委会议在讨论之后，暂时停止原先在闽西各县分兵游击的计划，决定“用一部分兵力向闽中行动，转移敌人的目标，留下一部分在闽西帮助地方斗争”。[③]

前敌委员会讨论这一计划时，并非一开始就一致，也有意见分歧。熊寿祺在10个月以后向中央写的报告中说：“当时有人主张集中兵力在闽西奋斗，有人主张打出去，结果前委以为在闽西是没有多大办法，遂

① 《三省“剿共”兵力》，《时报》1929年8月6日，第一版。

② 《闽西代表会议情形》（1929年7月），中央档案馆、福建省档案馆编：《福建革命历史文件汇集》甲8册，第90页，1984。

③ 傅柏翠：《闽西早期革命斗争的回忆》，福建省博物馆郑远镇记录整理，1978年，《上杭党史资料》第7辑，1987。

决定打出去。”[①] 短短几句话，表明前委会议是在经过反复讨论之后达成一致意见的。

会议之后，陈毅赴上海，在给中央的报告中，他专门陈述了红四军前委确定的“目前之闽西游击计划”。这个计划是以积极的姿态准备打破敌人的“三省会剿”，而且确定了几种方案：“红军可取道闽北入赣东转入赣南发动沿途的群众，或入闽省腹地到福州延平之间活动，或分兵两路，一路往闽北，一路留闽西。”这三种方案虽然不同，但共同的一点是“打出去”，至少是一部分打出去，一部分留在闽西。至于如何确定，陈毅说：“上面三个方式视敌人逼进之情况大明时才作决定。”[②]

蛟洋前委会议虽然没有确定实行哪一个方案，也还没有最后行动的方向和时间，却确定了行动的原则。会议之后，毛泽东即由邓子恢陪同转往设立在苏家坡的闽西特委，陈毅取道厦门赴上海向中共中央报告红四军的工作问题。

作为代理前委书记和一军之长的朱德，承担起了指挥全军抗击敌人三省“会剿”的重任。朱德随即率领前委和司令部转移到离蛟洋不远的枣坑。就在这短短一两天内，“三省会剿”的形势突然紧张起来，朱德在枣坑再次召开前委会议，商讨具体的对策，参加了这次会议的傅柏翠留下了这样一段回忆：

> 朱老总根据蛟洋前委会议精神，在会上定了实行分兵游击的方案：一、四纵队留在闽西，由毛主席暗中指导，配合地方赤卫队进行武装斗争，以抗击来犯之敌；二、三纵队及军部由朱老总率领经漳平、宁洋向闽中的大田、德化、永春方面打大游击，以转移敌人目标，打乱敌人“会剿”部署。[③]

---

① 熊寿祺：《红军第四军状况》（1930 年 5 月），《党的文献》1999 年第 2 期。

② 《陈毅关于朱毛军的历史及其状况的报告（一）》（1929 年 9 月 1 日），《中共中央文件选集》第 5 册，第 768 页，中共中央党校出版社，1990。

③ 傅柏翠：《闽西早期革命斗争的回忆》，福建省博物馆郑远镇记录整理，1978 年，《上杭党史资料》第 7 辑，1987。

傅柏翠的回忆大体是正确的，只是最初决定第一纵队同第二、三纵队一起出发闽中，留在闽西的只有第四纵队。当时担任第一纵队党代表的熊寿祺向中央报告说，因为军情紧迫，朱德率军部及第二、三纵队星夜出发时，第一纵队尚在回龙一带活动，“因赶不上，遂决定在闽西同四纵队共守闽西，相机打出去”。①

这是朱毛红军自井冈山向赣南、闽西进军以后第一次远距离分兵游击，朱德对此印象极深。史沫特莱记录了朱德的这段回忆：“红军这时也分成两支队伍，毛泽东率领一支留在闽西骚扰敌军，朱德率领另一支展开大规模牵制战，深入敌区，直到沿海，以切断敌军的主要补给线，至少要压迫福建军队离开苏维埃根据地。”②

这两支队伍肩负着打破敌人“会剿”、保卫闽西苏区的共同使命，却是在不同环境下面临着不同的困难，也就必须采取不同的策略。

留在闽西的第一、四纵队，分散开展活动，遇有重要问题，同闽西特委召开联席会议研究决定。经过研究，联席会议达成了一致认识，“共同决定在永定、龙岩、上杭三县分兵积极布置工作，短期间把群众组织起来，武装起来，在群众中包围应敌，小敌来则打，大敌来用群众的力量同他奋斗”。大家认为，形势将会很快好转，“‘会剿’绝不是长期的，我们只要奋斗一时期就可以集合前进的”。③

为了缩小目标，第一、四纵队改称为上杭、永定县赤卫队，对外是分开行动，在内部四纵队归一纵队指挥。第一、四纵队随即在枣坑附近的新坊集合，林彪作为这两个纵队的临时指挥员，向大家发表讲话，“阐述形势并讲了鼓励两个纵队官兵加强团结一类的话”，然后率领部队转移

---

① 熊寿祺：《红军第四军状况》（1930年5月），古田会议纪念馆编：《古田会议文献资料》，第487页，中共党史出版社，2017。

② 〔美〕艾格尼丝·史沫特莱：《伟大的道路——朱德的生平和时代》，第299页，生活·读书·新知三联书店，1979。

③ 熊寿祺：《红军第四军状况》（1930年5月），古田会议纪念馆编：《古田会议文献资料》，第487页，中共党史出版社，2017。

到白砂稍作休整，两个纵队分头展开行动。①

张鼎丞、傅柏翠率领第四纵队的4个大队，开赴上杭北部地区，以古田、白砂、蛟洋为中心，“向汀南、连南（新泉）游击应付金汉鼎，中心工作是深入群众，与群众配合应敌”。第一纵队由林彪率领第一支队之二大队和特务大队在以上杭、永定交界的合溪为中心展开活动；第一支队长粟裕带领其所属三个大队深入到永定东北之金丰里，以此为中心开展工作；由党代表熊寿祺率领第二支队萧克所部以上杭县大洋坝为中心展开工作。各大队再将队伍分为若干支，深入到周围30里的大小乡村，“总要使地形弄熟，群众与红军打成一片”。这支队伍以南昌起义官兵为主，都不是福建人，但为了在农村中做好群众工作，他们决心“在短期内变成福建人，一切都要熟悉”。②

萧克在他写的回忆录里还特别说明：“把一纵队留在闽西，是前委决定的，我当时曾见到了前委会记录，至今也还记得。我们留下后取消了纵队、支队的名义，都改称游击队，纵队司令林彪化名陈韶，我们二支队改名为上杭县游击大队，在离上杭80里大洋坝、蓝家渡一带活动”③。

按照这一计划，第一纵队分散到指定地点，通过深入的群众工作，帮助当地群众迅速建立苏维埃政府，组织并训练赤卫队，依靠群众和地方武装建立起严密的递步哨和交通网，切断敌人交通，封锁敌人的粮食，从四面八方袭扰敌人，并且肃清地主反动武装，打通蓝家渡与大洋坝之间的交通。

在抗击敌人“三省会剿”的一个半月期间，这一地区的地方党和军事工作都受一纵队党委领导。一纵队抽调了一批政治工作干部分派到大洋坝、泰拔、茶地、庐丰、蓝家渡和永定县太平里各地担任区委委员或

---

① 傅柏翠：《闽西早期革命斗争的回忆》，福建省博物馆郑远镇记录整理，1978年，《上杭党史资料》第7辑，1987。

② 熊寿祺：《红军第四军状况》（1930年5月），古田会议纪念馆编：《古田会议文献资料》，第487页，中共党史出版社，2017。

③ 萧克：《朱毛红军侧记》，第127～128页，中共中央党校出版社，1993。

副书记，加强和帮助建立地下党组织，训练地方赤卫队，与一纵队相配合，共同打击敌人的进犯。

在很短的时间里，第一纵队官兵同当地群众关系密切，亲如一家。熊寿祺在给中央的报告中，对一纵队的这一段工作及其军民团结合作抗敌的情况作了生动的描述：

> 这样一来，地方的军事、政治都由一纵委统一指挥起来，岩、杭、永之一大块半个月内一切工作都布置好了，一纵队的士兵也同地方的群众把关系弄好了，有的帮助地方群众割禾，群众很喜欢他们。和（合）溪那块有家农民愿把他的女儿嫁给我们的士兵，有几个士兵简直安了家了！①

建立了如此亲密无间的军民关系，还有什么敌人不能打败？广东军阀陈维远旅 3 个团，仗着精良的装备占领了永定湖雷，但是立刻陷入了苏区群众的包围与袭扰之中而狼狈不堪，熊寿祺报告说：

> （陈维远旅占据湖雷之后）天天同赤卫队打，溪南里的群众，同他相隔二三里，他无可奈何。他到处就是蛮干，抢群众东西，群众更加厌恶他。他到的地方没有一个群众，群众在四面山上打枪。他上山去，群众又走了。他分兵出来，我们又去袭击。……我们只要一排人可以同他一团打，四面山上打，把他打伤了，我们还毫无损失。他在永定一个多月，三团人不敢搜山，还死伤了很多人。我们在我们原处，仍然很好，士气也很壮。只是经济困难一点，一个多月来未发一文零用钱，伙食也减少为一角一天了，因为有群众热烈拥护，士兵毫无怨言。②

斗争虽然艰苦，但是由于得到了群众的支持，第一纵队与赤卫队相互配合，四处打击敌人，积小胜为大胜，始终立于不败之地。而当地民众也因为得到了红军和赤卫队的护卫，有所依仗，而不再惧怕敌人的“会剿”，成为了红军抗击敌人最有力的助手。

---

①② 熊寿祺：《红军第四军状况》（1930 年 5 月），古田会议纪念馆编：《古田会议文献资料》，第 487 页，中共党史出版社，2017。

朱德率领的第二、三纵队出击闽中的行动，则遭遇到了严重的困难。这次行动，其实是朱毛红军多次运用的“围魏救赵”之术。陈毅在向中央报告红四军的情况时，将红军的游击战术概括为14种，称为“四军的法宝”。其中第12种为：“敌人若进攻我的根据地，我军则绕道去劫其后方，此为围魏救赵之老办法，红军尝用有效。”① 萧克在回顾总结朱毛红军的游击战术时，也提到了出击闽中所运用的这套战术：“1929年7月，为粉碎闽粤赣三省敌人的‘会剿’，朱毛红军又一次采取‘围魏救赵’的老办法，打破一面找出路。”②

前敌委员会之所以选择闽中为突击方向，是因为国民党“会剿”的兵力部署，闽中是最为薄弱的部分。然而，闽中地区共产党组织和群众的发动，也几乎是空白，这就不免增加了红军行动的困难。

朱德率领这支2000余人的红军队伍，依仗运用自如的游击战术和一往无前的奋斗精神，开始了这次艰难的行军。

8月2日，朱德率领第三纵队伍中豪部开抵龙岩县白沙，第二纵队司令员刘安恭也率部由连城县姑田抵达龙岩县白沙。两个纵队会合以后，翻越层层山峦，经过罗畲、邹家山、罗坑、安坑几个村庄，日行80里，抵达赤水镇。赤水是宁洋县③一个大集镇（现属漳平市），再前行20里便是宁洋县城。红军决定在此歇息一夜，稍作补充休整。

赤水乡的农民都记得，这一天是农历六月二十九日（公历8月4日），大家都忙着在田里收割稻子。傍晚时分，远远看到大队红军从龙岩白沙方向开过来，“他们穿着灰色的衣服，戴红袖章，上面印有镰刀斧头，队伍中还有很多马匹”。比较有钱的人听说红军到来，都逃走了。有些帮工割稻子的农民也都被吓跑了。但是红军对老百姓很亲切，向群众买饭吃，一定要付钱，“有的群众不在家，红军吃了他家的米就把光洋放在米缸上”，并且交代村民们不要害怕，他们只打土豪，叫那些逃跑的打

① 《陈毅关于朱毛军的历史及其状况的报告（一）》（1929年9月1日），《中共中央文件选集》第5册，第768页，中共中央党校出版社，1990。

② 萧克：《朱毛红军侧记》，第72页，中共中央党校出版社，1993。

③ 宁洋县于1956年7月撤销，并入漳平、永安、龙岩三县。

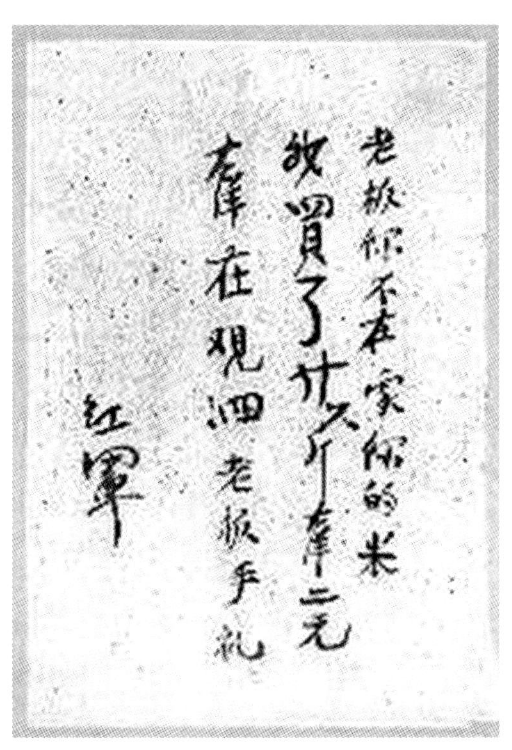
老板你不在家你的米
我買了廿六斤洋二元
洋在观泗老板手札
红軍

红四军写在墙上的留款信。朱德率领的部队深入闽中，当地群众不了解这是什么样的军队，纷纷离家躲避。红军在漳平县杨美村一户农民家里取用了26斤大米，留下钱款，并在其家墙上留言相告。

工农民们回来。①

笔者在1974年到赤水做调查访问时，看到村庄里的一些墙壁上，49年前朱毛队伍留下的标语还清晰可见。这些标语写着："实行民权革命"，"建立工农兵代表会议政府"，"打倒国民匪党，农民暴动起来打土豪分田地"。下面的落款分别写着"红军十一"、"红军十三"等等不同的宣传兵的代号。这些残存的历史印记，透露出当年红军金戈铁马年代里令人回味的许多信息。

朱德率领的队伍在赤水宿营一夜，8月5日直抵宁洋县城（今漳平市双洋镇）。事实上，国民党地方军队在宁洋的守军风闻朱毛红军到来，早已逃之夭夭。红军没有费太大的工夫即进占宁洋。此时朱德获悉邻近的漳平县城守敌不过一个加强营，乃下令乘胜进击，8月8日击败守军，占领了漳平县城。

第二、三纵队离开闽西苏区不到一个星期，连续占领两座县城，使得闽西红色区域的范围大为拓展。朱德决定暂时停止出击，在漳平停留一些时日，巩固新的成果。按照以往的经验和办法，朱德指示各部队分散到周围各乡村展开宣传和组织的工作，发动群众没收了十多个土豪劣绅的财产粮食，分发给贫苦农民。

---

① 《访问刘天水等4人记录》（1974年2月7日），蒋伯英、蓝荣田记录整理，存古田会议纪念馆。

在漳平城里，朱德派人邀请手工业工人、农民和市镇贫民的代表召开座谈会，调查漳平政治和社会经济状况，鼓励大家投入革命斗争。短短几天之内，在红四军的帮助下，漳平县相继成立了工会办事处和农民协会，甚至还建立了漳平县城防第一赤卫队的武装组织。

朱毛红军以两个纵队占领漳平县，实现了“打破一面找出路”的目标，打乱了敌人“三省会剿”的部署。国民党方面并不清楚朱毛红军的行踪，也不了解出击闽中的红军不过为朱毛红军的两个纵队，仍以为朱毛全军出动，所以颇为紧张，乃重新调整计划，原先由林知渊指挥的福建第二路“剿共”部队不敢再贸然进取漳平，负有全盘指挥责任的张贞只好命令自己所属的第一路张汝勋旅尾随红军大队，另又调动刚刚进占龙岩的杨逢年旅开赴龙岩北部扼守，严防红军再返闽西，同时又急电福建省政府主席杨树庄，请求调兵援助。

在此军情紧迫关键之时，被红军俘虏后脱逃的国民党军官范炳南向卢新铭报告了朱毛红军兵分两路的作战计划。8 月 7 日，卢新铭急电蒋介石报告这一重要情况：“日前各匪首秘密议决如三省大队实行会剿即由朱匪率二、三纵队佯为战，暗诱国军就追，另由毛匪率一、四纵队与各处化装农民埋伏各乡及深山中，俟大队追过后即在后方突起袭击。”卢新铭特别强调，红军“假借上杭或永定赤卫队名称以避会剿各军之注意”。[①]

朱德率部突然出击漳平，以及卢新铭的电报，引起了国民党指挥中枢的震动。蒋介石原先只派遣地方派系武装对付红军，至此立刻重新调整部署，调动其嫡系部队投入“会剿”。8 月 14 日，蒋介石电令驻防安徽的第五十六师刘和鼎部“即速开闽，并饬直赴闽地”投入作战，期予最短时间“藉除腹心之患”。[②]

从 8 月底至 9 月初，刘和鼎师由军舰运送，分批抵达厦门。9 月 5 日，刘和鼎在林知渊陪同下到达厦门，马不停蹄，当天下午即抵漳州。[③]

---

① 萧克：《朱毛红军侧记》，第 128 页，中共中央党校出版社，1993。

② 《刘和鼎师调闽协剿朱毛》，1929 年 8 月 14 日《时报》，第三版。

③ 《刘师到闽后之剿共》，1929 年 9 月 12 日《时报》，第二、三版。

他把师部设立在漳州，指挥各旅团向闽西苏区发起进攻。

事实上，朱德率领的第二、三纵队在漳平县不过 8 天。正当国民党最高当局调兵遣将之时，第二、三纵队于 8 月 17 日、19 日分两批先后撤离漳平，向闽中腹地出击。

朱德在离开漳平之前，8 月 18 日以前委名义向闽西特委写信通报了他们的行动计划：部队将从漳平出发，向闽中之大田、德化前进，“如后方无劲敌追来，则在闽中工作并拟渡马江向赣、浙、皖边界游击”①。

中共闽西特委接获朱德来函，以为闽中路途险恶，凶多吉少，不宜前往，乃立刻复函前委：“我们以为闽中山河险阻防军不便”，加以沿途缺乏群众基础，不能给红军以必要的帮助，遇到的危险将比闽西更大，“如渡过马江，过了马江，则敌消息灵通，运输便利，更有受大军包围危险”。鉴于这样的情势，闽西特委建议红四军重返闽西，在漳平一带工作，“如敌情紧张时则散布农村中与敌作长期周旋”，以度过当前的困难，促使大局之变化。②

但是，当闽西特委把这封信交由交通员送出时，朱德已经率部向闽中出发，向大田、德化开进。正如闽西特委所料，此行闽中，朱德和他的部队遭遇到了许多意想不到的困难，熊寿祺给中央的报告对此作了这样的描述：

> 沿途荒山峻岭，河水深及颈项，上山把脚走痛了，过河把小孩淹死了，穷乡僻壤没有米吃。虽然有番薯等物，又因土匪太多，群众又不了解，一律躲避我们，我们到一处硬无法想，只得把门打开，把东西自己拿来吃，吃了后照物价算钱，把钱封好写一封信一起放在他屋内，说明我们的道理。③

山高路险，土匪出没，粮草不济，更由于得不到群众的帮助，红军

①② 《闽西工作报告》（1929 年 8 月 22 日），中央档案馆、福建省档案馆编：《福建革命历史文件汇集》甲 8 册，第 106 页，1984。

③ 熊寿祺：《红军第四军状况》（1930 年 5 月），古田会议纪念馆编：《古田会议文献资料》，第 489 页，中共党史出版社，2017。

几乎寸步难行。但是为执行前委先前确定的计划，打破敌人的“会剿”，朱德不得不下令队伍继续前进，攻打大田，以图越过闽江前往闽赣边境或在福州、南平之间活动。

大田县城虽然不大，却是土匪势力强盛的所在。守城部队与土匪实为一家，在城里城外筑有许多土堡。红军原以为区区土匪武装，轻易可以得手，即以第二纵队为前卫，司令部居中，第三纵队后续跟进，向大田县城发起攻击，但刚一接上火就受到敌人猛烈阻击。根据战斗和伤亡情况判断，朱德认为强攻未必能够取胜，决定用商量的办法向守城土匪“借路”。当时担任第二纵队参谋长的郭化若亲历其事，他留下了这样的回忆：

> 我是二纵队参谋长，在队伍的最前头，前面战斗部队有一个连，后面就是我。打了两枪有几个伤亡，我们就停止了。朱老总下命令不要打了，要我以前委司令官的名义写信给这个土匪部队。这封信是我经手写的，就是请他们借路给我们通过，表示不损害他们。他们不同意，说不能同意我们通过，如果我们晚上撤退，就不打我们。我们就在晚上撤退了。他们不但没有打我们，还把我们十多二十个伤员包扎好后用担架抬着，派人送回来。①

大田不能通过，也就难以越过闽江，原先的计划就很难执行。大约就在这时，闽西特委派出的交通员给朱德送来了建议重返闽西的信函。于是朱德率部折返闽西。

红军返回闽西途中，依旧困难重重，加以天气炎热，许多士兵染病难以行动，还有一些沿途掉队失落，以致造成不少损失。但是红军在闽中的短暂行动，对当地民众产生了很好的影响。红军到达永春县福鼎村，发现这里山高路险，荒芜贫瘠，不要说难以征集到两三千名红军所需的粮食，就连当地民众的温饱都不能保证。朱德随即采取应急措施，指示红军领导机关组织一个米局，“发动当地群众到附近镇子里去挑米，然后

---

① 蒋伯英：《关于古田会议前的几个历史问题——郭化若将军访谈录》，《党史研究与教学》1999 年第 6 期。

高价收购，这样既可供给军粮，又给群众减轻了负担”。①

红军体恤爱护群众的种种行为，获得了沿途民众的依赖和支持，“事实上，农民在夜间为朱德的部队带路，白天在村子里为他们掩护”②。原来为了躲避红军而逃跑的群众，“后来红军打转身返闽西时，这些群众一个都不跑了，焚香接我们”。③

朱德率部重返闽西之时，闽军暂编第一师张贞所部杨逢年旅已经占领龙岩县，张汝劻旅尾随红军进占漳平县之后，又于8月25日占领宁洋县。由于消息闭塞，报纸上常常登出并不准确甚至是互相矛盾的报道，所以杨、张二旅都还以为朱德仍在大田、德化一带，至少暂时不会再返闽西。

孰料红四军第二、三纵队出敌不意，突然重返闽西，8月29日分路包抄漳平县溪南，一举歼灭张汝劻旅一个团，击毙团副一名，缴枪数百支。然队伍后乘胜追击，直抵漳平城下，激战一天，再次占领漳平。

红军的胜利，使得“会剿”之敌大为震惊，各大报刊也连续跟踪报道。9月12日，《时报》刊出《刘师到闽后之剿共》，对此作了如下报道：

> （八月）二十九日朱德率部三千余猛袭漳平，宁洋同时亦受袭。漳平守军以朱已远去，无严备，且众寡不敌，应战一日，至三十日遂不支，退至永福。

8月31日，朱德率部兵分两路乘胜追击，占领漳平县的永福镇，歼灭张汝劻旅残部及永福民团一部，向龙岩逼近。

红军在漳平痛歼张汝劻旅的消息传到龙岩，占领龙岩的杨逢年旅自知“三省会剿”的大势已去，不愿再留在龙岩与红军对抗，连夜弃城而逃。

---

① 赖毅：《出击闽中》，《闽西的春天》，福建人民出版社，1979。

② 〔美〕艾格尼丝·史沫特莱：《伟大的道路——朱德的生平和时代》，第299页，生活·读书·新知三联书店，1979。

③ 熊寿祺：《红军第四军状况》（1930年5月），古田会议纪念馆编：《古田会议文献资料》，第489页，中共党史出版社，2017。

漳平县永福镇。红四军出敌不意占领漳平，直抵永福镇，打破了敌人的“三省会剿”。

国民党军队出动14个团2万余人对闽西苏区及红四军4个纵队四五千人的“三省会剿”，却以如此狼狈的结果而告失败，引起地方豪绅的一片惊慌，纷纷向南京政府和蒋介石告急求援。

驻龙岩县适中的保安第一支队长谢仰麒给蒋介石的“万急”电报很具代表性。电称：“三省会剿”之后，张贞派出的暂编第一师一旅、二旅攻取漳平、龙岩，正当为之庆贺以为胜利在望，讵料一旅在漳平失利，二旅全部撤退南靖，漳平、龙岩两县遂相继失陷，适中仍陷于四面包围中，而道路哄传，有谓三省“剿共”军队各退原防之说，风声所播，遐迩震惊，“为此要求南京政府速派大军入闽援助”，否则“全局动摇，则前途将愈不可收拾”。①

然而蒋介石也正面临着内部派系纷扰自顾不暇，对朱毛红军的“会剿”已成强弩之末。

历史证明，毛泽东和朱德、陈毅一个月以前在蛟洋前委会议上的判断

① 《谢仰麒致南京国民政府快邮代电》（1929年9月17日收文）。原件存中国第二历史档案馆。

是正确的。国民党各派军阀之间的统一是暂时的，“三省会剿”不会延续很久，红军只要坚持采取持久灵活的游击方针，必将打破敌人的“会剿”。

在朱德率部出击闽中期间，国民党内部发生新的分裂。蒋介石出于对江西军阀朱培德的疑忌，突然下令正在闽西“会剿”红军的王均部北调安徽，以削弱朱培德的势力。于是，“三省会剿”的形势发生了有利于红军的变化。被拖在永定的粤军陈维远无心恋战，借口“粤方电召”，下令撤兵。“会剿”总指挥金汉鼎看到大势已去，草草收场，返回江西。

9 月 6 日，朱德率领红四军第二、三纵队收复龙岩，喧嚣一时的国民党“三省会剿”至此瓦解。

9 月 12 日，朱德以前委的名义对延续了两个多月的“三省会剿”进行全面总结，指出击破敌人“会剿”的原因有三个：“（1）因时局的变化；（2）因广大群众的力量；（3）因军事策略的正确。”前敌委员会认为，自从红四军到了闽西帮助闽西群众暴动、夺取政权、深入土地革命，动摇了国民党的统治，引起南京政府的恐慌，而全国豪绅地主资产阶级天天向南京政府施压，乞怜派兵“会剿”红军，同时又因为“蒋介石亦很需要藉剿匪剿共口号作为反蒋形势的缓冲”，因而才有了调动三省军队“会剿”闽西的计划。如今，由于以上三个方面的原因，“第一期的会剿局面已经过去了”。

红四军前委对闽西未来一个时期的形势也有很详细的分析，认为江西反蒋派与蒋介石嫡系之间的对抗加剧；福建张贞通电支持汪精卫也触怒了蒋介石，调刘和鼎入闽，名为“剿共”实为解决张贞；至于粤军方面，既然“张贞已败，赣南不来，被兵困于永定无利多害，亦必撤回广东”。红四军前委于是作出判断：

> 闽粤赣三省的内部纠纷已如此，当此蒋介石先统一南方再来对冯（玉祥）阎（锡山）政策之下互相火并尚不遑，何况与其地盘没有太大冲突的闽西共祸？因此在反蒋战争将要爆发的现在，“会剿”形势已如强弩之末很少可能。①

---

① 《四军前委关于目前政治的分析》（1929 年 9 月 12 日于龙岩），中共龙岩地委党史资料征集领导小组、龙岩地区行政公署文物管理委员会编：《闽西革命史文献资料》第 2 辑，第 223 页，1982。

攻占“铁上杭”

击退国民党军的“三省会剿”之后，闽西革命根据地获得了巩固。特别是在参与“三省会剿”的正规部队相继败退之后，驻防闽西的国民党军只剩下福建省防军第二混成旅，旅长郭凤鸣在长汀县的长岭寨与红军首次交战亡命，继任旅长卢新铭率领残余部队 2000 余人退踞上杭，6 月7日白砂之战又被朱毛红军歼灭近一个团后更是不敢轻易出城与红军交战。

上杭县城是一座有着悠久历史的古城，地处汀江中游，水陆交通方便，商贸繁盛，经济发达，而流淌不息的汀江三面环绕，江天辽阔，成为一道难以逾越的天然屏障，也就成了兵家必争的重镇。历史上许多次农民革命军曾试图攻占这座城池都遭到失败，太平天国起义军也曾经组织强攻而不可得，因此被后代称之为“铁上杭”。民间流传着这样一首歌谣：“铜铁上杭，固若金汤。东无退路，西无战场。南有河道，北有鱼塘。嘱咐子孙，莫打上杭。”歌谣道出了上杭城的战略地貌和强固的城防，也道出了历代攻城失败的惨痛教训。正因为此，卢新铭率领其第二混成旅龟缩在上杭城内，四乡豪绅地主也都搬到城里躲避农民革命的浪潮。史沫特莱听完朱德绘声绘色的叙述之后，在其《伟大的道路——朱德的生平和时代》中把上杭比作“如同中世纪的领主据守的城堡”。

上杭县城。上杭城三面环水，易守难攻，自古就有“铁上杭”之称。

已经组织了自己武装队伍的上杭县各地乡村的农民，不甘心这座城市成为卢新铭和地主豪绅藏身的堡垒。他们互相联络，汇集成五六千人的攻城大军，8 月中下旬先后两次向上杭城发动进攻。这些刚刚学会使用武器的农民赤卫队，号称“八千人马”，看起来声势浩大，却装备低劣，大部分武器只是土枪土炮和大刀长矛，又未曾得到过正规的军事训练，虽然打得很英勇，但都没有成功。

大规模的攻城不能取胜，赤卫队员们组成许多战斗小组，不断地进行袭击骚扰，使得守城官兵备受消耗。在地方红军和赤卫队的连续打击之下，卢新铭部困守孤城，向蒋介石抱怨：“血战月余，曾无休日。旋求援军而援军不至，再战而饷弹两绝，循至战事陷于孤危。”① 延至 9 月中旬，守城官兵神情疲惫，士气低落。

朱德获知上杭城久攻不下，而四乡民众求战心切，决定调动全军与地方武装相互配合，夺取“铁上杭”。

朱德对于上杭之战留有极为深刻的印象，史沫特莱撰写的关于朱德生平的《伟大的道路——朱德的生平和时代》，全书 12 编 44 章，其中有一编的标题就是“上杭之歌”，而在这一编里，用了大约 2000 字的篇幅，描述朱德对这次战斗的记忆。朱德在口述这段历史时已是相隔七八年的时间，而且没有参考的书面材料。然而把他的回忆同历史文献的记载核对之后，除了缺乏具体的日期和一些数据，朱德口述的那些记忆几乎都准确无误，甚至有些具体的对话和天气、战场物景的细节，都很生动。令人称奇的是，朱德还能吟唱那首农民们为攻打上杭而传唱的《上杭之歌》的六段歌词。其中最后一段是：“工人农民要听清，订日攻打上杭城，消灭吃人大地主，中秋节过就发兵!”②

制订攻打上杭的计划和攻城日期的总指挥，正是朱德。他选定的攻城时间是中秋节过后第三天，9 月 20 日凌晨，参战部队包括红四军第二、

---

① 《卢新铭给蒋介石的呈文》（1929 年 11 月 5 日）。原件存中国第二历史档案馆。

② 〔美〕艾格尼丝·史沫特莱：《伟大的道路——朱德的生平和时代》，第 303～304 页，生活·读书·新知三联书店，1979。

三、四纵队全部，以及一纵队一部和地方红军、赤卫队，总共 1 万余人。

战前，朱德带领他的参谋人员在靠近黄昏的下午到前线考察地形。他们来到上杭城外树木葱茏的山坡上，在落日的余晖中，俯视着山下这座城市，发现其三面被宽阔的汀江环抱，只有西门一条大道从陆地上与城里相通。西门周边构筑有坚固的工事，城门每天只开放几个小时，其他几个城门关闭，从城里用沙袋堵死。

朱德和他的参谋人员仔细观察进攻路线，他不打算从敌人固守但又是唯一的西门进攻。他转向站在一旁的林彪，手指向西门对面的山冈下达指令：就在那一排山头上摆上几门迫击炮，就可以吸引所有敌人的注意，我们从后面爬城进攻。①

朱德所说的“后面”是指上杭城北。当地的赤卫团已经把侦察好的地形向他作了详细报告，甚至在沙地上画出草图，一目了然。在城北不远处，蜿蜒曲折的汀江正好在那里沿着城墙流淌，形成一个马蹄形绕城而过。河曲与城墙之间有一片狭长地带，必须在发动攻击当天夜里拿下，红军就可以从这里出敌不意发起进攻。

靠近北门外不远处，有一个树木丛生的小山冈，名为石牌冈。朱德决定把他的指挥部设立在这个山冈上。

按照朱德的命令，先前已经集结在白砂的各路部队，于 9 月 19 日清早向上杭进发。

中秋刚过，皓月当空。借着月色，各路队伍悄无声息地向指定的攻击地点集结。地方赤卫队率先渡过河去，进入被朱德称为“马蹄形地带”的一片河滩，向城墙上来回游弋的巡逻队射击，借以扰乱敌军的视听。敌人的巡逻兵几乎每天都会遭遇到这样的零星射击，也就不以为意。他们没有想到，赤卫队的枪声后面，将有一万大军发起强大的攻击。

林彪率领的第一纵队向城南进发。农民们早已做好准备，用木船把

---

① 〔美〕艾格尼丝·史沫特莱：《伟大的道路——朱德的生平和时代》，第 304 页，生活·读书·新知三联书店，1979。以下有关朱德指挥攻打上杭战斗的情节，均参见该书第 304～305 页，不另注释。

林彪纵队接送过江，林彪带领一部到南门待命出击，另一部到达朱德指定的西门外那一排山冈上，迅速架起迫击炮，“摆出排炮架势，把敌人吸引到那个方向”，以便掩护在北门外担任主攻任务的第二、三纵队。

同时，朱德率领其他部队在城北渡江。早已经过严密组织和训练的农民把预先准备好的船并排摆成一字长阵，用竹篙撑稳，在船上铺好木板，组合成一座浮桥。各路部队迅速跨过浮桥，向城墙方向运动。

午夜时分，朱德在北门外马蹄形地带内的小山头上建起了指挥所。他指挥的第二、三纵队和农民赤卫团，连同一队队扛着手工绑扎云梯的农民，团团集结在北城和东城的城墙外面，等待最后出击的命令。

然而发生了一个意外，林彪的队伍由于调动上的问题，未能及时到达指定的南城城下，直到攻击开始以后，林彪才到达南城门外，所幸没有给攻城战斗造成大的延误。

午夜过后一个小时，已是9月20日凌晨，朱德下达攻击令。早已做好准备的狙击手抬手几枪，打灭了城墙上的电灯。实际上，这是早已约定的向城西小山冈上迫击炮手发出的开炮信号。

顷刻之间，一排排迫击炮弹在西门敌军阵地爆炸。卢新铭立刻调动城内守军向城西增援。殊不知这正是朱德的声东击西之策。早已等候在城下的红军官兵与赤卫队员们蜂拥上前，扑到城下，架起一座座云梯，奋勇攀登攻城。

守城敌军一开始就拼死抵抗。一架架云梯被击落倒地，又一批批攻城突击队冲上去，重新架起云梯向城头攀爬。

曾经与罗瑞卿一起被中央军委派到闽西工作，担任闽西红军第五十九团党代表的曾省吾，身先士卒，奋勇登城。他第一次被打伤从云梯上摔落下来，第二次再上，又再负伤，第三次又带伤攀登，不幸再次中弹，英勇牺牲。①

几乎同时，城头敌人的炮兵阵地上也正在进行一场激烈的搏斗。党

① 傅柏翠：《闽西早期革命斗争的回忆》，福建省博物馆郑远镇记录整理，1978年，《上杭党史资料》第7辑，1987。

组织在前一段时间派遣一位名叫林九妹子的青年军人潜伏到城里，在卢新铭的炮兵阵地当兵，伺机接应。战斗打响之前，林九妹子悄悄把盐水灌进炮膛。正当战斗激烈时，敌人的几门炮突然哑火了。敌人很快就发觉林九妹子的身份。林九妹子在炮兵阵地上与敌人展开搏斗，终于牺牲。①

半个多世纪以后，1982 年，上杭县的党史专家采访当时跟随朱德参加了这次战斗的第四纵队司令员傅柏翠，他还记得当时的一些情景："朱老总是在北门指挥打进城去，还死了一个自己派进去的同志，死在城门边的炮架上。"② 这个战死的战士，就是林九妹子。

尽管这是一场周密部署的战斗，红军又是以多打少的歼灭战，但是上杭城防的坚固和三面环水的天然屏障，加以卢新铭部困兽犹斗、孤注一掷的反抗，所以战斗非常激烈，打得十分艰苦，直到中午时分才结束战斗，占领了这座 400 年来无人攻破过的"铁上杭"。史沫特莱写道：

> 这场战斗也并不像朱德所料的一下子便定了大局，敌军部队和武装地主们由于无路可退，一直顽抗到第二天中午。红军把他们全部缴了械，把监狱里的犯人释放出来，又把地主们关进几百年来肮脏不堪的监狱内。这些中世纪的暴君浑身颤抖，望着红军把饱受凌辱的政治犯抬到监外。犯人被折磨得有的不能行走，有的甚至失掉了说话的能力。③

这是红四军入闽以来最为激烈的一次攻坚战。红军及地方武装投入战斗人员在万人以上，歼灭敌人一个旅，俘获其团长钟铭清及大批官兵近千人，甚至连旅长卢新铭的大老婆也未能脱逃，成了红军的俘虏。

熊寿祺向中央报告说，上杭一役，"所得胜利为红四军最大胜利的第

---

① 蒋伯英、蓝荣田：《闽西革命根据地史话》，第 131 页，龙岩地委纪念红四军入闽和古田会议 50 周年领导小组办公室印行，1979。

② 《访问傅柏翠谈话记录》，曾宪林、刘宝联记录整理，1982 年 7 月 28 日。记录稿存上杭县委党史办公室。

③ 〔美〕艾格尼丝·史沫特莱：《伟大的道路——朱德的生平和时代》，第 305～306 页，生活·读书·新知三联书店，1979。

一次”，影响所及，对闽粤两省意义重大，不仅赤色区域推进到同广东相邻的武平县，而且把苏维埃运动推进到广东东江地区。[①]

萧克对于上杭之战的胜利也给予很高评价，指出这次战斗“是红四军自成立以来的大胜利之一，打上杭一仗相当精彩”，打下上杭以后，汀江两岸红色区域连成了一片，“闽西苏区进入全盛时期”。闽西苏区的范围大为拓展，“在当时，从全国各苏区情况看，闽西是最大的红色根据地之一”。[②]

红军发起攻击不久，卢新铭在旅部从各方得到报告，感觉到形势极为紧急。早些日子，他就因为“三省会剿”收场而红军势力大增，向蒋介石发出求援，然而迟迟无人救助。此刻已是千钧一发的危急关头，他不得不再向蒋介石告急。但是城内早已一片狼藉，给南京的电报难以发出，不过电话线尚未截断，卢新铭接通了尚在汀州的二团团长罗廷辉，详述红军自9月18日以来直至向上杭发动攻城的情况，请他立刻向南京报告。

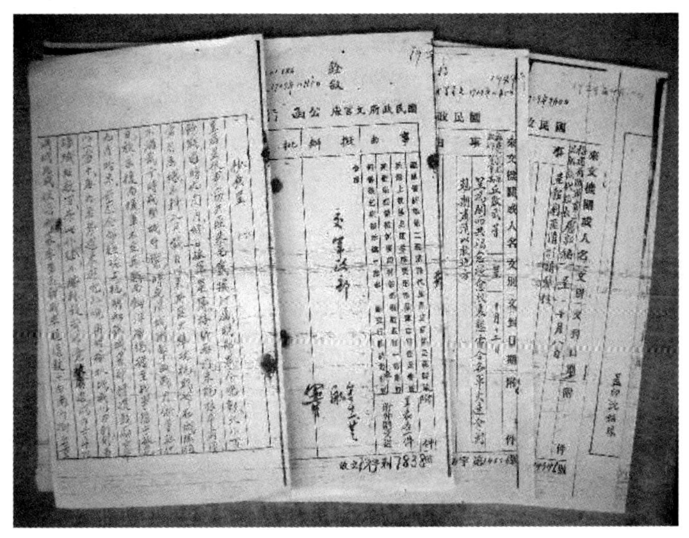

驻守上杭的国民党福建省防军第二混成旅旅长卢新铭及其部下和乡绅向蒋介石发出的求救函电。（原件存中国第二历史档案馆）

---

① 熊寿祺：《红军第四军状况》（1930年5月），古田会议纪念馆编：《古田会议文献资料》，第489、490页，中共党史出版社，2017。

② 萧克：《朱毛红军侧记》，第130、131页，中共中央党校出版社，1993。

罗廷辉接到电话，即于当天早晨把卢新铭所告知的情况电报蒋介石。这份电报称，朱毛红军已于 9 月 18 日夜抵旧县，以一部佯攻篁垣，以为牵制，偷渡紫金山，然后分作数路，“于哿日（20 日）一时来攻杭城，势较前尤猛”，目前除尽力督队抵御，望即派队援助，“请迅饬各部兼程赴援以救危急”。①

但是，罗廷辉的电报发出以后，还是没有得到蒋介石的回应。事实上，南京方面收到这份电报，已是 9 月 22 日傍晚时分，而这时，上杭城早已被红军攻破。

黎明到来之时，卢新铭自知大势已去，集合旅部少数随从乘乱逃离了上杭城。其他守城各部也相继溃败，除一部分战死，少数脱逃，其余官兵近千人纷纷向红军缴械投降。

朱毛红军接连获胜，而国民党出动三省大军却迭遭重挫，特别是坐失上杭，从南京政府到福建地方军政当局竟无人施以援手，卢新铭旅几乎全军覆灭。闽西豪绅惊恐不安，纷纷发出求救电报，更对军队的无能大加谴责。消息迅速传到南京，闽西旅京乡绅组成“救乡会”，连续不断地向蒋介石发出函电，请求援救。其中有一份署名“福建汀龙旅京救乡会丘扬武”的 10 月 8 日写给蒋介石的“十万火急”函颇具代表性：

> 迭接最近闽西灾区各方函电，共逆朱毛自旬日以来，东取漳平、龙岩，西取上杭、武平，缴降新编一师之一团及省防军卢旅全部后，声势浩大，三百万难民在痛苦乞援之际，而驻永定陈维远旅忽奉命返粤，全局动摇云云。窃查三省会剿之师，闽赣之部遇敌辄败，畏共如虎，独粤陈旅进克永定城，支持半壁，数月来深得牵制之力，今不战而退，藩篱尽撤，不唯前功尽弃，亦且后患无穷。

这位丘扬武者，无疑是在南京谋事的闽西籍富豪或官绅，他在发表了上面这一段感慨之后，又痛陈闽西战略地位“扼闽粤之脊背，左指漳

① 《罗廷辉给蒋介石电报》（1929 年 9 月 20 日晨）。原件存中国第二历史档案馆。

泉，右捣潮梅”的重要，当此大局面临累卵之危，请求蒋介石“洞照毫末，当不河汉斯言，泣乞迅电陈维远仍守永定，以固闽粤之门户”。[①]

问题在于，蒋介石在南京召开所谓“编遣会议”之后，国民党内各派军阀为了各自利益矛盾激化，冲突不断，几乎难以驾驭全国的政治局势。粤军陈维远从闽西撤兵，正是这些复杂矛盾的一种结果。更何况，广东东江地区中共领导的农民运动和土地革命风起云涌，广东军政当局自顾不暇，短时间内难以再派兵去闽西“剿共”。

红军入城当天，全城民众争先恐后涌上街头，大家都要看一看传说中的朱毛为何人，红军是一支什么样的队伍。就如以往那样，每到一座新的城镇，朱德总要召开规模宏大的群众大会。在傅柏翠的记忆里，朱德在旧道台衙门口的广场上召开了群众大会。他嗓门大，声音洪亮而沉稳，一口四川客家话。他宣传中共六大提出的“十大政纲”，号召打土豪分土地，实行婚姻自由，废除一切封建制度。

用花岗岩砌成的上杭古城墙

或许想起了为攻破高大坚固的上杭古城墙而付出的大量牺牲，朱德特别指出了这一“封建遗物”给民众造成的危害。他说：“城墙造成了城乡人民隔阂，妨害阶级兄弟团结，历史上都被反动统治阶级利用来巩固政权，只利于军阀盘踞作恶，而不利于我们的游击行动。”他大声号召城乡群众一起动手，拆掉这贻害子孙的“祸根”。[②]

① 《丘扬武给蒋介石函》（1929 年 10 月 8 日）。原件存中国第二历史档案馆。

② 傅柏翠：《闽西早期革命斗争的回忆》，福建省博物馆郑远镇记录整理，1978 年，《上杭党史资料》第 7 辑，1987。

朱德的号召得到民众的响应，比想象的更加积极。原定第二天上午 9 时开始拆城，可是县城周围二十里的农民们闻风而动，连夜动手，只花了一个晚上，当清晨到来时，这座在宋代花了七十年建造起来的钢铁一般的城墙，已成一片废墟，足见群众的力量。人民群众因为高兴，为此还编了一首歌谣到处传唱：

八月共产桂花黄，中秋十八破上杭。

缴尽卢匪枪无数，废除封建拆城墙。

朱德告诉史沫特莱，上杭城被攻破以后，远近农民涌进城来庆祝胜利，参加分田，公审作恶多端的地主。那些年已花甲失去了儿子的母亲，被逼得家破人亡的寡妇、父亲和兄弟们，愤怒地冲到被公审的地主面前大声质问："我的儿子在哪里？我的兄弟在哪里？我的父亲在哪里？"有些悲痛难忍的农民甚至抡起拳头要打地主出气，被维持秩序的赤卫队员们劝阻。①

朱德决定，利用攻占上杭之后一段相对平静的局势，全军作一短时间的休息和整顿。在军事上，除了休养生息，还要对卢新铭旅大批投降的俘虏兵进行整顿训练。全军 4 个纵队，各纵队都补充了大批俘虏兵，每个纵队由原先的 2 个支队扩充为 3 个支队，每个纵队有 1900 人左右，全军兵力由原来的 5000 多人扩大为 7000 多人。

在政治和党的工作方面，朱德决定于 9 月下旬召开红四军第八次代表大会，解决红四军第七次代表大会未能解决的一些问题。

朱德与毛泽东 7 月底在上杭蛟洋前委会议之后分手，在此之后经历了出击闽中、打破敌人的"三省会剿"、攻占上杭城等一系列的作战和波折，而陈毅赴上海党中央未归，他一人独自承担指挥全军工作的责任，深感沉重，颇有"应付不开"的压力。

红四军七大以后，确实也存在一些问题，尤其突出的是原先就存在的极端民主化，在毛泽东离开之后更加滋长起来。熊寿祺向中央的报告中对此专门有所述及：

---

① 〔美〕艾格尼丝·史沫特莱：《伟大的道路——朱德的生平和时代》，第 306 页，生活·读书·新知三联书店，1979。

七次大会直到九次大会，前委的指导路线都不是集体指导一切问题，一切问题都摆在会场上让大家来讨论，不管他政治分析也好，行动计划也好，请调工作也好，都毫不准备意见，到会场来争，往往争议终日得不到一个结论。

八次大会前后，前委为了请调工作问题（当时很多同志请调工作），常常讨论几个钟头，无法解决。每次开会都要各纵队负责同志到了才能解决问题。各纵队同志在会场上为了调人调枪这些问题，当然要为自己说话，于是争论起来了，没法解决。前委负责人，只有说些调和话。常常都是这个样子开会。

当时有许多同志说，前委是各纵队联席会。但是前委的负责同志还以为要这样才对，才是由下而上的民主制。[①]

这一段历史记录，很生动具体地反映了朱德在独当一面主持红四军全盘工作时承受的压力和无奈。当然，这份报告的写作者的评价是否十分准确，有一个分寸问题，但大致情况应该如此。当时作为熊寿祺的部下，萧克在后来读到了这个报告，他说上杭召开中共红四军八大的情况已记不得多少，倒是记得熊寿祺与林彪“争得蛮厉害”。林彪为此给四军军委连写了几封信，“说不干了，把我派到苏联去也可以，去上海也可以。朱德同志专门开了会，调解他们的矛盾”。[②]

历史当事人的这些记录，大致反映了中共红四军第八次代表大会召开之前党内的思想状况。显然，红军党内存在的意见和分歧一时难以弥合，但是前委既已作出决定，红四军第八次代表大会按计划在上杭召开。在这样的气氛下，朱德主持召开的这次会议很难达成共识。

会议原计划制订一个红军法规，但对法规当中党代表的权力问题产生了分歧，各方争论而又各不相让，结果“讨论了两天仍旧没法解决，

① 熊寿祺：《红军第四军状况》（1930年5月），古田会议纪念馆编：《古田会议文献资料》，第514页，中共党史出版社，2017。

② 蒋伯英：《萧克将军访谈录——一份尘封27年的口述历史》，《党史研究与教学》2009年第2期。

上杭城太忠庙。1929 年 9 月下旬，中共红四军第八次代表大会在这里召开。

结果还是决定请示中央”。在讨论选举新的前委时，由于事先没有酝酿和准备，各纵队争着多推选自己纵队的人，名额一下增至 17 人，并且在会议上临时推选，难免发生意见冲突。选举时有的人一次落选，又再选第二次才勉强选上，引起代表们的不满。

会议半年之后，红四军代理军委书记、代理政治委员熊寿祺向中央的报告，对这次会议作了这样的评价：

> 总之，当时前委什么事都是民主，大家要怎样干就怎样！前委事先对于选举没有丝毫意见，结果选出来的八届前委，又是同从前一样，而且更甚的实行所谓“由下而上的民主制”，一开会就得争论半天，前委还认为这样才是无产阶级的办法。因此当时全军政治上失掉领导的中心，对政治分析也是由大家来缓议，各级同志又没有报看，哪里议得出！①

---

① 熊寿祺：《红军第四军状况》（1930 年 5 月），古田会议纪念馆编：《古田会议文献资料》，第 514 页，中共党史出版社，2017。

会议在极端民主化思想支配下难以得出结论，开了三天不了了之。

毛泽东到了上杭，由于身体的原因还不能参加红军的工作。朱德对史沫特莱说："毛泽东还患着严重的疟疾，用担架抬着来到城里，他在病床上指挥所有的政治工作，其中包括恢复各群众组织和成立上杭苏维埃。"① 朱德仍然以代理前委书记和军长之职指挥全军各项工作。红四军在作了短暂休整之后，各纵队又开始了大规模的分兵，工作的重点在上杭、永定县汀江以西各区乡和武平县的大部分乡村。10 月 1 日，二纵队、三纵队分别向永定峰市、上杭汀江西岸和武平进发，向闽粤边界推进。第一纵队则留上杭附近工作。②

其中第三纵队开赴武平县，分散于高梧、六甲、十方 3 个区，从 10 月 2 日到 6 日为第一期。这一期的工作主要是深入到各个乡村展开普遍的宣传，建立党的组织，开办基层干部训练班，建立区乡苏维埃政府，同时筹建农民协会和区乡赤卫队，甚至派遣红军骨干直接担任支部书记，调拨大批枪支给地方武装。

在这短短 5 天之内，第三纵队在这 3 个区取得了十分可观的成绩。这 3 个区都成立了区苏维埃政府或革命委员会，还有 20 个乡苏维埃政府、6 个乡农民协会，各个区和部分乡建立了赤卫队组织，拥有 100 多支枪；同时，在各区乡广泛发动群众，没收地主粮食分发给贫苦农民，调查人口土地，为下一步的土地分配工作做好了准备。③

朱毛红军打破"三省会剿"之后，攻占上杭，分兵武平，闽西苏区扩大至龙岩、上杭、永定、武平、长汀、连城六县之间，"赤色区域数百里打成一片，在这一区域内群众已经发动起来，土地已经分配了，群众组织了自己的政权"，成立了 4 个县、50 多个区和 400 多个

① 〔美〕艾格尼丝·史沫特莱：《伟大的道路——朱德的生平和时代》，第 306 页，生活·读书·新知三联书店，1979。

② 《前委报告》（1929 年 11 月 1 日）。原件存中央档案馆。

③ 《中共闽西特委报告——武平工作情况》（1929 年 10 月 5 日），中央档案馆、福建省档案馆编：《福建革命历史文件汇集》甲 8 册，第 142～147 页，1984。

乡的苏维埃政府。[①] 此时，闽西苏区成为全国最大的农村革命根据地之一。

出击东江受挫

朱德和他的队伍在上杭的时间，正好一个月。这在从井冈山到创建中央苏区那个戎马倥偬的年月，在一个县城留驻的时间恐怕是最长久的一次了。10 月 20 日，他率领大军再次踏上征途，南下广东东部的东江地区。他坦率地告诉史沫特莱，此番出击东江，遭到了重大挫折，“两年以前，铁军就是在这里被打垮的。这一次，他又被十九路军打败了，十九路军派出装备精良的三个整师来穷追。他损失了几百人，然而最大的损失之一乃是红军出色将领、受过高等教育的团长刘安康（即第二纵队司令员刘安恭——引者注）阵亡”[②]。

事实上，朱德率领红四军出击东江并非他和前委的决策，而是执行中央和福建省委的命令，甚至他还来不及完成原先确定的在武平以及汀江西岸地区的分兵创造更大范围苏区的计划。朱德并非不想向广东发展，还在打破敌人“三省会剿”由闽中重返龙岩以后，朱德“即决定红军由龙岩转上杭、而东江方面发展的计划”，并把这一计划向福建省委作了报告，福建省委也同意了这一计划。[③] 但是，那是一个要逐步实现的目标，是要先在上杭、武平工作一个时期，条件成熟以后，再向东江推进，打通与粤东赤色区域的联系，实现闽粤赣三省苏区的完整版图。

然而形势的发展要求朱德提前实现这一目标。形势发生变化的起因

---

① 《中共闽西特委通告第十三号》《中共闽西特委通告第十四号》（1929 年 11 月 2 日），中共龙岩地委党史资料征集领导小组、龙岩地区行政公署文物管理委员会编：《闽西革命历史文献资料》第 2 辑，第 284、289 页，1982。

② 〔美〕艾格尼丝·史沫特莱：《伟大的道路——朱德的生平和时代》，第 306 页，生活·读书·新知三联书店，1979。

③ 《中共福建省委关于出席全国劳动会议及闽西红军行动问题的报告》（1929 年 10 月 8 日），中央档案馆、福建省档案馆编：《福建革命历史文件汇集》甲 5 册，第 339 页，1984。

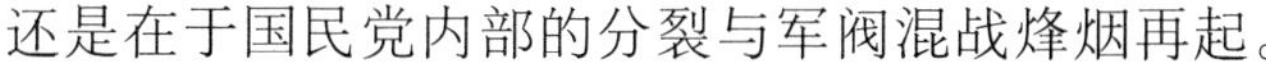

还是在于国民党内部的分裂与军阀混战烽烟再起。

蒋桂战争结束以后不久，以汪精卫、陈公博等为首的国民党改组派以“护党救国”的名义，由政治反蒋转入军事反蒋，在南方以广西为基地，策动反蒋战争。9月17日，张发奎在鄂西宜昌率先通电响应，率部南下，以图会合广西的俞作柏部进攻广东。10天以后，广西省政府主席俞作柏在南宁就任“护党救国军总司令”，通电反蒋，与广东拥蒋的陈济棠部开战。这就是所谓“两广战争”。

这一连串事变，又一次揭开了军阀混战的序幕。各派军阀调兵遣将，应付新的战争，从而给了南方各革命根据地又一个发展的机会。

中共中央根据时局的变化，立刻致信福建省委转红四军前委，指示利用两广军阀混战的有利时机，进军粤东东江地区，开拓新的局面。福建省委在收到中央指示信之后，立刻于10月6日向红四军前委和闽西特委发出指示信，转达中央的意见：“当此两广军阀混战爆发，广东西北江风云紧迫，东江防地较弱。同时东江丰顺、大埔、五华、兴宁、海陆丰……广大工农群众起来作剧烈斗争时，省委同意中央对前委的指示，朱毛红军全部立即开到东江去帮助东江广大群众的斗争。”①

中央还认为，这一次两广军阀混战比以往蒋桂、蒋冯战争更为复杂，牵动了全国大小军阀，因此朱毛红军在这军阀混战中，必定要极力扩充，建立并巩固基础，坚决采取进攻策略，敢于向群众基础比较强大以及军阀战争附近的区域去实行游击，扩大党和红军的影响，促进革命高潮更快到来。按照这样的判断，中央进一步提出红四军的行动策略：

> 这一原则之下，目前朱毛红军无疑的是要开到东江去工作。开往东江并不是放弃闽西，反是要扩大我们的工作到东江来与闽西互相呼应，取得很好的联络，使闽西、东江联成一片。②

福建省委这封信在传达中央上述指示的同时，特别强调，红四军在

---

①② 《中共福建省委给闽西特委、四军前委的信——关于闽西和四军的工作任务》(1929年10月6日)，中央档案馆、福建省档案馆编：《福建革命历史文件汇集》甲5册，第330页，1984。

执行出击东江的任务时，第一，军事的路线“应根据东江实际情况而定”；第二，“红军向东江出发，应以闽西之上杭、永定等地为后防”。至于闽西特委的工作，应在此军阀混战、朱毛出发东江的时期，坚决领导群众斗争，“以上杭、永定为中心，积极向外发展”。福建省委还提出了向东江出击的行动路线是向梅县、大埔、丰顺、兴宁、五华前进，进而与海陆丰联络起来。

军情紧迫且关系重大，福建省委特别派遣省委常委、组织部部长谢汉秋携带中央和省委的紧急指示信，专程从厦门赶赴上杭传达。

10 月 13 日，谢汉秋抵达上杭。第二天，朱德召开前委会议，前委接受中央和福建省委的指示，决定以一个星期集中各部队，向广东推进，先由武平向蕉岭，进而包围梅县之松口，夺取松口并与丰顺各地取得联系。由于第二、三纵队已于 10 月初分别开赴永定、武平发动群众，这两个纵队实际上在获得前委这一决定之后即向广东边界出击。

在后来的几天中，闽粤边境大军云集。除了朱毛红军之外，江西金汉鼎部由汀州南下会昌，逼近武平。这是因为金汉鼎反蒋而受到排斥，不得已而转向闽西境内。广东蒋光鼐部之陈维远旅 3 个团，分别固守松口、梅县、大埔，另以戴戟旅驻守潮汕，张世德旅驻惠州。福建刘和鼎师两个旅则布置于闽西龙岩及龙潭一线。①

10 月 18 日，前委和闽西特委召开联席会议，再次分析了形势和敌情，认为粤赣两省敌军对红四军仍取防堵之势，闽敌却有进攻的模样。依照这样的分析，联席会议“认为四军进攻东江的计划依然是对的”，不必因为金汉鼎部的动向而延迟，② 于是决定“立即调三个纵队向潮梅布置游击，准于十月二十日集中粤边，十月二十一日以后，进攻蕉岭，占领蕉岭后，仍用游击战争发动群众起来斗争推进，与闽西确取联络，留一个纵

① 《红四军前委关于开往潮梅一带游击情况的报告》（1929 年 10 月 18 日），解放军政治学院党史教研室编：《中共党史教学参考资料》第 14 册，第 234 页，1985。

② 《巡视员谢运康给福建省委报告》（1929 年 10 月 25 日），中央档案馆、福建省档案馆编：《福建革命历史文件汇集》甲 5 册，第 362 页，1984。

队（第四纵队）红军在闽西坚持游击战争”①。同一天，朱德以前委的名义将这一决定向中央作了报告，并将红四军下一步的任务也报告如下：

> 我们在此时期的任务，决定遵照来信去执行。取进攻策略，先占蕉、平、梅等区域，发动群众，夺取地主武装，武装农民，消灭一部分敌人，待机夺取大的城市，以影响粤桂战争。粤桂战争紧急时，再游击潮梅，深入东江，发展东江群众游击战争，转变到东江的大部赤色割据。②

朱德在这份报告中，还特别报告了红军党内的争论已告结束，能够消除一切成见去共同对付敌人，只是由于陈毅去中央未返，“毛同志久病，现虽起床，尚不能行走，此次去东江，尚不能出发”，因此军中领导力量单薄，希望中央派广东省委的重要同志前来指导。

身负出击东江打通闽西粤东赤色区域的重任，朱德深感心力单薄，但中央紧急指示，必须立刻执行。只是从这份报告看出，朱德所制订的计划并不急进，而是采取了稳步进取的谨慎策略。

但是这份报告刚刚发出，红军获悉赣敌金汉鼎为避开蒋介石嫡系谭道源压迫，亲自率领 2000 余众由江西转入闽西开抵武平，向上杭逼近。朱德乃令三个纵队加紧向广东进击，期于梅县松口集结，夺取梅县。朱德率领前委及军部机关也于 10 月 20 日离开上杭，进抵武平县象洞。由此前往广东边境，不过 10 公里左右。

实际上，从 10 月 15 日开始，红四军第一、二、三纵队依照前委的命令，已经行动，分别从各自活动地区陆续向闽粤边境进发。10 月 15 日，二纵队攻取汀江下游重镇永定县峰市，随即于 19 日晨占领粤东边境之大埔县虎市。同一天，一纵队从武平县象洞进占梅县之松源，击溃守敌陈维远部；三纵队也于同日由武平县城向岩前攻击前进。

---

① 《红四军前委关于开往潮梅一带游击情况的报告》（1929 年 10 月 18 日），解放军政治学院党史教研室编：《中共党史教学参考资料》第 14 册，第 234 页，1985。

② 《红四军前委关于开往潮梅一带游击情况的报告》（1929 年 10 月 18 日），解放军政治学院党史教研室编：《中共党史教学参考资料》第 14 册，第 234 页，1985。

第一、三纵队进展顺利，向预定之松口集结。但是由于第二纵队在夺取虎市（也称石下坝）的战斗中轻敌，遭遇不测。当时随同作战的第二纵队参谋长郭化若回忆说：

虎市镇子很小，周围山高林密，我军进攻，敌人即跑入林中，很难消灭敌人有生力量。当时敌军一触即溃，进占虎市后纵队长刘安恭有些轻敌，结果敌人反扑，部队受到了损失，刘安恭同志不幸中弹身亡。前委即令我担任纵队长，带领部队继续前进。①

二纵队虎市战斗失利，不仅牺牲了司令员刘安恭，而且还有其他重要干部多人、士兵20余人，虽然也给敌人以重创，但就四军本身来说，却是红四军入闽以来的一次重大损失。

刚从上杭到达武平象洞的朱德，得到刘安恭牺牲的消息，很受震动。他不得不对原先的作战计划进行重新评估，作出新的工作安排。权衡再三，“他决定略变计划，先集中松源，相机集中松口，抵松口后，如敌力不大，则向丰顺前进，与当地斗争联系。否则先到大埔，折回永定、南靖来包围刘和鼎。这是不能进东江的办法”②。作出这一改变之后，朱德随即派人将此改变的计划通知闽西特委，以便闽西方面早做准备。

这是红四军出击东江之后朱德第一次由于敌我情势的变化而改变行动计划，他甚至准备放弃向东江进击，改为重返闽西苏区，以击败蒋介石嫡系刘和鼎师。

依照这一修改的计划，朱德率部进入广东，到达梅县松源，以便下一步向松口靠拢，集结部队，寻找合适的机会向梅县进击。

正在这时，2个多月之前奉派前往上海党中央汇报工作的陈毅，历尽波折，由上海重返红四军，一路寻找来到松源，同朱德相会。两人久别重逢，百感交集。特别是这段时间朱德独自担负着全军纷繁复杂的工作，在军事作战、根据地开辟与全军思想政治工作等方面竭尽全力，实

① 郭化若：《六十余年艰难曲折的回忆（续二）》，《党的文献》1992年第4期。

② 《巡视员谢运康给福建省委报告》（1929年10月25日），中央档案馆、福建省档案馆编：《福建革命历史文件汇集》甲5册，第366页，1984。

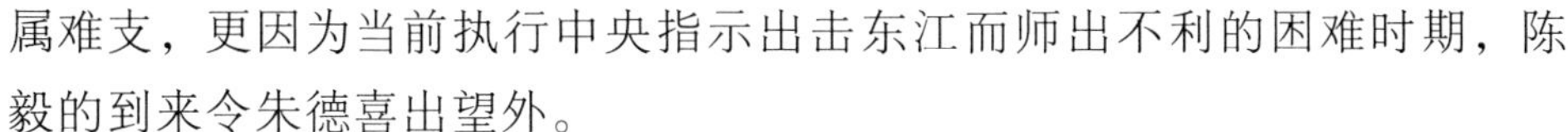

属难支，更因为当前执行中央指示出击东江而师出不利的困难时期，陈毅的到来令朱德喜出望外。

陈毅带来了中央给红四军的指示信。这封信是9月28日由周恩来主持、陈毅起草的。这封来信后来被称为“九月来信”。这封信对红四军的各项工作都有详细的意见，特别是指示毛泽东重返四军担任前委书记，共同解决红军面临的各种问题。对于目前红四军的行动也专门有所指示。

但是当前大战在即，毛泽东又因病留在闽西，所以只能仍由陈毅代理前委书记，当即召开会议，传达中央“九月来信”精神，研究中央“九月来信”关于当前军阀混战形势的分析和红军行动方针。

中央“九月来信”对于红四军在东江的行动作了各种分析和判断，特别是对在两广军阀混战的战局可能发生变化的不同情况下，红军应当采取不同的策略，作了十分周详的规定，简直就是一份周密的“锦囊妙计”：

> 在军阀战争开始爆发之际，红军应以全部力量到韩江上游闽、粤边界游击，以发动群众斗争。至两广军阀混战爆发东江空虚时，红军可进至梅县、丰顺、五华、兴宁一带游击，发动广大群众斗争，并帮助东江各赤色区域的扩大，相机围缴敌军枪械，集中东江各县赤卫队建立红军。如两广军阀混战成相持局面而且蔓延及于全国，红军即可向潮汕方面游击，建立苏维埃政权，并向惠属方面逼近。如蒋系军队失败，红军应位置于粤、赣大道左右或其败退所经之路围缴其枪械。如军阀战争结束较快或蒋系军队得胜时，红军仍留粤、闽、赣边界一带游击，以发动群众。①

在这封信中，作为中央军委书记的周恩来关于红四军目前行动目标的指示，是十分明确的。这就是运用游击战术，发动东江和闽粤赣边区的群众斗争，建立与扩大粤东地区的赤色区域。所以，周恩来在信中特别指出：“凡红军一切行动务要避免单纯的军事行动，要与群众斗争取得密切联系。”同时，来信要求红军不能只顾在东江的活动，“前委对赣南、

① 《中共中央给红军第四军前委的指示信》（1929年9月28日），《周恩来选集》上卷，第42页，人民出版社，1980。

闽西的游击工作亦要同时注意”，使其与红四军及东江的斗争相策应。

中央“九月来信”对于两广军阀混战局势作了清晰的分析，对混战的发展趋向也有各种判断。这些情况，对于红四军下一步行动提供了重要依据，正如后来前委给中央报告称：“陈毅同志携带中央文件，于二十二日晚到松源，前委才明白全国政局、东江情状及中央对四军工作指示。”①

按照中央“九月来信”精神，红军应取梅县以及丰顺、五华、兴宁等八乡山周边各县，与当地赤色势力相配合，拓展以八乡山为中心的东江根据地，实现闽粤边苏区打通连成一片。但当陈毅到达松源时，敌情又发生了变化。由于第二纵队向虎市进攻，敌人误以为红军将如两年前南昌起义部队那样占领三河坝进而沿韩江直下潮汕，因此调动各部队向松口、三河坝一线集结，阻止红军南下，而陈维远 3 个团已抵达松口，与红军相距 60 里，因此原先计划夺取松口直下梅县，转而向兴宁、五华的行动已很困难，前委不得不再次变更计划，“乃决定由蕉岭、平远入兴宁到达东江赤色区域，再行设法解决陈维远”。②

10 月 23 日，前委立即将此改变后的计划向东江特委报告，通知他们红军将于 24 日取道蕉岭转向东江地区，暂时不入梅县，请梅县县委密切注意松口、梅县敌情，随时派人到蕉岭一带向前委报告，以便前委及时掌握敌情，“若梅县敌人薄弱，则红军便可由蕉岭来梅，若敌人尾追，则红军又变更计划”③。

兵贵神速。朱德、陈毅在给东江特委的信交付交通员送出之后，立刻率领第一、二、三纵队于 10 月 23 日夜间向蕉岭进发，24 日早晨进抵蕉岭。前敌委员会到蕉岭以后获得消息，梅县城内仅有当地警卫队守备，并无其他兵力。

梅县是粤东重镇，政治文化和经济中心，人口稠密，商民富足，为兵家必争之地。对于打还是不打梅县，前委讨论有两种意见，“一种是推

---

①② 《前委报告》(1929 年 11 月 1 日)。原件存中央档案馆。

③ 《东江特委给广东省委的报告》(1929 年 10 月 25 日)。摘录自广东省梅县档案馆。

进，以蕉岭、平远为基础，逐渐推进，不要轻入；一种是主张立即到梅县，起码有政治影响及经济利益”。而当时第二纵队在虎市一战虽然牺牲了纵队长刘安恭，却击溃敌人两个营，第一纵队也在松源打败敌人一个营，因此全军官兵“气势很壮”，求战心切，纷纷要求打梅县。[①] 于是前委下令向梅县进攻。

10 月 25 日早晨，朱毛红军以第三纵队为先导，向梅县出击。下午 3 时，第三纵队前锋抵达梅城附近，仅以两个连的兵力攻城。守城警卫队弃城溃退。红军入城之后，立刻打开监狱，释放狱中人犯 200 人左右，其中有 10 多名共产党人，其他十有八九为共产党嫌疑犯。

红军第一次来到这个著名的华侨眷属比较集中的小城市，梅县和东江特委的地方党组织领导干部闻讯纷纷赶来与朱德、陈毅相见。

进占梅县第二天，朱德、陈毅与东江特委军委书记古大存和梅县县委领导人召开联席会议，确定立刻成立东江革命委员会，并且以毛泽东、朱德、古大存等名义发布《东江革命委员会关于颁布执行土地政纲的布告》，号召实行土地革命，建立苏维埃政府。

不到一天，这个繁华的城市迅速弥漫着革命的气息，街上到处挂起了红旗。全城居民和来自四乡的农民涌向街头，好似感受着盛大节日的欢乐和改天换地的新奇。

傍晚时分，朱德在群众集会上一边比划着极富感情色彩的手势，一边像过去那样大声演讲，鼓动民众组织起来，加入到共产党领导的革命洪流。

朱德的演讲还没有结束，忽然得到报告，十九路军总指挥蒋光鼐率领 3 个团大约 2000 多人发起反攻，先头部队已经逼近，于是立刻决定撤出梅县。撤退之前，朱德向听众们大声说：“乡亲们，不要怕，我们红军会很快打回来的，革命一定要成功！”[②]

---

① 熊寿祺：《红军第四军状况》（1930 年 5 月），古田会议纪念馆编：《古田会议文献资料》，第 490 页，中共党史出版社，2017。

② 中共中央文献研究室编：《朱德年谱》（新编本）上卷，第 164 页，中央文献出版社，2006。

情况来得突然，是因为地方党组织未能充分发动群众牵制敌人行动，也未能随时注意和及时报告敌情。朱德随即率领部队同已经反攻入城的敌军展开战斗，且战且退，指挥部队抢占南门梅江渡口，但是渡口只有一条渡船，难以承载全军 7000 多官兵在短时间内渡过江去。朱德果断指挥转向上游，寻找浅滩处涉水过江，向梅县南部丰顺边界的赤色区域转移。

由于事出紧迫，仓促应敌，陈毅与朱德来不及一起行动。陈毅在军部见到匆匆赶来的东江特委巡视员亚罗，在亚罗的陪同下匆忙撤退，军部受到不少损失。亚罗在向东江特委的报告中记述了这紧张的一幕：

> （26 日）下午二时接蕉石支部报告，敌人有两千多，十时到新埔。参谋部没有将此事对我说。至下午五时，我在枯兄处闻枪声，即到军部，为时街上行人已乱得很，即与陈毅同志指挥军部特务支部渡南门河，由大路直上梅南，是很忙乱的退出，军部损失现洋三千五百多元，全部花名册已失去，前委失去文件多种（决议案），敌人有两团兵力来梅，我们以二大队与之抵抗，结果全军安全退出，死士兵两名，重伤四名，毙敌五十余人。①

经过两天奔波，朱毛红军全部于 10 月 27 日到达丰顺县马图、梅县南坑，同东江地方红军会合，作若干天休整。尽管受到袭击仓促应对，撤离梅县时甚至不免有些狼狈，但是全军士气却并没有因此而减退，依然气壮。

粤军发现朱毛红军从梅县撤退之后一路南下，由梅南、畲坑开往汤坑方向，似有向潮汕奔袭的意图，而并未发现红军隐蔽在不远处的大山之中。因此，他们又误以为红军会如两年前的叶贺起义大军那样进取潮汕，于是调动大部分兵力前往汤坑堵截，以防红军继续南下。

朱德、陈毅召集前委会议，讨论下一步行动。最后拟定的计划是留在东江斗争一个时期：把 3 个纵队分散在东江，一个纵队南下直达惠阳、潮阳、普宁地区，一个纵队分散于丰顺、梅县一带，一个纵队由兴宁、五华入惠州，分别发动群众。

经过讨论，大多数人认为东江反动势力强大，兵力分散容易被敌人各个击破，不赞成这一计划。经过几天的讨论，大家觉得还是集中行动为好。

---

① 《东江特委报告——转录西北巡视员亚罗报告》（1929 年 11 月 1 日），原件存梅县档案馆。

这时传来消息，梅县城里只有郭思远的教导团留守。官兵们不甘于4天以前遭遇袭击的败绩，纷纷请战，自告奋勇要返攻梅县。于是前委重新部署，“大的计划是打开梅县即到兴宁、五华，工作看时局再作道理，最后官兵一致这样决定了”。①

自以为胜券在握的朱毛红军官兵们奋勇当先，士气高昂，于10月31日重返梅县，第三纵队担任主攻，一纵队迂回配合出击，二纵队为预备队，确定上午10时开始发动攻击。但是由于道路不熟，又没有群众配合，一纵队又一次未能在预定时间完成迂回。三纵队被迫孤军作战，一开始就陷入了被动。

更加出人意料的是，原来得到的情报是国民党在梅县的守军不过一个团，而实际并非如此，另外还有蒋光鼐率其师部特务营及新编特务营、炮兵营，足有两个团的兵力，这就使得红军在战术运用上一开始就发生失误。

熊寿祺。红四军第一纵队党代表。1930年5月以红四军代理政治委员、代军委书记身份向党中央写出《红军第四军状况》的长篇报告，详细阐述古田会议前后红四军党内外情况。

参加这场战斗、当时担任第一纵队党代表的熊寿祺，对梅县攻坚战作了如下的记述：

> 十月三十一日拂晓乘敌不备，包围了梅县城，前锋入了大街。一来是我们太骄了，以为敌一团人现已被包围了，梅县又无险可守，当然不成问题了，谁知敌竟乘我在街中无阵地，立足不住，用手榴弹、花机关极力射击，我方死亡太多，前卫大败退出来了。退出后终因敌少我多，又反攻上去把敌围

① 熊寿祺：《红军第四军状况》（1930年5月），古田会议纪念馆编：《古田会议文献资料》，第490页，中共党史出版社，2017

住了。从早晨至午后四时，仍然打不下，我方死亡很多，同时又怕围久了死亡更大，敌兵一到，终要无功而返，同时城市的同志又无一点影响，遂决定安全撤退。计算这役损失的约二百余人，数十支枪。①

从发起攻击到退出，一次次冲锋，一次次被击退，屡攻不克，历时7个小时，遭受强大阻击并付出了重大伤亡之后，朱德、陈毅不得不下令撤出战斗。一向英勇顽强的红军早有准备主动攻击的战斗，何以遭此大的失败？前委在11月1日给中央的报告中总结了原因。梅县县委也在11月7日给东江特委的报告中提出了看法，半年多以后熊寿祺给中央的长篇报告又再归纳了几条。其实还不止于此，对于出击东江和梅县攻坚失败的讨论，一直没有停止。从战争的参与者到历史学界的学者们，都孜孜不倦于对这场战斗的回忆与评论。不过从上述对历史的追溯和历史文献的记录，可以得到明晰的结论。

15年以后，朱德在延安回顾到这段历史的时候，从思想路线上总结了这次失败的教训：

红四军第八次党代表大会以后，部队入东江，此次行动失败，原因又是方向错了。当时上海党中央命令红四军入东江打蒋光鼐、蔡廷锴，打梅县，配合张发奎入广东的反蒋战争。这个主观主义的命令，我们执行了，所以又遭失败。但错误不很久就纠正了。这是接受主观主义瞎指挥的第二次的失败教训。②

朱德、陈毅带着这支由骄而败的队伍，在夜色中离开了这座令他们伤心的城市。队伍中出现了埋怨和沮丧的言论，士兵们都说："东江是到不得，叶贺杀来亦失败了，我们来也遭此打击。"队伍中甚至还出现了逃兵。

---

① 熊寿祺：《红军第四军状况》（1930年5月），古田会议纪念馆编：《古田会议文献资料》，第490～491页，中共党史出版社，2017

② 《在编写红军一军团史座谈会上的讲话》（1944年），《朱德选集》，第129页，人民出版社，1983。朱德在这篇讲话中说的第一次主观主义瞎指挥导致红军失败的教训，是指1928年红四军在井冈山接受湖南省委的命令冒进湘南，导致井冈山“八月失败”。

这在红四军的历史上是罕见的。原来，逃跑的几乎都是在上杭收编的卢新铭部的俘虏，600 多人几乎跑光。加上在梅县战斗中牺牲 200 多人，留在东江红军 200 多人，后来到了江西寻邬留在地方工作 200 多人，总共减员 1000 多人，“士气损失不小，为四军郴州失败后之第一次大损失”①。

在此之前，朱德、陈毅已经得到消息，两广军阀混战已告结束，敌人正在调集兵力向东江逼近。他们决定离开东江，重整旗鼓。但是去哪里好呢？如果重返闽西，金汉鼎第三十一军已入武平、上杭，目前情况不明，于是想到了闽粤赣三省边界的赣南寻邬。那里赤色区域方圆 60 里，足以安排全军，他们决定前往作短期的休息整顿。

从梅县到寻邬县不过百余公里，朱毛红军为避免与广东军阀部队纠缠，取道平远县石正，蕉岭县太平、八尺，穿越粤赣边界的层层山峦，11 月 2 日到达江西省寻邬县的赤色区域大田。

在行军途中，朱德的心情倍感沉重。他为在出击东江以来包括他认为是“出色将领”的刘安恭在内的 200 多名将士的牺牲而深感痛苦。他对史沫特莱说：“国民党损失几千人也不在乎，可是我们的士兵不是军阀棋盘上的小卒子。我们是这样教育每一个士兵的，就是在战场上打败了，也要能够号召起一支军队，继续革命。我们每一个人都是革命的宝贵财富。”朱德很清楚，在理想的中国没有出现之前，他们将会遭遇许多挫折，成千上万的人会因此而牺牲。但每次受挫每牺牲一名他的部属，他都会深感痛苦。②

朱毛红军在寻邬大田作短暂休整，把伤病员交给当地党组织作了妥善安置，第三天前往安远。安远是赣南山区的一个小县城，他们希望在这里得到更多的政治消息，解决经济和给养的补充，等待时机再确定下一步的行动。

---

① 熊寿祺：《红军第四军状况》（1930 年 5 月），古田会议纪念馆编：《古田会议文献资料》，第 491 页，中共党史出版社，2017

② 〔美〕艾格尼丝·史沫特莱：《伟大的道路——朱德的生平和时代》，第 306 页，生活·读书·新知三联书店，1979。

前敌委员会从各方面得到的消息判断，红军当前主要的对手还是国民党第三十一军金汉鼎部，但金汉鼎尚在闽西行动不明，“我们在赣南就不好活动了”，加以“赣南群众尚未起来，亦是给我们的困难”，而红军官兵“都一致不愿再入东江”。在此情况下，前委对于下一步行动计划，只有三个方向可以选择：“一个是由信丰、南康上游入赣或湘南；一个是由雩都入兴国至东固；一个是返闽西。”

权衡利弊，大家认为若从政治上考虑，走东固至吉安一带为好，“但会昌、雩都一带情况不明，渡赣水亦困难，同时全军的经济问题、棉衣问题都不能解决”，若往湘南或赣西，同样也不能解决经济问题，而且交通不便，难以得到中央的指示及中央派送到红军的人才。因此决定，等待金汉鼎的动向，如若金部由闽西折回赣南，红军再入闽西。①

上杭县官庄。朱德率部出击东江受挫，返回闽西苏区，在上杭县官庄召开前委会议，决定到长汀休整，迎候毛泽东。

①② 熊寿祺：《红军第四军状况》（1930 年 5 月），古田会议纪念馆编：《古田会议文献资料》，第 492 页，中共党史出版社，2017。

果然，金汉鼎部韦杵师由闽西返赣，先到寻邬，进而抵达距安远50里之鸭子铺。

朱德、陈毅认为时机已到，立刻率部撤离安远，迅速南下，为迷惑敌军，佯入粤东，经寻邬公平圩、留车圩，三天后占领广东平远，然后又突然掉头北上进入闽西境内，11月16日占领武平，17日攻取高梧，然后马不停蹄继续北上，击溃上杭守敌刘和鼎第五十六师两个营，18日占领汀江上游的枢纽——上杭官庄。

朱毛红军占领上杭官庄，重又回到闽西赤色区域，结束了一个月来出击东江的颠沛与奔波。大家都感觉到："这一段历史是没有积极向外发展的精神了，因为闽中的困难，东江的失败，大家都疲倦了，红军也削弱了！"②

前敌委员会决定，先在官庄作短时间的休整，然后重返长汀，解决红军自身建设和经济给养问题。

9

周恩来确定朱毛红军发展方针

陈毅赴上海党中央请命

在 1929 年的整个年头里，设立在上海的中共中央对于朱毛红军这支全国最强大的革命武装，一直给予密切的关注，不断通过福建、江西、广东省委向他们发出指示，派出一批又一批的干部人才，但是由于赤白区域间的严重封锁和交通险阻，更由于红军一直在流动游击，联络十分困难。因此，中央急于得到红军的真实情况，特别希望高级指挥员到中央汇报，以便直接听取红军的活动情况。

6 月 12 日，中共中央政治局召开会议，讨论红四军前敌委员会 4 月 5 日从瑞金发来的长信。这封信鲜明地表达了红四军前委同中央在一些主要问题上的不同意见，同时表示如果中央需要调换毛泽东、朱德的工作，就须派得力的干部接替，朱、毛方可离开。

作为中共中央政治局常委会秘书长兼中央组织部部长的周恩来，对红四军前委这封信的一些主张表示认同，并且再次提议朱毛红军须派人到中央报告情况。他说中央常委已经决定召集一次军事会议，详细讨论各地红军问题，朱德、毛泽东处应派一得力人员来参加。① 于是，中央

---

① 中共中央文献研究室编：《周恩来年谱（一八九八——一九四九）》，第 161 页，中央文献出版社、人民出版社，1989。

再次发信，要求红四军派专人到中央出席会议并汇报工作。

前敌委员会收到中央来信时，已是红四军第七次代表大会结束之后。毛泽东已经离开龙岩前往上杭县蛟洋指导中共闽西第一次代表大会，新任前委书记陈毅和朱德也已经率领指挥部到了连城新泉，全军各纵队分别开赴闽西各县，展开“七月分兵”的群众工作。而国民党“三省会剿”的声浪日益高涨，因此对于红四军来说，组织力量击破敌人“会剿”已是当务之急。

7 月 29 日，朱德、陈毅专程赶赴蛟洋，会同毛泽东一起召开前委会议，讨论打破敌人“三省会剿”的策略，同时研究派员赴中央的问题。出席了这次会议的傅柏翠回忆说，陈毅在会上传达了中央的通知，但是毛泽东表示不去上海，愿意留在闽西地方工作。最后讨论决定，由陈毅作为代表，前往上海党中央，会议并且决定：“陈毅同志去中央后，由朱德同志代理书记，林彪和傅柏翠为常委，有事可以三人商定。”①

会议结束第二天，前敌委员会的主要领导人员立刻分别行动。陈毅告别了毛泽东、朱德，在闽西特委派出的交通员陪同下，取道漳州，前往厦门福建省委机关，择机转赴上海。

实际上，陈毅此行代表红四军前往上海，心里并不愿意，只是因为在龙岩召开红四军七大时红军党内意见纷争，朱德、毛泽东各执一端相持不下，而毛泽东又坚持辞职，不愿再担任前委书记，只能由他这个政治部主任取代毛泽东主持会议。

陈毅被会议选举担任前委书记也非他所愿，在他的心目中，这一职务除了毛泽东，没有别人可以替代。他在会议结束以后，于 7 月 9 日第一次以前委书记的名义给中央写了《关于闽西情况及前委工作计划的报告》。他把这个报告连同红四军七大决议，以及毛泽东、朱德发表的不同意见以及相关的文件，一起送交福建省委转送中共中央，请求中央在详细审查这些文件之后给予明确的指示。

---

① 傅柏翠：《闽西早期革命斗争的回忆》，福建省博物馆郑远镇记录整理，1978 年，《上杭党史资料》第 7 辑，1987。

陈毅在这份给中央的报告中，坦率陈述了自己的意见："前委四军七次改选，仍觉无适当人才负高级指导的责任，朱、毛二同志在中央派了人来代替时，就可来中央。"他明确表示自己担任前委书记这个职务不合适，还是希望另派人来担此重任。[①]

但是既然党代表大会已经选了他担任前委书记，在中央批复之前他还必须承担起这项职责。陈毅怀着这样复杂无奈的感受和对中央的期待，登上了由厦门开往香港的轮船。在香港稍作停留，8 月下旬乘坐一艘英国轮船前往上海。

10 年以前，正当五四运动新潮激荡澎湃的年代，不过 18 岁的陈毅与他的胞兄陈孟熙千里迢迢从成都来到上海，登上"麦浪"号海轮起航，前往法国马赛转巴黎勤工俭学，开始了他驶向革命生涯的第一个航程。

10 年过去了，28 岁的陈毅再次来到这个在他眼里是"中国资本主义中心"的上海，他已经由一个意气风发、充满幻想的少年，成长为一个红军的高级将领，将要与共产党中央的最高领导人一起规划中国红军的发展方向。

陈毅赴上海途中化装照

陈毅的胞兄陈孟熙在历经曲折之后，担任四川军阀刘存厚驻上海的少将代表；他的另外一位堂兄陈修和也在上海兵工厂任职。两位兄长虽然自汪精

① 袁德金：《毛泽东与陈毅》，第 57 页，中国青年出版社，2008。

卫叛变革命之后不久在武汉与陈毅分手，各奔前程，但他们对于陈毅这个红军将领的弟弟也依然爱护有加。他们得到陈毅来到上海的消息，马上作了周密的安排，一起来到黄浦江边租界的码头，登上轮船，接陈毅下船，把他安排住进英租界四马路的新苏旅馆。

陈毅很快同中共中央取得了联系。第一个同他见面的是中央政治局常委李立三。陈毅与李立三是在法国勤工俭学时的同学。1921 年 9 月，他们与蔡和森、赵世炎等发动和领导勤工俭学学生代表 100 多人，在法国里昂法中大学为反对中国驻法公使馆和学校当局对爱国学生的压制，展开斗争，一起被关押并武装押送回国。南昌起义部队在广东三河坝失败之后，陈毅与李立三各分东西，如今再次相见，格外高兴。

陈毅把红四军的情况以及党内发生的分歧与争论，向李立三作了简要的报告。在此之前，中共中央已经收到红四军七大的决议和党内争论的有关文件，包括刘安恭给中央的信。李立三表示将尽快向中央政治局报告，要求陈毅抓紧时间把红四军的情况写成书面报告交给中央研究。

就在陈毅抵达上海的那些天，上海笼罩着严重的白色恐怖。8 月 24 日，中共中央政治局委员、中央农委书记兼江苏省委军委书记彭湃，中央政治局候补委员、中央军事部部长杨殷，中央军委委员兼江苏省委军委委员颜昌颐，江苏省委军委干部邢士贞，上海总工会工人纠察队副总指挥张际春等 5 人，因叛徒白鑫告密而被捕。中共中央为此连续召开紧急会议，研究如何营救这几位党的重要干部和惩办叛徒的措施。而其中颜昌颐是 1923 年陈毅在北京中法大学学习时由社会主义青年团团员转为中共党员的入党介绍人。

8 月 27 日，中央政治局再次召开会议。会议的气氛显得特别紧张而严肃。主要的议题有两个。一个议程是由周恩来报告彭湃等 5 人被捕事件，同时决定由周恩来接替杨殷，兼任中央军事部部长，由李立三接替彭湃兼任中央农委书记。

会议的另外一个议程是由李立三报告陈毅同他谈话的主要内容。会议记录显示，陈毅坚持“一定要中央找一政治上强的人去”①，表示自己担任前委书记只是一个过渡，期待中央解决红四军党内问题。鉴于红四军的问题关系重大，中央政治局会议决定 8 月 29 日再举行一个临时会议，专门听取陈毅的报告，再作研究。

会议为什么定在 8 月 29 日，因为 8 月 28 日周恩来必须参加一次极为重大的战斗。他亲自到上海郊区指挥中央特科人员，武装劫持押送彭湃等人的刑车，计划将他们一举营救出狱。可惜由于准备不够周全，这次惊心动魄的大营救没有成功。三天之后，彭湃、杨殷、颜昌颐、邢士贞四人在上海龙华国民党淞沪警备司令部英勇就义。不过，叛徒白鑫也没有逃脱党的制裁。同年 11 月 11 日，中共中央特科派出的行动队员将其处决。

8 月 29 日，连续奔走几天几乎没有休息的周恩来，又赶到了中央政治局为听取陈毅报告而召开的临时会议上。这次会议由中央政治局主席向忠发主持，出席会议的除了周恩来，还有李立三、项英、关向应。

陈毅的报告涉及红四军的历史和党内论争，直至第七次党代表大会的全部情况。鉴于陈毅反映红四军的经验和存在问题都极为重要，中央政治局会议决定成立由周恩来、李立三、陈毅组成的三人委员会，由周恩来负责召集，作专门的讨论和研究。

为帮助中央深入全面了解朱毛红军的情况，中央要求陈毅尽快完成书面报告送交中央。陈毅每天在他住的旅馆里，除了周恩来等中央领导人找他谈话以外，闭门不出，集中精神赶写。他离开闽西时，为了安全起见，随身没有带文件材料，完全凭着个人记忆，仔细搜索每一个历史细节，将朱毛红军成立一年多来的全部情况，写成详细的报告。

这项工作前后不到一个星期，到 9 月 1 日，陈毅完成了写给中央的 5

① 袁德金：《毛泽东与陈毅》，第 59 页，中国青年出版社，2008。

份报告:《关于朱毛军的历史及其状况的报告（一）》(以下简称《历史状况报告（一）》)、《关于朱毛红军的党务概况报告（二）》(以下简称《党务概况报告（二）》)、《关于朱、毛争论问题的报告》、《关于赣南、闽西、粤东江农运及党的发展情况的报告》和《前委对中央提出的意见——对全国军事运动的意见及四军本身问题》。这五份报告将近5万字，其中最为主要的前两份报告即长达3万余字。他希望这几份报告能够帮助中央了解朱毛红军的全部情况，由此解决红军的问题。

陈毅五万言报告书

凡是读过陈毅这些报告的专家学者或者历史当事人，都高度赞扬这五份报告，它对于中共中央全面了解朱毛红军的历史经验和存在问题，并且得以得出准确的判断，作出正确的指示，发挥了极其重要的作用。普通读者可能不太容易接触到这些历史资料，难窥其全貌。这里不妨专就《历史状况报告（一）》和《党务概况报告（二）》的内容，择其义加以说明。

《历史状况报告（一）》全文近两万字，分作五个部分：四军的历史、四军的组织及训练、四军的游击工作、四军近况、结论。从这五个部分的标题和结构不难发现，这份报告从纵向和横向的叙述，几乎涵盖了朱毛红军自成立以来的全部情况。

陈毅把红四军的历史向前追溯到这支部队的来源，共有三支部队，一为朱德率领的南昌起义军残部，一为毛泽东率领之秋收起义部队，一为湘南起义五县农军。这三支部队在1928年4月于井冈山会师以后成立红军第四军。自此至1929年7月一年又三个月，陈毅将其划分为五个时期，对每个时期的主要活动、主要作战及成败得失都一一说明。例如龙源口大捷、湘赣边界各级苏维埃成立、八月失败、黄洋界保卫战、彭德怀上井冈山、向赣南游击、大柏地战斗、东固休整，二次入闽的汀州战斗与消灭郭凤鸣、陈国辉，以及闽西六县游击，等等，都一一涉及，几乎就是一部战争史。①

陈毅把红四军一年三个月的历史划为五个时期的依据，是他对红四军历史发展过程中盛衰成败的分析与判断：他把1928年4月至7月的第一时期认定为“边界斗争的全盛时期”；而从7月中旬至9月“是为四军第二时期之八月失败”；此后到1929年1月为第三时期，是红四军“复兴与整顿时期”；第四时期即撤离井冈山向赣南游击；第五时期为蒋桂战争爆发，红四军先后两次入闽击溃郭凤鸣、陈国辉，创建闽西根据地。

通过对这五个时期的划分，人们能够很容易地把握朱毛红军的历史走向。所以，后来的许多历史学家们，也依循这样的轨迹对朱毛红军展开历史研究。

朱毛红军是第一支独立发展起来的共产党领导下的当时全国最大的一支武装力量，其全部组织编制、军事与政治训练、经济给养等，不同于以往任何一支旧军队的全新创造。为了使中共中央的领导层对此有全面的了解，陈毅对此作了详细的介绍。

陈毅报告说，由于红军在游击战争期间“流动性质”的特殊性，其战术原则是“集中以应付敌人，分散以争取群众”，所以部队的编制“应该与普通军队不同”，既要便于集中行动，又能机动分散。为了探索适合这一特点的办法，朱毛红军曾经尝试过“黄埔式军队编制”，也曾试行过“俄国红军的编制”，都不能适应，所以还是沿用北伐时期国民革命军的办法，每班10人，班、排、连、营、团逢三晋级。但其编制有两个特点，一是红军不轻易作战，每战必有胜利把握，这就要求徒手兵多，兵多枪少，便于战斗胜利后有足够士兵收集搬运缴获的枪械；二是政治工作人才多，以供发动群众和训练士兵的工作之急需。所以，朱毛红军往往一团人数有两千而枪却不足千支，“这是一般旧军官所不懂得的玄妙”。②

① 《陈毅关于朱毛军的历史及其状况的报告（一）》（1929年9月1日），《中共中央文件选集》第5册，第751～755、756～757页，中共中央党校出版社，1990。

② 《陈毅关于朱毛军的历史及其状况的报告（一）》（1929年9月1日），《中共中央文件选集》第5册，第756～757页，中共中央党校出版社，1990。

《历史状况报告（一）》特别介绍了朱毛红军的士兵委员会。这个组织起始于毛泽东率领秋收起义部队向井冈山进军途中，目的是加强军队民主建设，消除旧军队的军阀主义影响。陈毅对从连到军各级士兵委员会的选举产生、人员组成及机构运作，都一一加以说明。对于士兵委员会的任务及其同军事指挥机关的关系，这里照录如下：

各级士委的任务，规定是下：一、参加军队管理。二、维持红军纪律。三、监督军队的经济。四、作群众运动。五、作士兵政治教育。此外士委与军事机关的关系，士委只能对于某个问题建议或置问，而不能直接去干涉或处理，士委开会须由党代表参加，等于一个政治顾问的性质，在非常时期党代表可以解散士委，或不准其开会，另诉诸士委代表会。①

《历史状况报告（一）》详列了朱毛红军军事训练的四种方式，以及政治训练的七种方式。而对于红军纪律，更有详细介绍，从中可以看到，红军纪律极其严格，不仅对于违犯战场纪律如临阵退却、违抗军令等处以“就地枪决”，犯强奸、乱烧乱杀与敲诈人民财物者，也“均处以死刑”。

在这里，陈毅第一次向中央报告了朱毛红军实行的三大纪律：

A. 不准乱拿工农小商人一点东西。

B. 打土豪要归公。

C. 一切行动要听指挥。

这三条纪律是一个原则，但包括了一切，所以现在红军士兵每每都要抬出这三条来批评他不愿的人。他自己犯了处罚他也就没有话说。②

可见，这三大纪律在朱毛红军里面，是人人皆知，必须遵循，而且

---

① 《陈毅关于朱毛军的历史及其状况的报告（一）》（1929 年 9 月 1 日），《中共中央文件选集》第 5 册，第 759 页，中共中央党校出版社，1990。

② 《陈毅关于朱毛军的历史及其状况的报告（一）》（1929 年 9 月 1 日），《中共中央文件选集》第 5 册，第 761 页，中共中央党校出版社，1990。

有着很大威慑与约束力的一种制度。这项制度延续至今已经80多年，虽然其中文字有所调整，但含义一直没有变更，足见其生命力的强大和在人民军队建设中非凡的意义。

《历史状况报告（一）》谈到朱毛红军的“游击工作”。顾名思义，这里应当是专讲军事战略战术，但在这一部分，讲的却主要是分兵游击的群众工作，涉及社会调查、政治宣传、组织与发动群众、打土豪筹款，以及俘虏兵工作，对每项内容都写得生动具体，令读者如身临其境，感受真切。

而关于军事方面的游击战术，虽然只占“游击工作”这一部分内容的一小部分，陈毅却以其对红军的亲身体验，如数家珍一般地总结为14种类型与经验，如“红军不攻坚”，强敌跟追采取“打圈子”战术，缺乏党和群众组织基础的地方“不轻易作战”，发动群众“封锁”或“扰敌”的战术，不打“不能十分有把握的仗”，红军常用有效的“围魏救赵之老办法”，声东击西“以迅雷不及掩耳手段击溃敌人”等战术。陈毅说：“上面十四条，有的为旧式战术所无，有的为旧式战术所本有，但均为四军的法宝，故一并录出。”①

朱毛红军对于游击战术的研究与运用，可谓炉火纯青，虽然也有过失败，纵览一年有余的历史，转战千里，大小百余次战斗，却是总能以少胜多，积小胜为大胜，终于由井冈山的开辟转而向赣南闽西十几个县，初步打开了闽赣两省边界赤色割据的局面。其军事上的成功，并不完全依仗于旧式的战术，更多的是政治动员、群众工作和被陈毅称之为“法宝”的这14种战术。

人们从这些战术中不难得到结论，朱毛红军吸纳与承接了中国古代兵法的作战技巧，却又依据自身特点和环境以及敌强我弱的客观实际，创造了完全不同于以往其他旧式军队的游击战术。

对此，陈毅在客观陈述朱毛红军的历史之后，在理论上对这支新型

---

① 《陈毅关于朱毛军的历史及其状况的报告（一）》（1929年9月1日），《中共中央文件选集》第5册，第768页，中共中央党校出版社，1990。

的人民军队加以分析，特别从四个方面强调了朱毛红军与“普通军队”的区别：

> （1）红军是无产阶级的军队，为自己本阶级利益而战，没有雇佣性质；
>
> （2）红军是工农阶级的学校，官长尽是提高士兵各种文化智识，不像旁的军队以严刑峻法，把士兵造成一个好管理的奴隶；
>
> （3）红军各部分间非常团结，内部官兵是弟兄一般关系，非常欢爱，不会像反动军队之不能团结，发生互相厮杀等事；
>
> （4）红军是由工农斗争中产出，不能脱离工农群众。①

短短几段话，清晰地勾勒出朱毛红军的阶级属性及其宗旨。毫无疑问，这是一支中国历史上从来未曾有过的武装集团，也是一支真正为了工农解放而战的人民军队。

但是，这支军队既然生长于中国这块旧的社会意识形态与传统文化观念尚未褪除的土地上，当然带有这种陈旧的思想烙印。因此，陈毅向中央的这份报告，坦率地指出了朱毛红军尚存的缺点，共有 8 条。其中主要的缺点是“造成党军的错误倾向”和政治、军事指挥机关之间“时常发生职权上的纠纷”；而由于士兵的来源“多半出于招募及改编敌兵”，政治素质与修养不高，缺乏独立作战的能力而只能集团行动，影响部队战斗力。

如果说，陈毅这份《历史状况报告（一）》对朱毛红军已经作了一个全方位的描述，那么他当然意识到，作为这支部队的核心和领导中坚的中国共产党的状况如何，怎样发挥其作用，是更深一层的问题，必须向中央作深入而客观的报告。于是，有了他的第二份长达 1.5 万余字的《党务概况报告（二）》。

《党务概况报告（二）》共三个部分。第一部分为“党的历史”，第二部分是“党的近况”，第三部分为报告的重点，占全文三分之二以上，

---

① 《陈毅关于朱毛军的历史及其状况的报告（一）》（1929 年 9 月 1 日），《中共中央文件选集》第 5 册，第 770 页，中共中央党校出版社，1990。

名为“党的前后政策”。

陈毅的报告清楚地陈述了朱毛红军各级党组织的历史渊源以及机构与职能，特别是对党的最高指导机关前敌委员会的历史演变说明颇为周详。陈毅报告说，在井冈山时期，前委领导下还有军委、湘赣边界特委、工农运动委员会三个机构，但在朱毛红军从井冈山出发赣南之后，由于前委“事实上随军走，所以只能管军队”，而军队每天都行军作战必须随时作出决定，“因此觉得军委前委发生重复，遂将军委停止职权，由前委直接指挥两个团委，及特务营委及军部特支”。

陈毅的这一段话，清楚地说明了取消军委的必要性和特定条件，而且他认为，军委取消以后“颇觉便利敏捷”。特别是在苏维埃政府尚未成立的割据区域，还是要由党指挥各项工作的情况下，“仍然觉得现在的指导方式是很方便于斗争的”。①

朱毛红军党内在此之前的种种矛盾和论争，皆起源于是否取消军委的不同意见。陈毅在这里明白地袒露这一问题的症结所在和他的个人见解，同毛泽东的主张是一致的。如果对照陈毅起草的红四军七大决议，还可以发现，决议也肯定了毛泽东提出的“前委与军委重复”的批评，认为“前委之下又设立一个军委，实系重叠机关”，表明了赞成取消军委的观点。这一点非常重要，对于中共中央判断朱毛红军党内是非与作出决策无疑是一个重要的依据。

对于红军政治工作人员与军事干部之间存在的矛盾和纠纷，陈毅并没有回避，如实向中央作了客观的报告，并且批评这种现象“恍惚是国民革命军旧习一样”，令人不能接受。前敌委员会为根本解决这一问题，曾经按职权的划分考虑过多种方式：一是政治与军事干部平等（结发夫妻式），结果天天要吵嘴；二是限制政治干部的权力，结果是军事干部权力过大，“政治人员会变成姨太太”；三是由政治干部指挥军事干部，这样又“成了父子式了”。实践经验的结果，这三种方式都行不通，乃决定

① 《陈毅关于朱毛红军的党务概况报告（二）》（1929 年 9 月 1 日），《中共中央文件选集》第 5 册，第 772～773 页，中共中央党校出版社，1990。

第四种方式："军官与政治人员平等，由党内书记总其成，一切工作归支部，这样可以解决许多纠纷，划分职权。"①

朱毛红军政治工作干部与军事领导干部之间的矛盾，是引起诸多纠纷的另外一大问题。陈毅的报告以及他在这个问题上的主张，同样清楚地表明了他赞同和支持毛泽东的一贯立场。

陈毅的报告对于毛泽东的主张表示赞同的另外一个问题，是强调"支部建在连上"的制度。

人们都知道，这一制度是毛泽东率领秋收起义部队向井冈山作艰苦行军的途中，为保证党在军队的绝对领导而创造的。在红军党内发生论争时，这一制度成为削弱党的领导的一些干部批评的对象，毛泽东却不为所动。

陈毅在向中央的报告中，明确地表示了他对毛泽东提出的"一切工作归支部"这一口号的支持：

> 连上成立支部的作用非常大，因每一连可以担任一方面的任务，一个支部恰可以应付这个任务，连支部的精神，在"一切工作归支部"这个口号上，四军党的基础在连支部上面，军队力量也寄托在上面。②

陈毅的这一主张，实际上是重申了他在红四军七大时表明的见解。由他起草的红四军七大决议一再重申，"过去四军党所领导红军在艰苦中奋斗，大半由于连支部起作用"，甚至强调"四军在连支部作用是四军的生命"，严肃批评那种以为一切工作归支部就是"包办下级工作"的错误意见。

关于朱毛红军党组织的近况，陈毅列出的一串数据显示，全军除第四纵队以外，截至 6 月底的统计，共计 5400 人左右，其中党员 1400 人。各种成分所占比例为："官长同志约占十分之三，兵夫约十分之七，手工业工人占十分之二，学商占十分之一，军队中产业工人成分极其低微。"③

---

①②③ 《陈毅关于朱毛红军的党务概况报告（二）》（1929 年 9 月 1 日），《中共中央文件选集》第 5 册，第 774 页，中共中央党校出版社，1990。

党的最高领导机关前敌委员会，为体现军队的民主制度，士兵党员占三分之一。红四军七大改选以后的前委成员13人，士兵占5人；前委常委5人，士兵占2人。

引人注意的是，陈毅在总结朱毛红军党组织近期情况的部分，花了一大半的篇幅指出党内存在着“右倾的危险”“极端民主化”“小团体主义”“取消或缩小红军的观念”四种错误倾向。如果联系毛泽东自4月5日给中央“二月来信”的复信，一直到毛泽东在红军党内争论所发表的多次言论和书信，不难发现，陈毅所指出的这四种错误倾向，正是毛泽东所批评的几个重要问题。

如果对照陈毅在此之前的言论，很少见到他对这些问题有过专门的论述，在他起草的红四军七大决议当中，虽有涉及，但只是一句两句的口号式的表态，但在给中央的这份报告中，却是列出了每一种错误倾向产生的来源。他在指出红军存在右倾危险的问题时，列出了发生这一错误的六种原因，例如党的领导机关“尚在知识分子手中”，党的士兵基础薄弱，党员政治水平不高，等等。而对于极端民主化的批评，陈毅指出其存在这一错误倾向的原因，作了如下分析：

> 四军是由国民革命军改造而来，在初期一般官兵同志，皆十足的盲目服从上级，渐渐由党的在下层的发动，一般官兵同志渐渐能够讲话发表意见，到最近又犯了极端民主化的毛病，上级的命令未经下级讨论，下级便不执行或者说上级包办，说上级是家长制。军事机关的命令也常有托故不执行的毛病。①

这一段言论，对红军党内存在的问题向中央作了客观而坦诚的报告。而对于小团体主义的批评，陈毅指出产生这种错误倾向的原因在于四军历史上是由来自不同部队组成，因此而存有“历史的残余”，加以“农民的自私关系”，尤其还有广东人、湖南人、北方人等“同乡关系”。

---

① 《陈毅关于朱毛红军的党务概况报告（二）》（1929年9月1日），《中共中央文件选集》第5册，第775～776页，中共中央党校出版社，1990。

《党务概况报告（二）》更是以很大的篇幅，对朱毛红军自成立以来一直到闽西六县游击、创建闽西苏区，前后划为九个阶段所采取的不同政策，一一列出，详细介绍，甚至对某一政策不同意见的讨论与决策也分别罗列，令阅读者一目了然。在这一过程中，朱毛红军或是应对敌人对井冈山和闽西的“会剿”，或流动游击，或分散发动群众，或帮助地方建立政权和武装，开展土地革命。

在这一系列的工作当中，朱毛红军都依据自身实际情况和来自中共中央的指示，特别是中共六大的精神，制定了大量涉及军事斗争、政权建设、土地革命和经济等等方面的政策。陈毅在报告中，将其归纳为十种：(1) 武装地方与武装工农问题；(2) 经济政策；(3) 红军补充问题；(4) 对由兵变而来的部队及投诚土匪问题；(5) 对地方武装的政策；(6) 对地方政权的主张；(7) 对土地问题的主张；(8) 工人问题；(9) 青年问题；(10) 发动群众的办法。

在每一种政策当中，陈毅将朱毛红军的各项具体政策再一一排列出来，极为细致和周全，几乎就是在此一年多期间的政策大全。相信中共中央在读完这份报告之后，对于朱毛红军党组织及其活动的全部情况，能够充分了解。

陈毅给中央的 5 份报告中，有一份专门涉及红四军党内不同意见的争论。在这份标题为《关于朱、毛争论问题的报告》中，陈毅以其一贯坦荡的秉性如实报告了红军党内的争论情况，特别是第七次代表大会的情况和各种不同的意见，直率地表达了自己对于这场争论的主张和处理方式。

陈毅自我估量，以自己的资历和在党内的威望，不适合担任前委书记这一职务。这在他 7 月 9 日以前委书记名义写给中央的报告中已经表明，这次到了上海在 9 月 1 日写给中央的这份报告中，陈毅又一次向中央报告：

> 在大会之后，朱方面还没有什么意见，毛方面则不满意，有不能一朝之慨。所以代表大会并没有把问题彻底解决了，所以朱毛争

论以后不能恢复工作如初，还静待中央派人去主持，所谓前委，只是一个“过渡内阁”。[①]

陈毅坦承自己不能够胜任前委书记，而朱、毛之间的隔阂未除，难以共同相处，但是红军天天行军打仗，正处在开辟闽西、赣南大片苏区的关键时期，军中不能一天无统帅。所以，陈毅向中央建议：

对朱、毛去留意见：（1）在中央能各派一人去担任他两个的工作，则两人同时可以离开。（2）如不能同时派两个人去，则先派一人去任前委书记，毛可先走，朱可暂留工作。[②]

陈毅的这项建议，实际上是依照毛泽东 4 月 5 日在瑞金给中央的信中所提意见，如若中央确实要调动朱、毛离开红四军另外安排工作，那么就请中央调恽代英、刘伯承接替，分别担任政治和军事的领导。但是当时恽代英是中央宣传部秘书，主编中央机关刊物《红旗》，刘伯承则留在苏联尚未回国，因此他们两人不可能调去红四军接替朱毛。

所以当中央收到陈毅的这份报告以后，再次同陈毅谈话，给他的答复是：“派不出人，还是你回去。”[③] 如此，陈毅不好再推托，他将肩负起中央赋予的重任，再返红四军。

陈毅把这 5 份报告送交中央之后，静待中央的召唤。

陈毅的报告，体现了他坦诚公正的风格和坚定的党性原则，为中共中央作出准确判断和决策，在决定红四军的前途命运和人民军队建设这一重大问题上，发挥了非凡的作用。谭震林在 20 世纪 50 年代把陈毅此行上海协助中央解决红四军问题，称誉为陈毅对中国共产党的三次贡献之一。[④]

---

① 袁德金：《毛泽东与陈毅》，第 55 页，中国青年出版社，2008。

② 袁德金：《毛泽东与陈毅》，第 59 页，中国青年出版社，2008。

③ 参见《陈毅传》编写组：《陈毅传》，第 118 页，当代中国出版社，1991。

④ 参见《陈毅传》编写组：《陈毅传》，第 118 页，当代中国出版社，1991。谭震林所说陈毅的另外两次贡献，一次是 1927 年 10 月南昌起义部队兵败三河坝之后，陈毅和朱德收集残部，保存力量，把队伍带到了井冈山；另一次是 1940 年 10 月指挥新四军取得黄桥战役的胜利，打开了华中抗日局面。

周恩来心系朱毛红军

中共中央在听取了陈毅多次口头汇报，以及研究了近五万字的书面报告之后，对朱毛红军的历史和各项活动、执行中央政策及其成效，有了完整的了解，特别是对于红军党内关于人民军队建设的创造性理论和内部争论的不同意见，更是得到了充分的理解。接下来的问题是，如何提出朱毛红军下一步的行动以及如何化解红军党内的分歧，指导这支队伍更加健康地发展成长，使之成为人民军队建设的一个典范，中共中央必须有一个权威而明确的决策。

历史的命运似乎已经决定，能够承担起这一责任的人别无选择，只有周恩来。

一年以前在莫斯科召开的中共第六次全国代表大会，由于共产国际的干预，片面强调党的领导机关必须加强产业工人的成分，实行“领导干部工人成分化”，因此选举工人出身的向忠发为中共中央政治局主席、中央政治局常委会主席。

当年 48 岁的向忠发当过造币厂、钢铁厂工人，也当过船员和码头工人，还参加过京汉铁路大罢工和不少重大的工人运动，长期从事工会领导工作，但是由于其政治理论与党的领导组织能力不足，个人政治品质与修养也存在严重问题，所以在中央领导岗位上并没有发挥核心领导人的作用。

1928 年 10 月，作为中共中央政治局常委会的五名成员之一，周恩来从莫斯科回国，他的职务是中央政治局常委会秘书长兼中央组织部部长，后来因为军事部部长杨殷牺牲，又兼任了中央军事部部长。这就在客观上使得周恩来在此期间的一段时间内，成为中共中央工作的实际主持者。

事实上，朱毛红军的生存和发展，一直是周恩来萦系心头的大事。因为他也是这支队伍的创造者之一。从他担任黄埔军校政治部主任，到以前敌委员会书记身份领导南昌起义，他许多曾经的部属和士兵，成为

周恩来。主持中央工作的周恩来听取了陈毅的报告，对红四军的情况有了深刻和全面的了解，多次主持召开中央政治局会议，研究和讨论对红四军工作的安排。

了朱毛红军的中坚骨干。他为这支英雄部队的每一次胜利而兴奋不已，为部队遭受的挫折而焦虑不安。

特别是朱毛红军在 1929 年 1 月撤离井冈山向赣南游击，转而开辟赣南、闽西革命根据地的岁月里，周恩来无时不在注视着他们的行踪与成败。每到关键的时刻，周恩来总会把朱毛红军的问题提交到中央常委会上讨论，研究应对之策，甚至亲自动手以中央的名义向红军发出指示。

那封著名的中央“二月来信”，正是中共中央在得到朱毛红军撤离井冈山、在赣南遭到强敌围追堵截，陷入危险困境的报告以后，根据共产国际的指示精神，由周恩来起草的。

在这封信中，周恩来担心这支历经艰难险阻而幸存下来的队伍生死存亡的命运，高估了敌人的强大，低估了国内形势的有利发展与朱毛红军的战斗力，要求红军分散活动，隐蔽大的目标，调朱、毛离开红军到中央工作。但是周恩来的主观愿望是希望保存部队的战斗力，以为将来更大规模的土地革命发挥更加重要的作用，所以他又特别说明：“你们切须弄明白：中央决不是要你们采取失败主义的精神将红军遣散回乡，而是要你们在适宜的环境中（即是非在敌人严重的包围时候）可能的条件下（依照敌人的军力配置和我们武装群众的作战能力与乡土关系），分编我们的武装力量散入各乡村去。”周恩来指出，部队尽管分散行动，但仍然必须互有联络互相策应，以完成“在农民中间发动农民的日常斗争走入广大的土地革命”；至于调朱德、毛泽东离开红军到中央，除了缩小敌人目标，还有一个目的是希望朱、毛到中央“更可将一年来万余武装群

众斗争的宝贵经验供献到全国以至整个的革命”。[①]

显然，周恩来用心良苦，全在于保全和发展朱毛红军，期待这支队伍在全国革命运动当中发挥典范的作用。不久之后，周恩来发现他的主张不甚妥当，开始修正。而当中共中央收到毛泽东在瑞金于 4 月 5 日以前委名义的复信，表示了与中央不尽相同的主张之后，周恩来很快纠正了先前要求红军分散和朱、毛离开红军的意见。

4 月 4 日，中共中央政治局常委会议讨论向忠发起草给朱德、毛泽东的指示信。周恩来的发言就不再十分坚持原先的观点，而且建议对于调朱、毛离开红军的问题，应当根据实际情况写得活一些，对于红四军的行动方针也不要作呆板的规定。会议决定由周恩来对给朱、毛的复信做修改，修改以后的文字尽管没有放弃调朱、毛离开红军的原则，却是缓和灵活了许多，提出“润之、玉阶两同志若一时还不能来，中央希望前委派一得力同志前来与中央讨论问题”[②]。

6 月 12 日中央政治局会议在讨论对毛泽东 4 月 5 日所写前委来信的复信时，周恩来更加明确地表示，中央“二月来信”中让红军分散等问题“是有些毛病”，同时指示红四军应当派出一位得力人员前来参加中央军事会议，对红军发展作详细的讨论，并且建议征调一批军事人才派往红四军，以增强那里的军事力量。在此前后，郭化若、张恨秋、谭玺等一二十位从苏联学习归来或从各地调集的高级军事干部，陆续被派往闽西转赴红四军。朱毛红军如虎添翼，实力大为加强。

然而使得周恩来格外忧虑的是，朱毛红军在由赣南进入闽西，在军事上迭获胜利而闽西苏区日益发展的形势下，红军党内因为军队建设的不同意见而产生的纷争，影响到了这支队伍的战斗力，而更为深远的影响，则是人民军队向何处去？怎样才能把红军建设成为一支真正意义上

---

① 《中央给润之、玉阶两同志并转湘赣边特委信》（1929 年 2 月 7 日），《中共中央文件选集》第 5 册，第 35～37 页，中共中央党校出版社，1990。

② 中共中央文献研究室编：《周恩来年谱（一八九八——一九四九）》，第 158 页，中央文献出版社、人民出版社，1989。

无产阶级领导的新型武装集团？

这些问题，使得实际主持中央工作的周恩来不得不作更加全面深入的考虑，加以妥善解决。

周恩来与中央“九月来信”

关于朱毛红军党内争论的各种消息和不同意见，透过种种渠道汇集到周恩来那里。特别引起周恩来注意的是，朱毛红军第七次党代表大会的决议，新任前委书记陈毅的信，以及毛泽东、朱德发表的给林彪的公开信，还有刘安恭给中央的信。争论各方都极力倾诉自己的主张，都在力图证明自己的正确而否定对方的理论。

显然，问题的解决已是刻不容缓。虽然发给红四军要求派一重要干部到中央参加军事会议的指示信已经发出，但是陈毅何时来到中央尚无定日，已经不能等待。于是，中共中央在 8 月 13 日召开政治局会议，专门讨论朱毛红军问题。

周恩来发言指出，朱毛红军党内的分歧，是历史上很久以来就已存在不同意见的冲突，只是因为过去大家忙于工作，所以没有公开爆发，至于如何处置，可以同即将来中央的陈毅讨论之后再作一个完整的回答。在陈毅到达之前，中央可以先给他们写一封信，勉励他们努力地同敌人作斗争，已经解决的问题不应该再争论，同时要求他们克服消极的观念。作为解决矛盾的一个措施，周恩来提议，把刘安恭调回中央。①

起草这封信的工作，自然落到了周恩来的身上。8 月 21 日，周恩来以中共中央的名义写成《中央给四军前委的指示信》，全信约五千字，分为六个部分。这封信，后来被称为“八月来信”。

周恩来在一开头就说明，前委寄送给中央的各种报告及决议案与表册都已先后收到，而最后一封信中告知陈毅即将前来中央，“因此，关于

① 中共中央文献研究室编：《周恩来年谱（一八九八——一九四九）》，第 165 页，中央文献出版社、人民出版社，1989。

红军中许多斗争策略问题及党内争论问题，我们均将等陈毅同志到后，与他作更详细的讨论，再给你们以更正确的指示与批评”，这封信“只就你们所急盼回答与应急”，并要求你们必须遵守的问题先作阐述。①

周恩来所要阐述的问题，就是目前政治形势、应对闽粤赣国民党军“三省会剿”的任务，特别是如何妥善处置红军党内矛盾，并对朱德、毛泽东、刘安恭分别提出批评与建议。

对于朱毛红军的任务，信中认为首先应当是“游击区域的发展，农民武装的加强，红军的扩大，而土地革命的深入更是根本任务”。

对于朱毛红军为应对“三省会剿”而向闽中地区出击，“八月来信”要求红军在所经过的地区不仅仅是努力作战，更应当“成为广大的宣传队以发动群众”，武装农民，以使群众为土地革命而行动起来，“只有如此，你们的游击任务才算达到，才不致空空走过群众的乡村”。

周恩来深知，作为全国最为强大的革命武装，朱毛红军对于全国革命的影响非同一般，可谓举足轻重，因此他特别提醒：“你们应知现在朱毛红军对于全国的政治影响较对于闽西一处大的多，能保全这部分实力而更扩大之，便是对于全国政治影响的保全与扩大。因此，你们在战略的决定上不应轻于求试，不应死守一地，使得敌人得全力来消灭你们。”

于此可见，周恩来耿耿于怀于朱毛红军的生存和发展，视其为全国革命成败的一个重要砝码，这也就难怪他自发出中央“二月来信”以来，一直密切注视着这支队伍的行迹，不断告诫朱德、毛泽东务必确保部队的安全，甚至不免流露出过于谨慎与保守。因为周恩来很清楚，大革命的失败，南昌起义以来全国100多次武装起义大多以失败告终，而朱毛红军正是这一次次挫败之后硕果仅存的一颗火种，自然倍加关注。

也因为此，当周恩来发现朱毛红军党内的分歧和争论有可能危及这支部队内部团结和战斗力的时候，就以极大的精力处理和解决这些矛盾。他起草的这封“八月来信”中所列六个问题，有两个问题专门针对这一

---

① 《中央给四军前委的指示信》（1929年8月21日），《党的文献》1991年第2期。本节以下所引该信，均出此处，不再另行注释。

争论提出意见，占全文篇幅一大半。周恩来依据所得到的材料，对红四军七大的决议，对毛泽东、朱德、刘安恭等争论各方的主张作了初步的裁示与批评：

> 在这种严重的局势之下，你们第七次代表大会的主要精神是在解决党内纠纷而没有针对着目前围攻形势，着重于与敌人的艰苦奋斗——这不能不说是代表大会中的缺点。……刘安恭同志企图引起红军党内的派别斗争，前委同志号召“大家努力来争论”，润之、玉阶同志亦特别重视个人的争论。尤其重要的是各方面都主张扩大军事中的党内民主化，玉阶主张固然有极端民主化的倾向，便是润之的答复也还不能对于军队中之党的支部工作，尤其是在目前转战千里之红军中党的支部工作有一明确的答复。对于集权制没有勇敢的回答他是在目前与敌人肉搏的环境中所绝对必需，而同时又没将“党管一切”之不妥当的涵义与解释，给以恰当的批评。这些都证明你们在一切组织路线上还欠缺正确的认识与了解。

周恩来的这一段话，既批评了红四军七大不顾对敌斗争的险恶形势而专注于党内纠纷，也批评了刘安恭挑动党内派别斗争，还批评了朱德的极端民主化倾向。对于毛泽东关于强调党对军队领导的主张，周恩来显然是赞同的，但也批评毛泽东对此缺乏必要的说明和解释。可见，在这一争论的主要原则问题上，周恩来的倾向已经十分明了。

批评归批评，关键是如何解决这些分歧和矛盾。周恩来强调陈毅尚未到达中央，红军党内的情况还不是十分清楚，所以也还不能“答复你们来信的全部”，只能回答“几个较易解决的原则问题”。

人们不难发现，周恩来所回答的这几个问题，都是关系到朱毛红军争论的重大问题：

第一，认为红四军前委关于“地方红军与红军武装应同样扩大”的意见非常正确，武装农民是扩大红军的前提，必须坚持这一路线，“不容许有丝毫动摇”。

第二，认为红军“不仅是战斗的组织，而且更具有宣传和政治的作

用”。整个红军的游击，必须担负起发动群众实行土地革命和建立苏维埃政权的使命。“谁忽视了这一点，谁便要将红军带向流寇土匪的行径”。

第三，“党管一切”的口号，在文字的含义上和群众了解上都不正确，容易引起不正确的解释和不正确的认识。

第四，在当前处于游击战争的环境之下，“前委与军委实无须采取两重组织制”，军委可以暂时不成立，等到苏维埃区域巩固，成立有若干个县苏维埃政权，前委的工作扩大成为这一苏维埃区域的最高领导机构时，再另行成立军委归属前委领导。

“八月来信”对于朱毛红军几个原则问题指示的第五点，是最为重要的一项，这就是“党的组织原则”。关于这一个问题，周恩来这样写道：

> 在红军中党的组织原则，尤其是目前环境中之红军党的组织原则，必须采取比较集权制，才能行动敏捷，才能便于作战，才能一致战胜敌人。但这并不是说如此便没有党内民主化了，如此便不再执行“一切工作归支部”的口号了，如此便可恢复家长制，不是的，绝对的不是。在比较集权制之下，绝不会妨碍党内民主化，许多政治问题斗争策略还是要提到支部中去讨论，不过讨论时要更有集中的指导，敏捷的结论，使其不妨碍于战斗的行动，而一切组织的事务处理，要更集中于指导机关，以统军权。

很明显，周恩来起草的这封中央“八月来信”基本赞同了毛泽东的观点。信中强调党的领导实行“比较集权制”以及党支部的集中指导，“以统军权”，已经将党的领导在红军中的作用说得很清楚。同时，对红军党内存在的那些非无产阶级思想，特别是轻视乃至排斥党对军队领导的思想严肃地加以纠正；对于争论的几位主要当事人，中央要求“润之、玉阶两同志应遵守代表会的决定，一致地努力工作。安恭同志应依照中央前信的通知调来中央”。

不过，情况有了新的发展。周恩来在写完这封信的几天之后，甚至很可能这封信还没有发出，陈毅已到达上海。周恩来受命代表中共中央负责处理朱毛红军问题，在与陈毅作了多次长谈，听取了陈毅的口头报告，阅读了陈毅洋洋洒洒的五份长篇书面报告之后，对于朱毛红军的全面状况有了更为完整的了解。在周恩来看来，8 月 21 日写成的“八月来信”，显然已经不足以解决朱毛红军的问题，有些问题阐述得不够充分，有些观点也还应表达得更加准确或者更加鲜明一些，因此必须重新起草一份给红四军前委的指示信。

在接下来的一些日子里，由周恩来为召集人，包括李立三、陈毅组成的中央起草委员会开始工作。他们一次又一次地谈话、讨论和研究，分析问题，探求解决的方法，形成统一的意见。周恩来把考虑到的各种问题及基本思想综合起来，终于归纳成为解决朱毛红军党内问题以及红军建设的一揽子方案。他向陈毅详细阐明了这个方案的内容，要求陈毅代中央重新起草一封给红四军前委的指示信。

这封《中央给红军第四军前委的指示信》，后来被称为“九月来信”。全文约八千字，分为目前军阀混战的形势、红军的根本任务与其前途、红军发展方向及其战略、红军与群众、红军的组织与训练、红军的给养与经济问题、红军中党的工作、朱毛问题、红军目前的行动问题等九个部分。①

如果把“八月来信”同“九月来信”作仔细对照，可以发现，两封信的指导思想基本一致，但是“九月来信”不只是简要回答几个问题，而是针对朱毛红军的实际，对红军建设的一系列重大原则作了全面的理论阐述，对于具体问题则作了明确的规定。

“九月来信”对于全国形势的分析聚焦统治阶级内部矛盾与各派军阀混战，分析各帝国主义在华利益的争夺、蒋桂冯阎各派军阀之间矛盾以及引起混战的复杂因素。“九月来信”认为，不管敌人内部如何争斗，其加紧剥削工农、打击革命势力和“会剿”红军却是共同的目标，指出朱毛红军必须从这个全局来观察形势，作出判断，批评朱毛红军“前委过

① 《中央给红军第四军前委的指示信》（1929 年 9 月 28 日），《中共中央文件选集》第 5 册，第 473～490 页，中共中央党校出版社，1990。本节以下所引该信，均出此处，不再另行注释。

去尝根据红军近邻军阀的行动来判断整个统治局面的稳定与动摇，这样的分析是不对的”，对于敌人的“三省会剿”必须“采取坚决斗争的前进精神”，团结广大群众予以击破，“不要存丝毫退却苟全的犹豫念头”。

周恩来这段分析，实际上是对朱毛红军把军阀混战对于革命有利的估量过于乐观的否定，也是对朱毛红军应对敌人“会剿”方针的批评。但是，周恩来对于朱毛红军依托广大农村开展土地革命而获得的经验却是充分肯定，特别是以下一段文字，值得引起重视：

> 先有农村红军，后有城市政权，这是中国革命的特征，这是中国经济基础的产物。如有人怀疑红军的存在，他就是不懂得中国革命的实际，就是一种取消观念。如果红军中藏有这种取消观念，于红军有特殊的危险，前委应该坚决的予以斗争，以教育的方法肃清。

可以认为，中共党内在此之前还很少有人用如此明确的语言肯定中国农村革命根据地与红军的发展更加优先于城市斗争。就是周恩来自己，在此之前恐怕也少有这样的认识。这不只表明周恩来关于中国革命理论的发展，而且以这封信的分量，足以影响毛泽东和朱毛红军未来发展的走向。

关于红军的任务，周恩来不只是重申“八月来信”的主张，而且进一步加以归纳，以更加肯定的文字作了这样的表述：

> 目前红军的基本任务主要的有以下几项：一、发动群众斗争，实行土地革命，建立苏维埃政权；二、实行游击战争，武装农民，并扩大本身组织；三、扩大游击区域及政治影响于全国。红军不能实现上面三个任务，则与普通军队无异。

周恩来认为，朱毛红军两年来对于上述任务克尽了一部分，给全国的政治局势以极大影响，从而“证明了统治阶级在乡村力量的薄弱，证明了革命势力的存在与发展”，其意义极为重大，希望继续努力，使之成为全国革命高潮的动力之一，“红军四军的同志务要明了自己的任务的重大”。

针对朱毛红军几个月来争论的一个焦点，即党的组织与军事指挥的关系究竟应该如何处理，“九月来信”作了明确的回答，认为党的组织系统可保持现状不变，“前委下面不需要成立军委”；党对军队的领导必须坚持，但不必直接指挥军队，可以“经过军部指挥军事工作，经过政治部指挥政治工作”。

关于红军中党的组织原则，在“八月来信”中，周恩来提出实行“比较集权制”，在“九月来信”中有所改变，更加明确地提出“集权制”。去掉“比较”二字，表明党在军队中的领导权具有不容置疑的地位。对于“集权制”这一原则，“九月来信”作了这样的规定：

党的一切权力集中于前委指导机关，这是正确的，绝不能动摇。不能机械地引用“家长制”这个名词来削弱指导机关的权力，来作极端民主化的掩护。前委对于一切问题毫无疑义应先有决定后交下级讨论，绝不能先征求下级同意或者不作决定俟下级发表意见后再定办法，这样不但削弱上级指导机关的权力，而且也不是下级党部的正确生活，这就是极端民主化发展到极度的现象。

与此同时，“九月来信”重申，不应该再提“党管一切”的口号，前委的工作重点须着眼于红军政治、军事、经济及群众斗争的领导，避免包办一切；但同时肯定“一切工作归支部这个口号是对的”，这是表明各项工作应当通过支部的工作开展起来，“但不是与党的民主集权制相对立”。

从红四军七大的决议、红四军前委送来的各种材料和陈毅的报告中，周恩来发现，朱毛红军长期以来存在着一个极其重要而必须解决的问题，这就是导致红四军党内分歧和影响红四军发展的各种非无产阶级思想。周恩来感到，这些错误思想如不加以肃清，则红军的前途将会受到很大威胁，因而在“九月来信”中特别写入了关于纠正一切不正确倾向的一项内容：

红军中右倾思想，如取消观念，分家观念，离队观念，与缩小团体倾向，极端民主化，红军脱离生产即不能存在等观念，都非常错误，皆原于同志理论水平低落，党的教育缺乏。这些观念不肃清

于红军前途有极大危险，前委应坚决以斗争的态度来肃清之。

周恩来以为，这些不正确倾向，是造成红军党内诸多分歧与论争的主要理论根源，只要肃清了这些错误的理论根源，问题自然能够解决，红军的建设也能顺利地步入健康的轨道。只是对于造成这些错误思想的缘由，他指出两条，一是“同志理论水平低落”，二是“党的教育缺乏”，除此之外他没有再作更进一步的分析。这也就为后来毛泽东进一步发挥与阐释留下了一个空间。

周恩来也清楚，朱毛红军党内论争与矛盾的症结，最后还是落到朱德、毛泽东的身上，只有解决他们两人之间的分歧，才能团结全军，共同应对面临的复杂问题，才能圆满完成他在前面所说的红四军的重大任务。所以，他在“九月来信”中，专门加写一节，题目就是“朱毛问题”。

在这一节当中，“九月来信”首先对“朱毛两同志的问题”提出四点批评，批评他们没有引导群众注意对付外部敌人的斗争，而是“放任内部斗争关门闹纠纷”；批评他们“没有从政治上指出正确路线”，以致大家难以判别是非；批评第七次党代表大会“削弱了前委的权力”，“助长极端民主化的发展”；并且还批评他们“没有顾及他们在政治上的责任之重要”，而公开地提到群众当中去“任意批评”，从而影响了他们在群众当中的威信。这样不仅不能够解决纠纷，反而加深了矛盾。

无疑，周恩来找到了解决矛盾的症结所在。他站在中共中央的位置上，还直言不讳地指出朱德、毛泽东两同志在工作方法上的缺点和问题，要求他们及前委“要注意纠正这些影响到工作上的严重错误”。

至于应该如何纠正这些错误，中央“九月来信”提出了这样的方案：

第一，应该团结全体同志努力向敌人斗争，实现红军所负的任务；第二，前委要加强指导机关的威信与一切非无产阶级意识作坚决的斗争；第三，前委应纠正朱毛两同志的错误，要恢复朱毛两同志在群众中的信仰；第四，朱毛两同志仍留前委工作。

最后，“九月来信”转达了中央的决定：“毛同志应仍为前委书记，并须使红军全体同志了解而接受。”

周恩来拿着他要陈毅代笔起草的“九月来信”，仔细推敲，从主要精神到每一字句，都准确表达了他所要说的内容，他郑重签上了发信的日期：9 月 28 日。

周恩来把经过中央政治局研究通过的这封信交给陈毅，要他立刻出发，带回朱毛红军，召开一次党的会议，统一思想，分清是非，作出决议。①

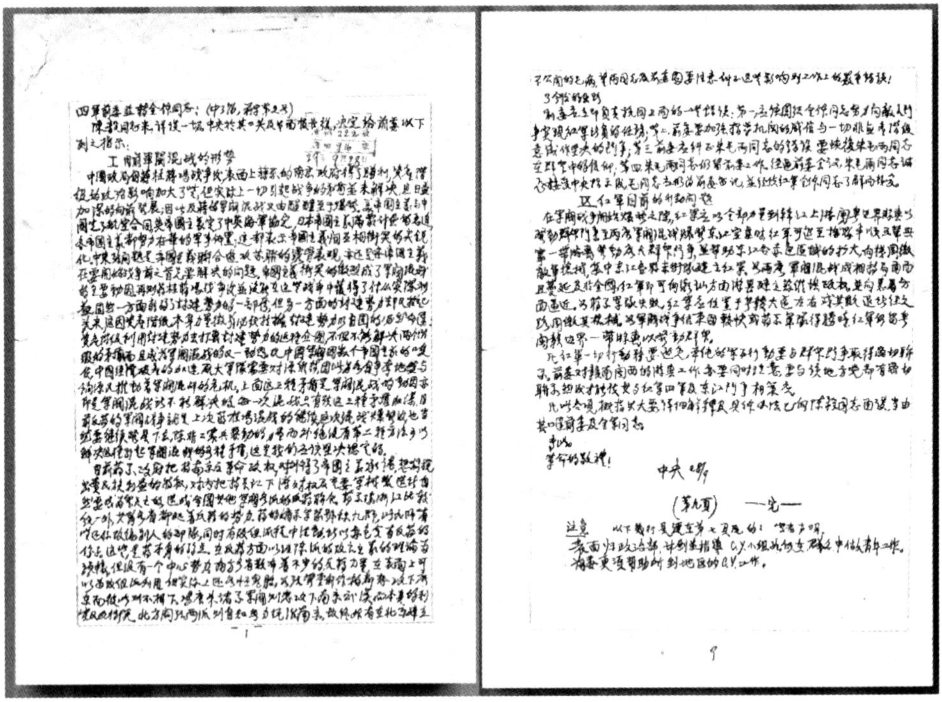

中央“九月来信”抄件。9 月 28 日，中共中央发出由周恩来主持、委托陈毅执笔代中央起草的《中央给红军第四军前委的指示信》，为解决红四军党内问题提出了原则意见。

陈毅后来回忆：恩来同志说，你带这个指示回去，你主要是请毛泽东复职，你这个责任重大。

陈毅在当时恐怕还未能预料，这封“九月来信”不仅是对于朱、毛

① 中共中央文献研究室编：《周恩来年谱（一八九八——一九四九）》，第 169 页，中央文献出版社、人民出版社，1989。

二人，对于朱毛红军，而且对于红军建设乃至后来百万人民军队的建设，发挥了极为重要的作用。

不过，作为陈毅本人，他自认为这次上海之行，在中央领导，主要是周恩来领导下学习研究了国内外形势与中国革命诸问题，对朱毛红军近两年来的历史与现状作了全面的回顾和反思，思想境界获得了新的飞跃，发现了朱毛红军和他自身存在的错误，并决心加以纠正。所以在上海的两个月，他自认为等于进了一次训练班。而他根据周恩来的意见起草的这份中央“九月来信”，可以视为他在这个训练班的毕业答卷。

古田会议的准备与召开

毛泽东重返红四军

肩负重大使命的陈毅简单地收拾行装，略施化装，俨然一位有钱的华侨，立刻踏上了返回红四军的归途。

陈毅于1929年10月1日登船离开上海，4日到达香港；再由香港换乘轮船，6日经汕头，在地下党组织交通员陪同下，晓行夜宿，于10月11日到达粤东八乡山区的东江特委所在地。

国民党各派军阀的争夺地盘与利益的混战，就如一幕幕大戏，不断登场。这时候的粤东地区，两广军阀混战再起，双方各自调兵遣将，一时间也顾不上风起云涌的东江苏维埃运动。陈毅到达东江特委，传达了中央对于当前军阀混战形势的判断与红军行动的指示。

在此之前，中共中央已经通过福建省委下令朱毛红军由闽西向东江出击，利用军阀混战东江空虚的机会，打开东江局面，促成闽粤赣三省赤色区域连成一片。陈毅随身携带的中央“九月来信”，对于朱毛红军在东江的行动，规定了应对各种情势下的作战方针。依照中央指示的计划，朱毛红军将在最近几天内进入粤东地区。东江特委决定立刻按照中央的部署，配合朱毛红军行动，派出巡视员阿罗陪同陈毅向闽西方向前进，寻找朱毛红军。

东江的山区平原，战云密布，有正在调兵遣将参加“讨桂”战争的

第十九路军，也有摩拳擦掌准备起事迎接红军的农民，还有混乱不堪的国民党地方保安队与警察。

陈毅小心地避开危险的交通大道，在山间小路急如星火地北上。10月22日晚上，陈毅在松源找到了刚刚抵达不久的红四军的司令部，见到了久违的朱德。

这时候的朱德，尽管率领着这支已经壮大为7000人的红军大举进入东江，但是只是奉命行事，对于全国形势并不十分清楚，见到陈毅之后才从陈毅的报告中对此有所了解。所以后来前委在给中央报告中说，红四军得到中央命令到潮梅一带游击，因为不明了全国形势及东江地方状况，未能立即集中动员，除第四纵队外，第一、二、三纵队分别向梅县边界松源推进，直到10月22日才完成集结。前委还报告说："陈毅同志携带中央文件，于廿二晚到松源，前委才明白全国政局、东江情状及中央对四军工作指示。"①

在昏暗的灯光下，两位久别的患难战友重又相逢，可谓百感交集。陈毅立刻把到中央去的情况细说了一遍。他告诉朱德，这次回来一定要把毛泽东请回来，红四军党的七大我犯了一个错误，要向他承认错误，改正错误。他说："我这次回来就是要使毛泽东复职，使红四军团结起来。也许你们认为我到中央是为自己捞点东西，是为了我个人。我是为红四军去的。这次由我向毛泽东检讨，他会回来的。"②

朱德和陈毅很清楚，中央的指示和请毛泽东重返红军，必须立刻付诸执行。时间已经十分紧迫，不能再等待。他们马上通知前委委员们和重要干部来到朱德的司令部，连夜召开前委扩大会议。陈毅向大家传达了中央"九月来信"的精神，研究东江的形势和红军的行动。

会议虽然开得很短促，但是很快达成了一致的意见，大家都表示接受中央指示，立刻付诸行动，给毛泽东写信，请他回红四军重新担任前

---

① 《前委报告》(1929年11月1日)，古田会议纪念馆编：《古田会议文献资料》，第340页，中共党史出版社，2017。

② 袁德金：《毛泽东与陈毅》，第71页，中国青年出版社，2008。

委书记。同时考虑到毛泽东尚在病中，一时也不可能返回部队，决定暂时由陈毅代理前委书记。会议结束，陈毅随即把这封信连同中央“九月来信”，派专人急速赶赴闽西送交毛泽东。[①]

会议结束，已是深夜。东江静谧的夜色下，掩藏着浓密的战云。粤东蒋光鼐、蔡廷锴的第十九路军虽然出兵应对桂系军阀，却另又调遣一支队伍向松口一带集结，意在阻止红军深入东江；红四军各纵队也已得到指令，由松源出击，乘着夜色向蕉岭靠拢，寻找机会进取梅县。

在此以后的 10 天里，红四军出击东江之役在梅县连续两次遭遇挫败，部队损失严重，难以继续完成原先的计划，不得不撤出东江，经由赣南寻邬、安远重返闽西，11 月 18 日到达上杭县官庄。

在返回闽西的途中，陈毅先后于 11 月 1 日和 11 月 4 日两次给中央写信，报告他回到红军以后的情况。在 11 月 1 日以前委名义给中央的信中，详细叙述了红四军按照中央的指令从上杭出发开往东江，以及在东江历次战斗与红四军的情况，总结东江受挫的原因有下列各点：

> A. 四军在粤边游击，未能以主力乘虚直下，以致敌人主力集中松口防备，我们入东江成为被动。
>
> B. 粤敌利用水面交通，可以迅速集中，不似闽赣山路崎岖，可以阻止其前进。
>
> C. 红军反攻梅县，在战略上是正确的。在战术上不应该把敌人四面围困，不让他一条路走，逼他死力抗拒。……东江群众武装未集中，东江红军力量薄弱，对于响应红军的工作布置未能执行，在县市骚动也无表现，以致四军这次来东江处于被动地位，硬打一场。
>
> D. 敌情报告原说一团，实际除教导团全部外，另有蒋光鼐本人率师部特务营及新编特务营、炮兵营，足有两团兵力，以致我们战术运用错误。

在这份报告中，前敌委员会认为红四军在东江失败还有一个重要原

① 参见中共中央文献研究室编：《朱德年谱》（新编本）上卷，第 163 页，中央文献出版社，2006；袁德金：《毛泽东与陈毅》，第 71 页，中国青年出版社，2008。

因，那就是红四军在出击东江之时，两广军阀混战实际上已暂告结束，南方军阀反蒋表现已趋缓和，而西北方面的反蒋势力崛起。红军对于全国局势并不了解，“前委对此时局不十分清楚”，对于南方邻近各省敌军分布也不十分明白，整个的战略部署自然也就失去了依据，挫败已是不可避免。

关于红军内部的工作，前委向中央报告说，毛润之在闽西一病四五个月，红军由上杭出发时尚不能起来，前委书记由朱德代理。陈毅由上海回到红四军以后，“暂时可以代理”。但是目前红四军各级干部人才严重缺乏，“已到了山穷水尽，无法可想了”，要求中央派遣干部补充，“愈多愈妙”。

陈毅还特别强调，他代理的前委书记一职责任重大，只是暂时之举，“毛同志未回，中央对此重要工作，千万派人来担任为要！”而关于中央“九月来信”对于红四军的指示，“此间已令陈毅同志在前委扩大会中报告，一一执行”。[①]

三天之后，陈毅再次以他个人的名义给中央写信。陈毅深感红四军在经历了几个月连续作战，因为伤亡和部队发展，干部人才严重缺乏，而新提拔的一批干部在政治、军事素质上不尽如人意，感慨“蜀中无大将，廖化作先锋”。特别是因为毛泽东尚未归来，红四军前委的政治领导还没有建立起来，极端民主化的倾向在东江失败之后有增无减，军内矛盾也还没有消除，由此陈毅感到“这个问题的解决比较困难”。

如何面对并且解决这样的困难？在陈毅看来，只有依靠中央指示的精神，同时希望毛泽东尽速回到红四军。陈毅向中央坦诚相告：

> 我只有照中央的办法去做：（1）建立四军的政治领导，使全体同志及红军官兵集中力量对外斗争，对外斗争胜利才是我们的出路；（2）建立前委的威信，制止极端民主化的发展；（3）化除一些同志的成见，用布尔塞维克党的态度扫除一切敷衍调和、模棱两可的陈

---

① 《前委报告》（1929 年 11 月 1 日），古田会议纪念馆编：《古田会议文献资料》，第 342 页，中共党史出版社，2017。

毅主义，对于这个非无产阶级意识的东西，我也不落人后的要去打倒他。我回前委后已送函去催毛同志回前委工作。现已筹备九次大会改选前委。①

另据陈毅在1971年的一次回忆，他在从上海回到红四军的第一天，在朱德的司令部看到了毛泽东写的那封“不打倒陈毅主义就不回来”的信，朱德担心毛泽东不一定愿意回来。陈毅当时就表示，毛泽东写的这封信是有道理的，这次我回来，只要我作检讨，他就会回来。

11月18日，陈毅和朱德率领全军又回到了闽西苏区，到达上杭官庄。陈毅召开前委会议，提出马上请毛泽东回来，以便召开党的代表会议，贯彻中央“九月来信”。

陈毅的意见得到朱德和大多数前委成员的支持。会议研究决定了关于“扩大闽西赤色区域，建立闽西政权的政策”②；并且决定召开第九次党代表大会，贯彻中央“九月来信”。

工作方针既已确定，陈毅再次致信毛泽东，告诉他说自己已经从中央回来，于10月22日到达军部，“我俩之间的争论已得到正确的解决。七次大会我犯了错误，八次大会的插曲更是错误的。见信请即归队，我们派人来接”。③

官庄会议之后，朱德、陈毅率部直趋长汀，11月23日再次占领闽赣边界这座繁华的小城。饥疲交加的红军在这里得到了充足的给养。5天之后，全军每个人都领到了一套赶制出来的棉军装。朱德把三个纵队分散到邻近地区，第一纵队在长汀县河田、水上、濯田，第三纵队开赴连城县，第二纵队留驻汀州。④ 朱德、陈毅与军直机关再次进驻“辛耕别墅”，等待毛泽东到来。

---

① 转引自袁德金：《毛泽东与陈毅》，第72页，中国青年出版社，2008。

② 《红四军前委向中央的报告》（1930年1月6日），解放军政治学院党史教研室编：《中共党史教学参考资料》第14册，第236页，1985。

③ 转引自袁德金：《毛泽东与陈毅》，第71～72页，中国青年出版社，2008。

④ 熊寿祺：《红军第四军状况》（1930年5月），《党的文献》1999年第2期。原文“一纵队在河田、水上、濯田”句，其中“水上”疑为“水口”之误。

从上杭县官庄到苏家坡，大约不到两天的路程。陈毅派出的交通员最迟应该在 11 月 20 日之前到达，把前委官庄会议的决定和陈毅的信送到毛泽东那里。

毛泽东先后收到陈毅转来的中央“九月来信”和朱德、陈毅的几封信。从中央指示和陈毅、朱德的信中，毛泽东当然能够感受到，他一贯坚持的主张得到了中央的支持，也得到了朱德、陈毅的理解和赞同。

毛泽东立刻收拾行装，在中共福建省委派出的巡视员、省委常委兼组织部长谢汉秋的陪同下，离开苏家坡，经蛟洋，11 月 26 日到达长汀，同朱德、陈毅会面。

到达汀州以后，毛泽东在 11 月 28 日分别写了两封重要信件，一封给党中央，一封给时任中央政治局常委、中央宣传部部长李立三。给党中央的信简明扼要地报告了红四军的现状与毛泽东在得到中央指示之后的感受：

我病已好，十一月二十六日偕福建省委巡视员谢同志从蛟洋到达汀州，与四军会合，遵照中央指示，在前委工作。四军攻梅县失利，损失虽不小，但士气仍振奋，目前一时期当在福建境内工作。闽西已有八十万赤色群众足以掩护红军，刘（和鼎）金（汉鼎）张（贞）等会剿，形势并不严重。现决整理一时期，即向刘张进击。打破会剿局面，才是出路。止在准备一个月给养。

四军党内的团结，在中央正确指导之下，完全不成问题。陈毅同志已到，中央的意思已完全达到。惟党员理论常识太低，须赶急进行教育。①

这封信告知，国民党方面针对朱毛红军而组织的第二次闽粤赣三省“会剿”已经开始，只是“形势并不严重”，朱毛红军将继续留在闽西，在苏区群众的掩护下向敌进攻，进攻的方向是福建刘和鼎第五十六师和张贞暂编第一师，以此打破“会剿”；而当前急需的工作，是贯彻中央指

① 《致中共中央》（1929 年 11 月 28 日），《毛泽东书信选集》，第 26 页，人民出版社，1983。

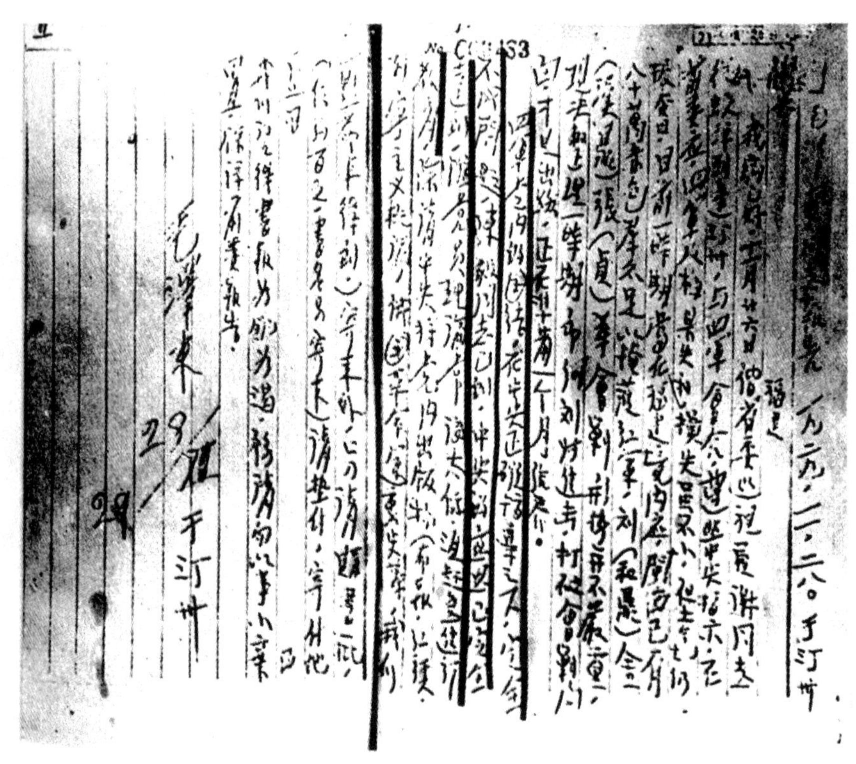

毛泽东 11 月 28 日给中共中央的信。11 月 26 日，毛泽东重返红四军。他在到达汀州以后致信中央，报告回到红四军以后的情况。

示精神，加强党内团结，在党内展开整顿和教育。毛泽东虽然没有明确告知召开红四军第九次党代表大会的计划，意思却很明白。

在给李立三的信中，毛泽东一开头就说：“立三兄：多久不和你通讯了，陈毅同志来才知道你的情形。我大病三个月，现虽好了，但精神未全复元。”

在接下来的一段话，毛泽东表达了对留在长沙而音讯不通的妻子与三个幼小儿子的深情眷念。1927 年 8 月 31 日早晨，毛泽东同杨开慧分别，登上开往安源的火车，开始秋收起义的准备和发动。从那以后，已经 2 年多时间，他们之间再未见面。信中写道：

开慧和岸英等我时常念及他们，想和他们通讯，不知通信处。

闻说泽民在上海，请兄替我通知泽民，要他把开慧的通信处告诉我，并要他写信给我。[①]

寥寥几句，却是寄托了太多的思念与期待。只是在此之后，未曾见到毛泽东与杨开慧取得联系的记载。而一年之后，28 岁的杨开慧牺牲在自己家乡的土地上。

在长汀休整的这些日子，连续征战的紧张心情平静下来，朱德也静下心来考虑自己的婚姻。他在陕北同史沫特莱叙述自己的身世时，“顺口提到的是他第四个妻子康克清”。史沫特莱从朱德的叙述中知道，他的前一任妻子伍若兰，一个勇敢而坚强的红军女战士在随同红四军由井冈山向赣南游击途中，被国民党抓去，在赣州被砍头牺牲。“过了九、十个月，他便在一九二九年年底”和康克清结了婚。[②] 朱德与康克清结婚，正是 1929 年 11 月底到 12 月初红四军在长汀休整期间。

朱德告诉史沫特莱：“当时，康克清是个不到二十岁的农家姑娘，身体健壮，曾在地主家做过下地的长工，后来朱德的队伍转战农村，她才和农民们一起战斗。”康克清的家就在距井冈山不远的万安县，她 14 岁投身革命，

朱德与康克清合影（1936 年）。1929 年底，朱德和康克清在长汀结婚。

---

① 《致李立三》（1929 年 11 月 28 日），《毛泽东书信选集》，第 28 页，人民出版社，1983。

② 〔美〕艾格尼丝·史沫特莱：《伟大的道路——朱德的生平和时代》，第 313 页，生活·读书·新知三联书店，1979。

15 岁加入共青团，16 岁参加万安农民暴动并上了井冈山，认识了朱德，是朱毛红军中为数不多的女战士之一。

朱德对于康克清，既喜欢，又为她骄傲，认为她是一个“在部队的教育下成长起来的姑娘——红军的标准产物”。而在康克清的眼里，朱德“最伟大的品质是他对于事业的耿耿忠心，诚实正直，没有个人政治野心”。正是因为朱德有着这样一种高贵的品质，“使得他把自己和军队置于党的统率之下。除此以外，最重要的是他平易近人，热爱战士，战士们也同样爱戴他”。①

也正是因为朱德具备这样“伟大的品质”，在中央“九月来信”传达之后，他几乎没有犹豫地抛弃了先前与毛泽东的那些分歧，共同承担起对红四军的整顿，全力一致地做好召开红四军第九次代表大会的准备工作。

从汀州、新泉到古田

重新接任了红四军前委书记的毛泽东，到达汀州以后要做的最重要的事情，就是马上召开前委扩大会议，讨论下一阶段的工作。这个会议安排在他到达汀州以后的第三天，地点还是在辛耕别墅。

朱毛红军面临的情况，在客观形势上已大有好转。国民党对闽西和红军发动的第二次闽粤赣三省“会剿”虽然已经开始行动，但赣南金汉鼎部尚在赣南几个县城之间疲于奔命；周志群第五十六师各旅虽然分别占领了上杭、龙岩、永定，但一直处在四周赤色区域的包围之中，时时受到闽西地方红军和赤卫队的袭击，只是占领了县城而不能出城一步；张贞所部杨逢年旅只是在永定县农村金丰里一带大肆烧杀，不敢有太大的行动。

国民党军在闽西苏区及其周边地区的这些部队，几乎都在观望，看

① 〔美〕艾格尼丝·史沫特莱：《伟大的道路——朱德的生平和时代》，第 313 页，生活·读书·新知三联书店，1979。

看红军如何动作才会有所行动；而广东方面的国民党军，刚刚结束与桂系军阀的混战，还抽不出力量介入对闽西的“会剿”。

相比之下，朱毛红军自身存在的问题依然不少。据熊寿祺后来向中央的报告说：

此时主观上第一个问题是组织松懈，逃兵日众，党内不正确倾向又非常浓厚，因此没有积极向前发展，而倾全力注意于红军本身。这一段历史是没有积极向外发展的精神了，因为闽中的困难，东江的失败，大家都疲倦了，红军也削弱了！①

面对这样一种状况，11 月 28 日召开的前委扩大会议讨论的问题，重点不在于如何应对敌人的“会剿”，而是朱毛红军自身的问题。这次会议除了同意此前官庄会议所确定的决议之外，更加重视的是检查红军自身的工作，认为“若四军此时不加以训练整顿，必困难执行党的政策，因此还决定红军的整顿与训练问题”。具体所要做的工作，主要有以下各项：

（一）召集九次大会接受中央的指示，反对机会主义、托洛茨基主义、反对派的决议。

（二）用各种方法，建立红军的政治领导。

（三）纠正党内各种倾向，并扫除红军内的封建残余制度（如废止肉刑、枪毙逃兵等）。②

毛泽东把红军党内错误倾向的根源同封建主义残余联系起来，这在他过去的思想理论中并不很突出，而同他几个月来在闽西农村中对红军各种问题的思索应该有着某种关联。如今他从农村来到汀州，而汀州是闽西八县首府，又是赣南、闽西地区少有的经济发达的城市，虽然说不上有现代工业的建立，但印刷、纺织、酿造以及船运、手工业等行业却

① 熊寿祺：《红军第四军状况》（1930 年 5 月），古田会议纪念馆编：《古田会议文献资料》，第 492—493 页，中共党史出版社，2017。

② 《红四军前委向中央的报告》（1930 年 1 月 6 日），解放军政治学院党史教研室编：《中共党史教学参考资料》第 14 册，第 236 页，1985。

有着很好的基础。毛泽东决定到工人当中去走一走，听听他们的意见，争取更多的工人加入到红军中来，增加红军的工人成分。

毛泽东邀约了朱德、陈毅一起来到汀州城里的龙岩会馆，请来40多名工人，同他们一起座谈。这些工人是来自各个行业的代表。毛泽东用尽可能通俗的语言，向工人们讲述阶级压迫和阶级斗争的一般道理。他告诉工人代表，工人和农民要团结起来，才不会受欺负，不做亡国奴。无产阶级的革命是要实行最彻底的革命，否则就要像孙中山领导的辛亥革命那样，不能得到最后的胜利。毛泽东希望工人代表们回去动员工人们参加红军。红军是工人阶级领导的军队，现在红军里面工人太少了，我们欢迎你们积极加入红军，去领导我们的队伍。①

按照原来的计划，朱毛红军将在汀州多住一些时日，一边休整，一边分散在周围农村做群众工作。但是江西金汉鼎师仍然不断调集队伍，向闽西边境集结，试图重新占领汀州。而朱毛红军暂时不打算同敌人正面接触，因为当前急需的不是打仗，而是进行内部整顿，在军事、政治、党务方面都还需要一个时期的整顿和训练。

于是，前敌委员会决定，红军在筹集了一个月的给养之后，于12月3日撤出汀州，② 东进连城县新泉，那里的群众基础更好一些，有利于红军的整顿训练。

刚到新泉的时候，前委本想乘敌不备，一鼓作气直下龙岩，把占领龙岩又军心不稳的刘和鼎师刘尚志旅赶出去，但考虑到龙岩附近的坎市还有刘和鼎师的陈万泰旅，“龙岩、坎市成为犄角相依之势，不好硬打，

---

① 蒋伯英、蓝荣田：《闽西革命根据地史话》，第149页，中共龙岩地委纪念古田会议五十周年领导小组办公室印行，1979。

② 中共中央文献研究室编：《朱德年谱》（新编本）上卷，第166页，中央文献出版社，2006。另据福建省防军第二混成旅代旅长卢新铭1929年12月6日给蒋介石电称：卢新铭率4个营由宁化出发夹攻汀州，于12月4日下午1时在长汀县童坊与红军接触，“剧战二小时之久”，红军分作两路，一路向南山坝，一路向河田、涂坊撤退。卢旅于12月5日中午进占长汀。（原件存中国第二历史档案馆）据此判断，朱毛红军也有12月4日转移至新泉的可能。

遂在新泉有计划的整理起来，党内即开九次大会预备会”。[①]

泉在连城县南部，西出长汀通江西，南下可达上杭、龙岩、永定连接广东，是一个重要的战略枢纽。在此之前，朱毛红军已经来过新泉两次。第一次是 5 月 20 日由赣南入闽东渡汀江之后第二天路经此地“直下龙岩上杭”。当时因为军情紧急，只是经过，并未停留。第二次是前委 6 月 8 日白砂会议之后于 6 月 10 日全军集结于此七八天。其间，毛泽东、朱德分别在红四军《前委通信》发表《给林彪的信》，对党和红军建设发表不同的意见，引起激烈的争论。

此次到达新泉之后，毛泽东被安排住在以前他曾经住过的望云草室，朱德的司令部也在前次的驻地安顿下来。紧张的政治军事训练就要开始，究竟要从哪里着手解决红军党内存在的问题？如何才能把第九次党代表大会开好？

连城县新泉望云草室前厅

萧克回忆说，为了开好这次会议，毛泽东、朱德、陈毅等前委主要领导人齐心协力，做了很多准备工作。他们利用作战间隙，召开地方干部座谈会和各党支部、纵队代表联席会议，还找一部分干部、战士谈话，仔细调查部队和党内存在的各种

① 熊寿祺：《红军第四军状况》（1930 年 5 月），古田会议纪念馆编：《古田会议文献资料》，第 493 页，中共党史出版社，2017。

问题，听取各种不同意见，共同研究产生这些问题的原因和解决办法。[①]

萧克所说的这些会议，通常在毛泽东驻地望云草室召开。这是一个不大的厅堂，两张八仙桌拼成一张简单的会议桌。毛泽东都会亲自出席，采取调查和讨论的方法，向出席者提出各种问题：打骂士兵的制度行不行？流寇主义思想对不对？为什么不行？用什么方法来纠正？会议当中往往发生不同的意见，甚至展开激烈的争辩。毛泽东和大家一起讨论，或者解释某个观点，或者列举一些事例，引导大家讨论。

毛泽东在半年以后写的《反对本本主义》有一句名言：“调查就是解决问题。”调查就像“十月怀胎”，解决问题就像“一朝分娩”。[②] 这个结论，是他长期工作经验的总结。毛泽东在新泉的调查研究，正是对这一至理名言的注脚。

毛泽东不只是在红军内部做调查，而且还向农民调查。他随带几个警卫人员，来到新泉附近的官庄，在一个祠堂里请了十多位贫苦农民来座谈。这些大多数一字不识的农民，当然并不明白革命理论和红军的治军条令，却懂得田里的收成和军队对待他们态度的好坏，知道他们的利益受到损害还是得到了保护。他们从红军打土豪、帮助农民分配土地和收割庄稼，讲到苏维埃政府如何由农民当家作主，赞不绝口，当然也讲

红军的宣传画

① 萧克：《朱毛红军侧记》，第106页，中共中央党校出版社，1993。

② 《毛泽东选集》第1卷，第110页，人民出版社，1991。

了他们不满意的地方。

一场座谈会结束了，不管是农民代表，还是毛泽东，都满意而归。他从这些看似拉家常的闲谈中，明白了群众的期待和要求，了解到人民对于红军的夸奖和批评。

朱德和陈毅也都按照各自承担的工作，参与领导了全军的政治军事整训。各纵队利用难得的时间，一边休息，一边进行军事训练。指战员们按照游击战争的实践要求，进行各个项目的演练，提高部队的战斗力。

在新泉的整训前后10天，红四军党代会的筹备工作也进展顺利。这期间，国民党方面加紧对朱毛红军和闽西苏区的第二次“三省会剿”。12月5日，福建省防军第二混成旅代旅长卢新铭率领4个营进占长汀，赣敌金汉鼎所部第六十九团也于同日抵达长汀。随后的消息传来，金汉鼎将进一步向长汀方面增兵。

形势虽然还并不紧张，但是为了有一个更好的环境确保党代表大会顺利召开，前敌委员会决定继续东进，向闽西苏区中心区域古田转移。时任红四军一纵队党代表，1930年2月担任中共红四军军委代理书记的熊寿祺在不久以后向中央报告说：

> 新泉整理了十日，环境无变化，汀州是两团又增加一团，亦未出汀州一步。上杭、龙岩、坎市、永定如故，打龙岩仍旧不好打，遂开至古田作准备打岩之势，仍在古田训练，党内开九次大会。[①]

这份报告显示，朱毛红军于12月14日由新泉移驻古田。新泉到古田大约三四十公里，不消一天即可抵达。红军到达古田之后，虽然作好了攻打龙岩的准备，但主要的工作仍然是训练和为召开第九次党代表大会作准备。

古田是上杭县北部一个有千余户人家的大集镇，与龙岩、连城两县交界。四周群山逶迤，丛林莽莽，只有三条石砌的山道与外界联络，地势很是险要。西越乌石岭至蛟洋、白砂直通上杭县城，东南登彩眉岭可

① 熊寿祺：《红军第四军状况》（1930年5月），古田会议纪念馆编：《古田会议文献资料》，第493页，中共党史出版社，2017。

达小池、龙岩城，北出走马岭即达新泉而汀州、江西。

古田方圆十几公里，是四周群山环抱的一个盆地，其间散落着五甲、黄龙、八甲、五龙、溪背、赖坊、竹岭等十来个小村庄。闽西革命根据地形成以后，这里与龙岩大池、小池成为苏区的中心区域，邻近的蛟洋、苏家坡、白砂是闽西特委的主要驻地。所以，这一带是朱毛红军开展游击战争的重要基地。

在朱德的记忆中，他们是在“凌晨时分来到古田”，古田民众早已得到苏维埃政府的通知，全都涌到外面迎接，好像他们是凯旋似的。①

朱毛红军到达古田以后，很快安顿下来。前敌委员会、政治部和司令部设立在靠近镇中心的八甲村，四个纵队分别布防于赖坊、竹岭、溪背、荣屋四个村庄。

毛泽东、陈毅带领的前委机关和政治部入驻八甲村名叫“松荫堂”的大院。在这个大院对面，隔着一块水田，通过一条不长的田间小路，是一座有着浓郁客家建筑风格的青砖大院，是朱德和他的司令部。在这两个大院里，毛泽东和朱德、陈毅继续为召开中共红四军第九次代表大会进行各种准备，主要的工作还是召开各种讨论会和座谈会，提高政治意识，统一思想，制定决议。

毛泽东主持召开了支队以上党的书记和宣传、组织委员的联席会议。他向大家说明召开这个会议的目的和方法，要求大家一起来弄清楚红四军党内存在有哪些不正确的思想倾向，大家一起来讨论，提出纠正的办法。

毛泽东举出许多具体的例子，指出红四军党内严重地存在着单纯军事观点、极端民主化、非组织观点、绝对平均主义、打骂制度和枪毙逃兵的军阀主义残余等不良倾向，号召到会的同志们打消顾虑，发扬民主，充分发表意见，共同起来肃清这些非无产阶级意识。

会议采取小组讨论的方式，按照毛泽东提出的问题，每个小组讨论一两个问题。这样的专题讨论特别活跃，大家争相发言。党代表们大多

---

① 〔美〕艾格尼丝·史沫特莱：《伟大的道路——朱德的生平和时代》，第307页，生活·读书·新知三联书店，1979。

古田镇八甲村松荫堂。毛泽东在这里召开一系列座谈会，开展调查研究，完成了古田会议决议文本的起草工作。

红四军司令部及朱德驻地——古田镇八甲村中兴堂

经历过南昌起义或者秋收起义，直至井冈山和赣南、闽西的艰难历程，大家对于红军创立两年多来存在着的种种不良倾向，耳闻目睹，体会极深；其中一些干部甚至本身就坚持着某些错误观念。

大家把各种问题和观点都摆出来讨论，有时甚至各不相让，争执不下。比如说到打骂士兵的问题，有说官兵平等，不能打骂；有说可打骂，否则还怎么带兵打仗？经过不断的讨论和比较，意见逐渐一致，认识到了什么是正确、什么不正确，找出了错误行为或错误观念的症结所在，提出纠正的办法。

每一个专题小组把讨论的意见集中起来，写成提案。熊寿祺向中央报告："九次大会的各种提案，都是在大会前由前委召集支队以上的书记、宣传、组织开会起草，前委审查以后提到大会的。"① 毛泽东把这些提案集中起来，制定大会的决议案。

为使红四军九大避免类似的红四军七大、八大那样片面重于军事或极端民主化的偏向，前委提前作了准备。大会选举前即酝酿新一届前委委员，提出要符合"政治观念正确、工作积极、有斗争历史"三个条件的人才可以当选，"反对从前那种分割式的以各纵队为条件的办法，并提出名单，供献大会。这样一来，九次大会便有精神了，只开了两天，决定了很多的工作路线，绝不像八次大会时的无组织状态的开了三天毫无结果"。②

各项准备工作都已妥当，几乎是完美无缺。剩下最为重要的一项工作臻于完备，毛泽东根据以上讨论的结果，以及各种提案，起草大会决议案。

毛泽东拟定建军纲领

古田地处闽西山区，海拔 700 多米，这在福建算是高海拔地区。每

---

①② 熊寿祺：《红军第四军状况》（1930 年 5 月），古田会议纪念馆编：《古田会议文献资料》，第 515 页，中共党史出版社，2017。

到冬天，寒气逼人，不时还有霜冻或小雪。1929 年的 12 月，古田的天气比往年更加寒冷，风雪弥漫，恰似北国一片冰雪的世界。在松荫堂后厅二楼的右厢房里，一盏蓝花白瓷小油灯陪伴着毛泽东度过了十几个寒冷的夜晚。他白天参加各种讨论会，收集了解红军官兵的意见，引导大家清理以往存在于红军党内的错误思想，晚上起草即将召开的红四军第九次代表大会的决议案。

为了加快进度，毛泽东调了两个人协助，一个是一纵队党代表熊寿祺，另一个是军政治部宣传员宋裕和。为了御寒，他们帮毛泽东生了个木炭炉子放在桌子边上取暖。不知过了多长时间，宋裕和似乎闻到一阵烟焦味，赶紧查找，原来是木炭炉里的火星溅到毛泽东的棉大衣上，烧了个小洞。他赶紧把火星掐灭，而毛泽东还在埋头写决议案，对此浑然不知。①

对于这份决议的内容，毛泽东的思路已经十分清晰。从井冈山向赣南、闽西进军以来的将近一年，特别是在第二次入闽以来的 7 个月，毛泽东关于人民军队建设方面的许多问题，已经反复思索，并且与不同的意见发生过激烈的争论，得到过党内一些同志的赞同，也遭受激烈的反对。这些争论的意见已经引起党中央的高度重视，他所坚持的主张终于得到了中央的肯定和支持。而周恩来主持起草的“九月来信”，是给这场争论最终的裁决，不仅对于朱毛红军具体的行动策略和红军党内的分歧提出了鲜明的意见，在原则上给了毛泽东以坚定的支持，而且对于红军发展的重大理论问题作了明确的指示。

毛泽东循着他过去对红军建设所思考的问题，依据中央“九月来信”的指示精神，加上他回到红军近一个月的调查研究，经过新泉整训，以及在古田召开的小型联席会议和讨论会提交的各项提案，加以综合整理，终于写就了大会的决议案。

中央档案馆收藏的在抗战初期经过毛泽东审阅并在党内印发的决议

① 《访问宋裕和记录》，记录稿存古田会议纪念馆。

文本，其标题为《中国共产党红军第四军第九次代表大会决议案》，而在这个标题之下的括号中注明“一九二九年十二月于闽西古田会议”[①]。正是这个原因，大家把这次会议称为“古田会议”。这个会议的决议，被称为“古田会议决议”。

这个决议全文大约二万六千字，分为八个部分：

一、纠正党内非无产阶级意识的不正确倾向问题

二、党的组织问题

三、党内教育问题

四、红军宣传工作问题

五、士兵政治训练问题

六、废止肉刑问题

七、优待伤病兵问题

八、红军军事系统与政治系统的关系问题

这八个部分都是关系到红军建设的极为重要的问题，而其第一部分是决议的核心，这部分内容涉及的是最近几个月红军党内争论的问题，规定了人民军队的性质、任务和宗旨，确定了共产党对军队实施领导的原则，宣示了红军政治工作的地位与作用，强调确立无产阶级思想，克服各种非无产阶级思想，把红军建设成为一支新型的人民军队。

关于这方面的内容，中央“九月来信”已一一指出。但是由于红军党内存在的各种错误思想，妨碍了红军对于上述原则与任务的执行，决议特别强调彻底加以纠正。决议开首第一段话，即表明了这部分内容的重要及其与中央“九月来信”的关系：

> 红军第四军的共产党内存在着各种非无产阶级的思想，这对于执行党的正确路线，妨碍极大。若不彻底纠正，则中国伟大革命斗争给予红军第四军的任务，是必然担负不起来的。……大会根据中央九月来信的精神，指出四军党内各种非无产阶级思想的表现、来

---

① 中央档案馆编：《中共中央文件选集》第5册，第800页，中共中央党校出版社，1990。

源及其纠正的方法，号召同志们起来彻底地加以肃清。①

这“各种非无产阶级思想”有哪些呢？决议列出8种：单纯军事观点、极端民主化、非组织观点、绝对平均主义、主观主义、个人主义、流寇思想、盲动主义残余。

朱毛红军一经成立，在毛泽东和朱德领导下，一向注意并防止和克服单纯军事观点，提出红军三大任务为打仗、筹款、做群众工作，实行工农武装割据，建立苏维埃政权，规定红军不仅要打仗，还应帮助群众建立政权、地方党组织和发展地方武装，这对于农村革命根据地的巩固与发展，发挥了重要作用。

但是由于封建传统观念未除和旧军队的习性，甚至还有雇佣军队的思想，过分相信军事的力量，轻视政治工作，以为“军事好，政治自然会好”，不愿意做群众工作，处处为军队自己的小团体打算盘，不肯发枪给地方武装。针对这样的情况，《古田会议决议》为了明确区分红军与旧军队的政治界限，作如下的宣示——“中国的红军是一个执行革命的政治任务的武装集团”，因此：

红军的打仗，不是单纯地为了打仗而打仗，而是为了宣传群众、组织群众、武装群众，并帮助群众建设革命政权才去打仗的，离了对群众的宣传、组织、武装和建设革命政权等项目标，就是失去了打仗的意义，也就是失去了红军存在的意义。②

人民军队区别于旧军队的重要标志之一，是实行民主制度。从井冈山时代开始，朱毛红军就十分强调军队的民主制度建设。毛泽东创造的士兵委员会制度就是一个很鲜明的例子。在一个时期内，士兵委员会权力甚大，实行政治、军事、经济三大民主，不仅可以检查和公布经济账

---

① 《毛泽东文集》第1卷，第78页，人民出版社，1993。为便于读者阅读查核，本节所引《古田会议决议》的引文，均引自《毛泽东文集》第1卷。《古田会议决议》的第一部分，经毛泽东校阅后编入《毛泽东选集》第1卷，题为《关于纠正党内的错误思想》。

② 《毛泽东文集》第1卷，第79页，人民出版社，1993。

目，可以指名道姓地批评干部，甚至可以对自己的排长、连长作出处分。

然而有些同志片面强调民主，夸大了民主的功能以至于只要民主不要集中，要求在红军中实行所谓“由下而上的民主制”，“先交下级讨论，再由上级决议”。在龙岩召开的红四军第七次代表大会和在上杭召开的红四军第八次代表大会正是由于犯了这样的错误，给红军的党组织造成了不小的伤害。

对此，毛泽东、朱德、陈毅都有着深切的体会，中央“九月来信”也专门就此提出批评。《古田会议决议》认为，由于极端民主化的根苗还深深地根植在人们的思想之中，因此必须从理论上彻底地铲除，方法有如下两种：

> 首先，要指出极端民主化的危险，在于损伤以至完全破坏党的组织，削弱以至完全毁灭党的战斗力，使党担负不起斗争的责任，由此造成革命的失败。其次，要指出极端民主化的来源，在于小资产阶级的自由散漫性。这种自由散漫性带到党内，就成了政治上的和组织上的极端民主化的思想。这种思想是和无产阶级的斗争任务根本不相容的。[①]

除此以外，纠正极端民主化的另外一个良方，就是在具体的工作中，在组织原则上，必须“厉行集中指导下的民主生活”。用今天的话来说，就是实行民主集中制的组织原则。

红军创立之初，由于红军中游民成分占有不小的比重，加上一些官兵是在革命失败的困难时期加入红军，对于红军的宗旨任务并不十分明了，缺乏建立根据地和创建苏维埃政权的意识，并没有把实行工农武装割据和创建革命根据地作为推进革命潮流以至走向全国胜利的出发点；甚至带有雇佣军的观念，只是满足于“当兵吃饷”和走州过县的流动游击。这种观念，同毛泽东创立的工农武装割据理论完全背道而驰。

正是因为如此，毛泽东在《古田会议决议》中专门对此列出一项，

---

① 《毛泽东文集》第 1 卷，第 81 页，人民出版社，1993。

严肃指出其危害，要求予以坚决纠正，认为："一切流寇思想的表现，极大地妨碍着红军去执行正确的任务，故肃清流寇思想，实为红军党内思想斗争的一个重要目标。应当认识，历史上黄巢、李闯式的流寇主义，已为今日的环境所不许可。"①

在红军中存在着的另外一种为党的组织原则不允许的错误倾向，就是"非组织观点"。其主要的表现为少数不服从多数，或者是非组织的批评，党内批评变成为个人攻击，不在党内批评而在党外批评。毛泽东认为，在党的会议上尽量发表意见，"有争论的问题，要把是非弄明白，不要调和敷衍"，而当会议根据大多数人的意见作出决议之后，就必须服从，因为"党的纪律之一是少数服从多数"，绝对不能违反。②

如果懂得了朱毛红军的历史，就不难理解，毛泽东对于非组织观点的批评以及加以纠正的办法，重申党的纪律，事出有因，意有所指。

朱毛红军是按照无产阶级革命原则建立起来的一支军队，并且从诞生之日起，就注意用马克思主义理论教育部队，力图使全体官兵树立无产阶级的世界观。由于中国的国情，毛泽东在实践中并不是用教条主义的办法向指战员们灌输马克思主义的教条，而是始终使之中国化，所以才创造出工农武装割据的理论，从中国的国情分析形势，制订政策，指挥作战，建立农村革命根据地。这其中最为重要的方法，就是调查研究，防止主观主义和教条主义。

在朱毛红军的奋斗史上，因为主观主义或教条主义造成的危害，毛泽东和朱德都深有感受。例如井冈山时期因为湖南省委对于形势判断的错误而发出主观主义的命令，导致 1928 年的盲动错误和"三月失败""八月失败"；1929 年中央"二月来信"对形势作出悲观的判断，也是源于主观主义。除此之外，红军党内主观主义的批评，不要证据地乱说或互相猜忌，"往往酿成党内无原则的纠纷，破坏党的组织"。

为了提高红军党的干部的马克思主义理论水平，《古田会议决议》将

① 《毛泽东文集》第 1 卷，第 87 页，人民出版社，1993。

② 《毛泽东文集》第 1 卷，第 82 页，人民出版社，1993。

主观主义列为必须加以重视与纠正的一种错误倾向，指出主观主义“在某些党员中浓厚地存在着”，对于分析政治形势和指导工作非常不利，这就要求党员的思想和党内生活政治化、科学化，其方法是提高党员的马列主义理论水平；注意调查研究，“使同志们知道离开了实际情况的调查，就要堕入空想和盲动的深坑”。①

不难发现，《古田会议决议》第一部分关于各种非无产阶级思想的论述，都非常清楚地指向朱毛红军自井冈山以来，特别是在最近半年来暴露出来的问题。当然，这些问题实际上是早在南昌起义人民军队诞生之时即已存在，而且也未必就只是朱毛红军，其他地方的红军武装也都会有不同形式的反映。以毛泽东为代表的前敌委员会在实际的斗争中发现并紧紧抓住了这些问题，及时地加以解决。

《古田会议决议》不只是提出问题，更为重要的是指出这些错误思想的来源以及纠正的方法，特别在理论上作了如下论断：

> 四军党内种种不正确思想的来源，自然是由于党的组织基础的最大部分是由农民和其他小资产阶级出身的成分所构成的；但是党的领导机关对于这些不正确的思想缺乏一致的坚决的斗争，缺乏对党员作正确路线的教育，也是使这些不正确思想存在和发展的重要原因。②

《古田会议决议》的其他七个部分，也都依据中央“九月来信”精神，针对朱毛红军党内的实际，作出富有创造性的论断，其内容强调党对人民军队的领导，加强党的组织建设、思想建设和红军的宣传教育，确立红军党的政治工作和军事工作的正确关系。

为什么《古田会议决议》特别强调党的领导和党的组织建设？是因为毛泽东发现：“红军党的组织问题现在到了非常之严重的时期，特别是党员的质量之差和组织之松懈，影响到红军的领导与政策之执行非常

---

① 《毛泽东文集》第 1 卷，第 84～85 页，人民出版社，1993。

② 《毛泽东文集》第 1 卷，第 78 页，人民出版社，1993。

之大。”①

毛泽东用如此严肃的文字向全军党的干部发出这样的警告，情况果真有如此严重吗？毛泽东一一列举了存在的这样一些事实：党员加入党组织太随便，许多不够党员资格的也拉了进来，甚至吃鸦片、发洋财及赌博人员也加入了共产党；对党员完全不作训练教育；党员犯了错误敷衍了事，不执行纪律；党的工作与社会工作不分，党员不能发挥核心作用；党的上级对于下级工作不关心、不指导、不积极；党的会议也不按时召开。如此情况，怎能不严重？

针对这种状况，决议要求切实纠正。首先是清除不合条件又屡教不改的党员，并且明文规定新党员的入党条件，一共五条：“(1) 政治观念没有错误的（包括阶级觉悟）；(2) 忠实；(3) 有牺牲精神，能积极工作；(4) 没有发洋财的观念；(5) 不吃鸦片、不赌博。”②

《古田会议决议》重申支部建在连上，要求每一个连建立一个党支部，每个班建一个党小组，指出这是红军党的组织的重要原则之一。同时要求建立和完善党的各项制度，加强对青年党员的指导与教育。

古田会议认为，“红军党内最迫切的问题，要算是教育的问题”，通过教育来提高党内政治水平，肃清党内各种错误偏向，否则，“便决然不能健全并扩大红军，更不能负担重大的斗争任务”。③

为此，《古田会议决议》列出政治分析、群众工作的策略与技术、马克思列宁主义的研究、社会经济科学的研究等 10 种学习材料和读党报、办训练班、支部大会、政治讨论会等 18 种教育的方法。

《古田会议决议》的第六部分为“废止肉刑问题”。这在现代青年看来似乎不可思议，殊不知红军初创时期，官长打骂士兵乃至因此而逃兵不断，是司空见惯的事情。这种恶习来源于旧军队，而朱毛红军中不少中下级军官染上了这样的习惯。

---

① 《毛泽东文集》第 1 卷，第 88 页，人民出版社，1993。

② 《毛泽东文集》第 1 卷，第 90 页，人民出版社，1993。

③ 《毛泽东文集》第 1 卷，第 94 页，人民出版社，1993。

毛泽东从调查中知道，这种情况全军各纵队普遍存在。第三纵队第八支队的官长因为爱打人，结果吓得传令兵、伙夫甚至军需、上士、副官都跑了。第三纵队第二十五大队曾经有个大队长，因为经常打骂士兵，大家送给他一个“铁匠”的外号，他的部下因此而充满了怨恨。还有一个班长因为被打，忍受不了而逃跑，临走时留下一封信，“申明他不是反革命，因受不起压迫才逃跑”。打人特别严重的是第二纵队，甚至发生过三次由此而引起的自杀事件。毛泽东对此十分气愤，声言：“这是红军最大的污点，意义是非常之严重的。”①

一贯倡导军队民主制度的毛泽东，耳闻目睹这层出不穷的打骂事件，以及士兵因怨愤而发出“官长不打士兵，打得要死!”的呼声，提出了“坚决地废止肉刑”的呼吁。他指出，肉刑是封建阶级赖以维持其封建制度的最残酷的工具。当经济发展到资本主义、社会主义，军队中早就不再有打人的怪事了。那么，作为无产阶级领导的红军，尽管在井冈山时期就已宣布废除肉刑和枪毙逃兵，为什么屡禁而不止呢？毛泽东分析如下：

> 红军第四军产生于封建剥削制度尚未肃清的中国，它的主要成分，又多是从封建军阀军队里头转变过来的，一般封建的制度、思想和习惯，仍然很浓厚地存在于一般官长士兵之中，由是打人的习惯和非打不怕的习惯，还是与封建军阀军队里头的习惯一样。

毛泽东对此极为重视，因为打骂士兵和枪毙逃兵的结果，造成了官兵关系紧张，士气低落，“军中充满了怨恨的空气，甚至发现自杀事件，这是与红军的斗争任务完全背驰的现象，如不赶快纠正，危险不可胜言”。②

古田会议的这项决定，在贯彻过程中受到一些干部的质疑和抵制，坚持认为不打人不能管理。经过各级党组织的宣传推动，证明这项理由站不住脚，士兵不仅没有因为废除肉刑而难以管理，反而比以前打人时

① 《毛泽东文集》第1卷，第108页，人民出版社，1993。

② 《毛泽东文集》第1卷，第109页，人民出版社，1993。

代还好管理。半年以后，熊寿祺在给中央的报告中专门对此作了报告：由于废除了肉刑，“士兵都感觉这样当兵才值得，这才真是自己的军队！都自觉的遵守纪律，同时对于党的影响更扩大了”，而下级军官们也不再十分反对废除肉刑了。①

毛泽东深知，要废除这项陋习阻力将会很大，真所谓积习难改，但他还是下定决心要去做。所以他起草的古田会议决议对此所用言辞很是强硬，提出“举行废止肉刑运动”，制订“四军废止肉刑的法律程序”，“由最高军政机关会衔发布废止肉刑的通令”，号召全军官兵一体遵行。他相信，只要坚持，一定能够达成。

毛泽东撰写的《古田会议决议》的最后一个部分，名为“红军军事系统与政治系统关系问题”。这个标题，曾经是红四军党内一个时期以来一直引起争论和难以处理的问题，经过陈毅的报告，引起了中共中央的重视。在此之后，按照周恩来的意见发出的中央“九月来信”，对此作了原则的指示。这样，毛泽东关于这个问题的提案，已经不再是争论的问题，更重要的

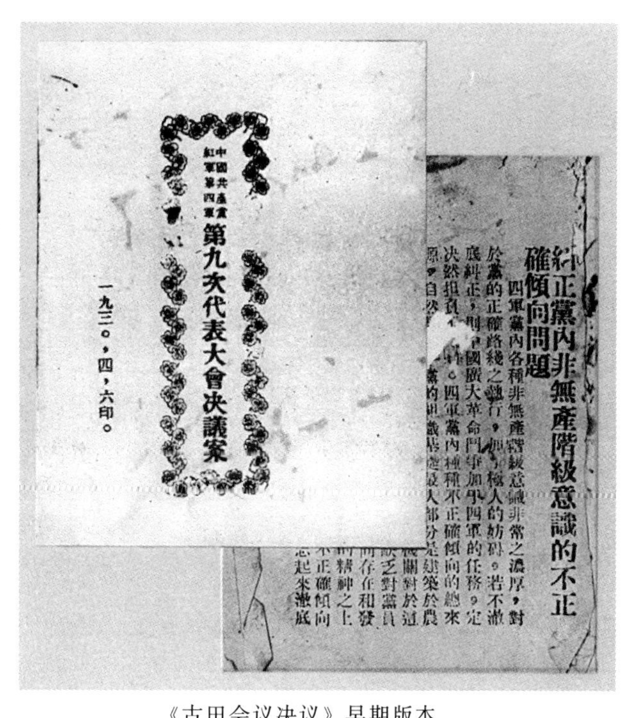

《古田会议决议》早期版本

① 熊寿祺：《红军第四军状况》（1930年5月），古田会议纪念馆编：《古田会议文献资料》，第507页，中共党史出版社，2017。

是按照“九月来信”作正确的阐发与处理。

红四军的军事系统归军事机关司令部管理，政治系统归政治部管理。这两个系统的关系，也就是司令部与政治部的关系。《古田会议决议》关于这两个系统的关系，首先作出了明确的规定：“在高级地方政权机关没有建设以前，红军的军事机关与政治机关，在前委指导之下，平行地执行工作。”①

有了这一前提，其他具体问题就好解决了，大凡与军事行动和给养、卫生、行军、作战、帮助地方武装有关等项，均归司令部；凡属军队思想政治工作、地方群众工作，归政治部，在地方政权尚未建立之时，政治部还代行政权机关的职能。两个系统，既独立行使职权，又彼此尊重，互通信息。

作为这个问题的结束，毛泽东在最后写上这样一条原则：

> 军事机关的一切命令，除政治委员须副署外，政治部主任无须署名。政治机关的一切命令，政治部单独行使，政治委员无须副署。②

根据中央对全国红军编制的统一规定，朱毛红军各级党代表改称为政治委员。毛泽东在《古田会议决议》中写的这一原则，表明同级军事首长签发的一切命令，同级党组织的领导必须共同签署才能生效，这就保证了党对军队一切行动的监督与领导。

古田会议：红四军党“第一幕重要的历史”

毛泽东完成这份决议案的起草，立刻请人刻印成册，以便发给会议的代表。这时，会议的准备工作也已就绪。

1929 年 12 月 28 日，中国共产党红军第四军第九次代表大会召开。会场设在上杭县古田溪背村曙光小学。

---

① 《毛泽东文集》第 1 卷，第 113 页，人民出版社，1993。

② 《毛泽东文集》第 1 卷，第 115 页，人民出版社，1993。

古田会议会址。1929年12月28日至29日，中国共产党红军第四军第九次代表大会在古田镇召开。会议的会址原先是廖氏宗祠，坐落在溪背村旁林木繁盛的山坡下。

古田会议会址——廖氏宗祠大门

古田会议会址——廖氏宗祠内庭

这个学校本来是廖氏宗祠，后来做了学校，名为“和声”。红军到来以后，古田各乡村都建立了苏维埃政府，学校也要改换一个有革命意义的名称，据说是取《少年先锋队队歌》里“走上前去啊，曙光在前，同志们奋斗”中的一个词，叫作“曙光小学”。

红军刷写的“保护学校”标语。1929年5月，红四军进入古田后，和声小学更名为“曙光小学”。

中共红四军第九次代表大会会场

毛泽东和朱德他们的驻地，离会场大约有二里路，从村边一条傍山的小路步行十来分钟即可到达。会场设在小学的教室，也就是祠堂的大厅。出席会议的100多名代表踏着冰雪从各自的驻地来到会场。

天气寒冷，冰雪不化，在会场边的天井里还残留着不少积雪。会场靠天井一侧没有墙壁，等于是半个露天会场。为了御寒，代表们不得不架起了几个木炭火炉。一个在中国共产党的历史上被称颂为“永放光芒”的会议，就在这样一个极为简陋的小学课堂里开始了。

会议的主要内容是毛泽东作关于会议决议案的报告。由于许多代表参加了这个决议案最初的讨论，会前也已印发给大家，所以毛泽东不必再逐条宣读，而是有重点地做阐释。

对于毛泽东在古田会议上的这场报告，一些历史亲历者有过不少的回忆，虽然大同小异，但大多是在新中国建立以后的记忆，因此比较零散。相比之下，这次会议8年之后朱德在延安的口述，更加清晰而完整。

朱德说，毛泽东在会议上作的政治报告，“不仅谈到红军和苏区，还谈到国内局势和他当时所了解的国际局势”：

> 毛泽东说，我们处在一个危机四伏的时代，资本主义世界已经出现了经济萧条，与外国帝国主义勾结在一起的国民党政权正使中国进一步沦入殖民奴役的深渊中。在国民党独裁政治下，三年的时间还不到，中国矿山、钢铁和纺织工业的大部分股票便转移到外国人手中。英国和比利时资本家正想购买著名的江西大庾钨矿，并且为了此事，限定蒋介石要摧毁红军，维持“和平与秩序”。
>
> 中国处于持续性的经济萧条之中，随着世界经济萧条的发展，它也更显得萧条了。中国大城市的工厂，关厂之风大盛，使成千上万的工人加入失业队伍。那些还在开门的工厂则大量使用廉价的童工和女工，就是这些儿童、妇女有时都不得不冒险罢工，但又被棍棒枪械镇压下去。谷贱伤农，蒋介石又在华北对冯玉祥展开攻势，以致又有几百万农民家破人亡，这些农民沦为土匪、歹徒，有的则

为每天三顿饭而参加了军阀军队。[①]

毛泽东对国内外形势的分析，立刻使人想起1929年发生在资本主义世界的那场经济危机。毛泽东不只是讲危机本身，而是向红军的共产党员们阐明这场危机与中国的关系，与国民党统治者企图摧毁红军以及中国城市、农村遭受灾难的关系。这是毛泽东一贯的风格，他从来不把红军的行动孤立起来来看，无论是给中央的报告，还是在自己领导的军队里面甚至向大街上聚集起来的民众的报告，他都把政治形势说明之后，再联系到所要解决的具体问题。

毛泽东接着说起了红军自身的问题："作为人民的武装力量，只有红军才能为既贫穷又受迫害的中国人民提供革命的解决办法。可是为了实现这一目标，就必须在军队中实行一定的改革。"

在朱德的记忆中，毛泽东把古田会议所要解决的问题，称之为"改革"。事实正是如此，不管是古田会议之前或者之后，围绕着这次会议展开的要解决的一系列问题，正是对初创时期红军的一场改革。毛泽东在随后的报告中，"提出的一项关于未来政策的方案"，也就是他主持起草的大会决议案。这个方案，"是在会前与朱德和其他领导人长期磋商的结果"。[②]

毛泽东关于这份决议的报告，涉及八个方面的大量内容，朱德不可能对史沫特莱一一罗列。作为一个来自美国的记者，对于中国红军建设问题的理论还十分陌生，但是她还是尽自己所能，记录了朱德记忆最深的几个问题：

第一，他说，必须首先由党和军队的领导机构作出决定，然后交给大家讨论，直到广大战士都弄清决定的内容并同意执行为止。这就改变了过去所用的办法——招致了许多次军事失败的办法。

---

① 〔美〕艾格尼丝·史沫特莱：《伟大的道路——朱德的生平和时代》，第308～309页，生活·读书·新知三联书店，1979。

② 〔美〕艾格尼丝·史沫特莱：《伟大的道路——朱德的生平和时代》，第309页，生活·读书·新知三联书店，1979。

其次，军队里的“绝对平均主义”必须肃清，因为它只会造成团结涣散，而且有时会导致失败。在这之前，部队里流行一种思想，即无论是分配粮食、衣服，携带供应品，分配营地和勤务，以及使用马匹，都不应该有任何差别。他们甚至于反对给伤病员分配特别食品，并且坚持不管年龄、性别和身体情况，每一个人在行军时应该负担同样重量。他们还批评指挥员骑马是不民主。

毛泽东指出，粮食和衣服可以而且应该由战士和指挥员平均分配——对于伤病员则应该给予特殊照顾。每一个人不应该负担同样的重量，这要量力而行。有一些队伍需要较大的营地和较多的勤务才能执行任务，而那些指挥员之所以要骑马，是因为他们要工作至深夜，在战士们安歇以后他们还不能休息。

毛泽东也提醒部队中的许多知识分子要避免“唯心主义”的倾向。他说，唯心主义者只在头脑中考虑抽象的理论，而不认真研究社会、军事和政治的具体问题，不根据事实便作出了结论。[①]

这里之所以全文引用朱德关于毛泽东在古田会议上报告的这部分回忆，是因为除了历史档案保存的《古田会议决议》文本以外，朱德的回忆，距离古田会议时间最近，他又是围绕这次会议所发生的事件除毛泽东以外最主要的当事者，最具权威，是对古田会议情况不可替代的补充。

朱德的回忆表明，毛泽东在古田会议上关于决议的报告，最为关注的问题是极端民主化、绝对平均主义、主观主义。他不仅对这些错误思想一一做了分析，而且列举了很具体的事例加以说明。将这些报告的内容同决议的文本对照一下，基本一致。

朱德告诉史沫特莱，会议通过了毛泽东提出的这个决议案。会议结束以后，代表们回到自己的单位召开大会传达贯彻，经过详细讨论和辩论，大家都接受了这一方案。“朱将军认为，这些改革大大地巩固了军队，它因此得以解放赣中和赣南，而且夺回了已经丢失的闽西各大城

① 〔美〕艾格尼丝·史沫特莱：《伟大的道路——朱德的生平和时代》，第309～310页，生活·读书·新知三联书店，1979。

镇”，从而形成了包括赣南和闽西大部分地区的“名为中央苏区的地方”。[①]

古田会议除了讨论毛泽东所作的关于《古田会议决议》的报告，还有几个重要的报告。一个是朱德所作的军事报告，就如他以往的许多报告那样，“从红军建军一直谈到目前”。[②] 他每每讲起这些重复了又重复的故事，总是充满着骄傲与自豪。因为红军从成立第一天开始，就同他的命运连接在一起，从来没有分开，直到生命的终结。

陈毅在古田会议上的报告也是极为重要的部分。陈毅的报告至少包括了三个方面的内容。

一个是传达中央“九月来信”。事实上，陈毅从上海党中央回到红四军之后，10 月 22 日到达广东蕉岭县松源见到朱德，当天晚上就在紧急召开的前委扩大会议上传达了“九月来信”的精神；随后，部队回到闽西，陈毅又先后在汀州、新泉的一些会议以及到了古田召开的党代表联席会议上，用不同的方式多次作了传达。可以说，到古田会议召开，陈毅再一次传达这一方面的内容时，中央“九月来信”的精神在朱毛红军党内已是深入人心，古田会议也完全是按照“九月来信”精神作了充分的准备。

正因为此，就如熊寿祺给中央的报告所说：“这样一来，九次大会便有精神了，只开了两天，决定了很多的工作路线，绝不像八次大会时无组织状态的开了三天毫无结果。”[③]

陈毅在古田会议所作报告的第二个内容，是关于反对枪毙逃兵的讲话。枪毙逃兵是中国旧军队沿袭下来的陋习，说到底还是封建制度的残留。但是红军毕竟是无产阶级领导的革命武装，自有红军以来，逃兵情况并不突出，枪毙逃兵现象也不多见。但是红四军在 1929 年 10 月攻占

---

① 〔美〕艾格尼丝·史沫特莱：《伟大的道路——朱德的生平和时代》，第 310 页，生活·读书·新知三联书店，1979。

② 〔美〕艾格尼丝·史沫特莱：《伟大的道路——朱德的生平和时代》，第 308 页，生活·读书·新知三联书店，1979。

③ 熊寿祺：《红军第四军状况》（1930 年 5 月），古田会议纪念馆编：《古田会议文献资料》，第 515 页，中共党史出版社，2017。

上杭时，原国民党卢新铭旅大部被歼，被俘虏的士兵中有1000多人归降于红军，尚未来得及对他们进行教育，就编入红军出发广东参加征伐东江的战斗，结果红军遭敌袭击兵败于梅县，卢新铭部的这些俘虏兵几乎天天都有人开小差逃跑，引起一些红军中下级军官的极度愤恨。

熊寿祺说，军官们无计可施，抓住逃兵一律枪毙。特别是梅县战斗以后，卢新铭部的俘虏兵天天开小差，“每次出发时差不多都要枪毙些逃兵，摆在路上示众，但逃兵仍然无法遏止”。[①] 如此反复，红四军前委感觉到枪毙逃兵是封建制度，也是军阀军队压迫士兵的恶习，必须加以废除，改以教育并尊重俘虏去留自由的意愿，结果取得了意外的效果。许多俘虏兵不仅不跑，反而心甘情愿地留下来当红军。[②]

陈毅有感于此，在古田会议上专门就反对枪毙逃兵问题发表讲话。陈毅的这篇讲话，给萧克留下了深刻的印象：

> 陈毅在会议上作的反对枪毙逃兵的讲话，以前是没有讲过的，他这时讲得那么慷慨激昂，入情入理，是通过长期斗争实践得来的真理，所以讲得大家心悦诚服。[③]

陈毅在古田会议报告的第三个部分，是传达中央关于反对陈独秀与托洛茨基取消派的决定。陈毅在上海期间，正值陈独秀追随托洛茨基的理论，宣扬不赞成中国共产党关于反对军阀战争、武装斗争、土地革命等“取消主义”的主张。

中共中央为此于8月13日发出由周恩来起草的关于党内反对派问题的第44号通告，严厉批判党内托派反对派的反党小组织活动。然而陈独秀一意孤行，拒绝中央的规劝，甚至组织托派组织，公然分裂共产党。11月15日，中共中央作出决定，开除陈独秀等托派组织主要成员的党籍。

---

① 熊寿祺：《红军第四军状况》（1930年5月），古田会议纪念馆编：《古田会议文献资料》，第507页，中共党史出版社，2017。

② 熊寿祺：《红军第四军状况》（1930年5月），古田会议纪念馆编：《古田会议文献资料》，第507—508页，中共党史出版社，2017。

③ 萧克：《朱毛红军侧记》，第115页，中共中央党校出版社，1993。

这是中共党内的一个重大事件。毛泽东在回到红四军听了陈毅相关情况的汇报及阅读了中央文件之后，11 月 28 日在汀州给李立三的信中即对陈独秀的言行表示愤慨：“独秀近来行动真岂有此理，中央的驳议文件已经到此，我们当普遍地宣传。”[①]

陈毅很清楚，在朱毛红军党内，毛泽东是党的创始人之一，最有威望，与陈独秀的关系也最长久，他对陈独秀的态度影响全军，至关重要，很希望毛泽东在古田会议上亲自对这个问题发表意见。毛泽东却要陈毅来讲，传达中央的指示。陈毅回忆说：

> 我讲到开除陈独秀问题时，主席一下子接过来说：我发表些意见。中央李立三、周恩来他们开除陈独秀是完全正确的。陈独秀对中国革命采取取消主义是完全错误的。这种反革命分子，不管他的地位多高，他的名望多大，也不管他对革命有多大贡献，开除是必要的。我完全拥护。毛主席的态度很鲜明，使我很佩服。[②]

古田会议最后两个议程：一是讨论并通过毛泽东所作的《古田会议决议》，另外还有《废止枪毙逃兵决议案》《接受中央指示决议案》《拥护中央对机会主义及托洛茨基反对派的决议案》《士兵决议案》。这项议程可以说是毫无悬念地一致通过。另外一项议程是选举产生了中共红四军新的前敌委员会。由于会前已经接受了中央“九月来信”的精神，已经过党代表联席会议的酝酿讨论，对提出的候选人达成了一致的意见，所以也顺利完成这项议程，选举毛泽东、朱德、陈毅、罗荣桓、林彪、伍中豪、谭震林、李任予、宋裕和、田桂祥、黄益善等 11 人为前委委员；杨岳彬、熊寿祺、李长寿等 3 人为候补委员。[③] 毛泽东重新当选为前委书记。

12 月 29 日，古田会议圆满结束。

---

① 《致李立三》（1929 年 11 月 28 日），《毛泽东书信选集》，第 28 页，人民出版社，1983。

② 《陈毅同志“九一三”以后的讲话》记录稿，1971 年 10 月。

③ 《红四军前委向中央的报告》（1930 年 1 月 6 日），解放军政治学院党史教研室编：《中共党史教学参考资料》第 14 册，第 236～237 页，1985。

如前所述，古田会议之前红军党内存在着诸多看来难以调和的意见分歧，何以能够如此顺利地一致通过具有里程碑意义的两万多字的决议？古田会议的参加者萧克对此作出了这样的回答：

第一，中央来信，对开好这次会议有重大指导作用。

第二，毛泽东、朱德、陈毅等坚持原则，坚持团结，做了大量的政治思想工作。

第三，红四军自“七大”以来，有许多新的经验和认识。

第四，以总结经验和开展批评与自我批评的方法来解决党内问题，是好方法。

萧克的回答是正确的。他在后面还加了一句：“在这四点之中，主要还是陈毅去中央报告工作后得到中央的正确指导。”① 这就是说，周恩来为古田会议的成功召开和《古田会议决议》的顺利通过，发挥了主要的作用。这一点，过去并不被人重视，现在提出来，是一个理论创新，还可以深入地加以研究。

事实上，类似萧克观点的表述，早在1930年5月熊寿祺给中央《红军第四军状况》的报告中，已经提出。原文如下：

我附带报告目前朱毛问题的状况：从陈毅同志回来之后，接着党内就开第九次代表大会，把过去的工作路线纠正过来了，关于政治的争论，都已成了过去。大家都在九次大会一贯的路线下进行工作，他们俩都能接受中央的指示，知道他俩目前在政治上的作用，朱毛不可分离。所以只要大的路线、政治上的主张没有不同，当然没有什么问题了！这就是朱毛的现状，我恐中央不明白，故报告之。

这段话的逻辑很清楚，首先是陈毅带来了中央“九月来信”的指示，然后据此召开古田会议，接受中央指示，从而纠正了过去的错误，结束争论，而朱毛都能在中央指示精神之下团结一致，不可分离。

---

① 萧克：《朱毛红军侧记》，第112～113页，中共中央党校出版社，1993。

熊寿祺在向中央所写的报告对古田会议作了这样的评价：这次会议“接受中央指示，对于各种工作路线都有具体决定，九次大会的影响，深入在四军同志的脑中，的确九次大会是四军党第一幕重要的历史”。[①]

熊寿祺作这份报告的时候，职务是红四军代理军委书记、代理政治委员，受总前委书记毛泽东直接领导，并受毛泽东指派前往上海党中央出席全国苏维埃区域代表会议[②]和全国红军代表会议。熊寿祺在到上海以后向中共中央写的这份报告，对古田会议作这样的评价，是其切身体会的表达，不只是代表红四军，也代表了毛泽东的意见。历史也作出了这样的结论。

曾经发生尖锐冲突和思想对立的一场争论，不过短短一个月，烟消云散，完全化解。古田会议通过的决议表明，一个红军建设的纲领性文件在闽西上杭县古田这个小山村里诞生了。或许在当时，几乎还没有人能够预见到《古田会议决议》对中国共产党领导的这支人民军队的建设产生的巨大作用。

毛泽东意识到，古田会议蕴含着难以估量的历史价值。古田会议结束以后第八天，他向中央报告说，红四军在此一个月中，主要是休整和为开古田会议作准备，“现在着手使大会决议一一深入，此一月当中红军得休息整顿的机会。大会决议及中央指示，即在理论上克服各种倾向，一一执行的问题，当待的今后的督促与奋斗。此一月的光阴易过，红军在表面中在于政局没有惊人的斗争，但于今后斗争，却建立了基础”[③]。短短几句话，昭示了古田会议深远的意义。

① 熊寿祺：《红军第四军状况》（1930 年 5 月），古田会议纪念馆编：《古田会议文献资料》，第 513 页，中共党史出版社，2017。

② 1930 年 4 月 3 日，中共中央给红四军前委信，指定毛泽东去上海出席全国苏维埃区域代表会议和全国红军代表会议。毛泽东因故未出席，改由熊寿祺前往。

③ 《红四军前委向中央的报告》（1930 年 1 月 6 日），古田会议纪念馆编：《古田会议文献资料》，第 433 页，中共党史出版社，2017。

毛泽东纵论《星星之火，可以燎原》

古田会议顺利结束，红军党内问题随之圆满解决。这时候的毛泽东，重新把关注的目光投向了中国革命形势的走向、中国革命道路的选择和红军的行动等更为宏观的问题。引起他思考这些问题的缘由，是新年到来之前林彪给他的一封信。

不久之前曾经在红军党内争论问题上支持过毛泽东的林彪，在对革命形势与红军的行动等问题上对毛泽东的主张却产生了怀疑。

在林彪看来，中国的革命高潮未必很快就能出现，红军在农村建立根据地的工作也不见得有什么作用。既然如此，那么毛泽东一再提出的建立农村革命根据地以促进全国革命潮流高涨的理论，又有什么实际价值呢？与其如此艰苦地做创立农村根据地的工作，倒不如在闽、粤、赣三省边界实行流动游击，既不费力，又易于筹集给养。因此，林彪不赞成毛泽东提出的争取江西计划，也不赞成为实现这一计划而实施创立赣南、闽西根据地的行动。

古田赖坊协成店。古田会议结束后，毛泽东在此指挥红四军击破敌人“三省会剿”。

林彪的这些主张，曾经在 1929 年 5 月 18 日的前委会议上提出来，受到了毛泽东的批评。如今，部队即将出发行动，他又一次写信给毛泽东，提出他的那些老观点。

毛泽东发现，林彪一次又一次重复提出的这些主张，涉及要不要农村革命根据地，在当前时局下革命前途如何，红军是否应以农村为依托发展革命势力促进革命潮流高涨等重大理论问题。显然，对于这些问题，林彪的主张是消极的。

协成店内毛泽东旧居。毛泽东在此写作《星星之火，可以燎原》。

毛泽东从林彪的信中，看到了这是普遍存在于中共党内的“一般紧要的问题”。因此，他没有立刻给林彪复信。他再次审视了全国的形势，重新对井冈山以来两年多艰难奋斗中积累起来的经验作一番清理。直到新年过后第五天，毛泽东经过了一番“搜索枯肠”的思考，给林彪复信：

> 新年已经到来几天了，你的信我还没有回答。一则因为有些事情忙着，二则也因为我到底写点什么给你呢？有什么好一点的东西可以贡献给你呢？搜索我的枯肠，没有想出一点什么适当的东西来，因此也就拖延着。现在我想得一点东西了，虽然不知道到底于你的情况切合不切合，但我这点材料实是现今斗争中一个重要的问题，即使于你的个别情况不切合，仍是一般紧要的问题，所以我就把它提出来。[①]

① 《毛泽东给林彪的信》（1930 年 1 月 5 日），《中共中央文件选集》第 6 册，第 553 页，中共中央党校出版社，1989。

毛泽东直截了当地提出了他所认为的“紧要的问题”，“就是对于时局的估量和伴随而来的我们的行动问题”。作为上级和长者，毛泽东还是用比较温和、善意的词语批评了林彪对于时局的悲观论调和流动游击观念。

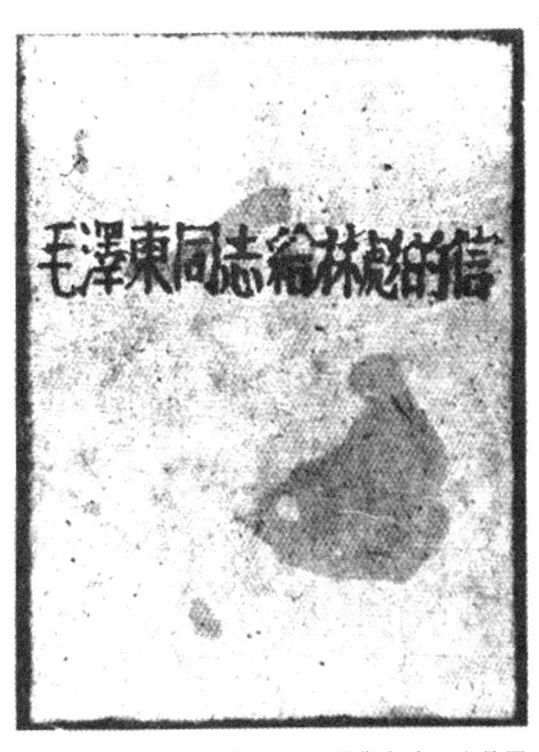

《星星之火，可以燎原》的早期版本。这是写给林彪的一封公开信，阐明中国革命道路的理论，散发全军党内，是毛泽东思想发展史上具有标志性的重要文献之一。

毛泽东对林彪说：“我从前颇感觉、至今还有些感觉你对于时局的估量是比较的悲观。”批评林彪尽管相信革命高潮不可避免地要到来，却不相信有迅速到来的可能，因此也就不愿意在闽粤赣三省边区做艰苦的建立根据地与赤色政权的工作，以此来促进全国革命高潮，而是贪图比较轻便的流动游击去扩大政治影响。

毛泽东认为，林彪之所以主张流动游击，不赞成建立农村革命根据地，主要的原因是脱离中国实际，没有认识到中国是一个帝国主义相互争夺的半殖民地这一特点。因此毛泽东向林彪指出，如果能够认识中国这一实际情况，就能够明白中国的红色政权为什么能够存在、农村斗争何以如此激烈以及“工农政权口号之绝对的正确”等的道理。

作为红四军上层领导之一的林彪，很清楚毛泽东这些早在井冈山就一再重复过的主张，也就是“工农武装割据”的基本理论。然而林彪又一次对此提出了疑问，以致毛泽东不得不重新加以论述。在经过了创立赣南、闽西苏区的实践以后，在研究了中央“九月来信”之后，毛泽东对全国政治形势的发展有了更深切的认识，对农村革命根据地的建立与发展在中国革命中的地位与作用也更加明确。因此，他在给林彪的这封信中，特别提出了如下的见解：

> 如果认清了中国是一个帝国主义最后阶段中互相争夺的半殖民地，则一，……五，也就会明白红军游击队及苏维埃区域之发展，它是半殖民地农民斗争的最高形式，也就是半殖民地农民斗争必然走向的形式。六，也就会明白无疑义的它（红军与农民苏维埃）是半殖民地无产阶级斗争最重要的同盟力量（无产阶级要走上去领导它），无疑义的它是促进全国革命高潮的重要因素。七，也就会明白单纯的流动游击政策是不能达到促进全国革命高潮的任务，而朱毛式、贺龙式、李文林式、方志敏式之有根据地的，有计划地建设政权的，红军游击队与广大农民群众紧密地配合着组织着从斗争中训练着的，深入土地革命的，扩大武装组织从乡暴动队、区赤卫大队、县赤卫总队、地方红军以至于超地方红军的，政权发展是波浪式向前扩大的政策，是无疑义地正确的。必须这样，才能树立对全国革命群众的信仰，如苏俄之于全世界然；必须这样，才能给统治阶级以甚大的困难，动摇其基础而促进其内部的分解；也必须这样，才能真正的创造红军，成为将来大革命的重要工具之一。总而言之，必须这样，才能促进革命的高潮。①

毛泽东这一段话，概括了创立农村革命根据地的意义和方针策略，其要义已经超越了井冈山时期的“工农武装割据”理论。尽管在言辞中并没有明确指出农村斗争与红军的发展是夺取中国革命胜利的唯一道路，这封信的其他一些段落似乎也还流露出某些以农村斗争帮助城市斗争的意味，然而统观全文，毛泽东关于中国革命必须“以乡村为中心”的观点已很清晰。

---

① 《毛泽东给林彪的信》（1930年1月5日），《中共中央文件选集》第6册，第554～555页，中共中央党校出版社，1989。

1944年3月，周恩来在延安中央党校作《关于党的“六大”的研究》的报告，回顾这一段历史时，认为毛泽东开始也主张以城市工作为中心，但毛泽东比中共中央更早认识到工农武装割据的重要性，到1930年1月5日给林彪的信中“才明确指出要创造红色区域，实行武装割据，认为这是促进全国革命高潮的最重要因素，也就是要以乡村为中心”。①

事实上，周恩来在毛泽东之前也曾提出过类似“乡村中心”论的观点。这个观点，反映在由他代表中央委托陈毅起草的“九月来信”中。周恩来在分析中国政治形势和特点时，有一句值得注意的话：“先有农村红军，后有城市政权，这是中国革命的特征，这是中国经济基础的产物。如有人怀疑红军的存在，他就是不懂得中国革命的实际，就是一种取消观念。”②

周恩来这句话的含义虽然还不能说是“农村包围城市”的完整表述，然而论及了中国以农业为基础的半殖民地经济的特点，指出先农村、后城市是中国革命的特征，则在实质上触及了中国革命进程的主次关系和客观规律，把农村苏维埃区域和红军的发展看作夺取城市政权的必要前提。

另外，如果仔细地研究中央“九月来信”当中周恩来提出的红军三项任务，不难发现同毛泽东“工农武装割据”的理论是一致的，并且特别强调了红四军在实行农村割据斗争中发挥的重要作用，将其提高到了全国的意义，认为朱毛红军这种斗争的发展必将成为促进全国革命高潮的动力之一。周恩来的这些主张，同毛泽东上述给林彪信中的观点极为相似。而毛泽东给林彪的信，是在收到并研究了周恩来这封“九月来信”之后所写，对农村革命根据地及红军游击队的发展给予中国革命的作用，阐述得更为丰富和深刻。显然，中央“九月来信”对于毛泽东给林彪信中提出的关于这方面的理论，产生了直接的影响。

---

① 《周恩来选集》上卷，第179页，人民出版社，1980。

② 《周恩来选集》上卷，第32页，人民出版社，1980。

毛泽东由批评林彪不相信革命高潮很快就要到来的悲观论调，引申出中国革命必须由创建农村赤色政权，由此波浪式地向外发展进而促进革命高潮的理论，随后又指出了林彪对于时局估量悲观的原因，那就是“把主观力量看得小一些，把客观力量看得大一些”。

毛泽东在说到这一问题时，再一次运用透过现象看本质的分析方法，指出林彪以及持有同样错误观念的人们，不明白中国革命的主观力量虽弱，但是“立足于中国脆弱的社会经济组织之上的统治阶级的一切组织（政权、武装、党派、组织等）也是弱的”，若只从形式上看，大家自然会发出悲观的念头，但若从实质上看就大大不然。毛泽东接着说：

> 这里用得着中国的一句老话：“星星之火，可以燎原”。即是说现在虽只有一点小小的力量，但它的发展是很快的，它在中国的环境里不仅是具备了发展的可能性，〈简〉直是具备了发展的必然性，这在五卅运动及其后的大革命运动已得了充分的证明。我们看事决然的是要看他的实质，而把它的形式只看作入门的向导，一进了门就要抓住它的实质，而把那做向导的形式抛在一边，这才是科学的可靠的而且含了革命意义的分析方法。①

毛泽东不只是从哲学意义的层面阐释认识论的形式和本质，更是列举种种事实，从矛盾论的视角告诉人们，帝国主义与整个中国的矛盾和帝国主义相互间的矛盾，造成中国统治阶级内部矛盾的激化与混战不断，由此又加深统治阶级与工人阶级、农民的矛盾，并且由此而必然导致的赋税与地租加重，天灾与匪祸不绝，以及战祸连绵，使得农民与城市贫民求生不得，学生就业无望，以致整个中国处在怎样一种惶惶不可终日的局面之下，怎样一种无政府状态之下。毛泽东由此得出结论：反帝反军阀反地主的革命高潮“不可避免而且是很快的要到来”。他再一次断言：

> 中国是全国都布满了干柴，很迅速的就要燃成烈火；“星火燎

① 《毛泽东给林彪的信》（1930 年 1 月 5 日），《中共中央文件选集》第 6 册，第 555～556 页，中共中央党校出版社，1989。

原”的话，正是现时局面的适当形容词。只要看一看各地工人罢工、农民暴动、士兵哗变、商人罢市、学生罢课之全国形势的发展，就知道已经不仅是“星星之火”，而距“燎原”的时期，是毫无疑义的不远的了。①

这篇七千多字的长篇通信，后来公开发表时，就用“星星之火，可以燎原”作为篇名。可能连毛泽东在当时也未曾想到，这本来是“中国的一句老话”，由于毛泽东生动而形象地在他的文章中比喻为中国革命高潮将会如“星火燎原”一般遍及全中国而名扬天下，成为对革命形势作出乐观判断的专用词汇。

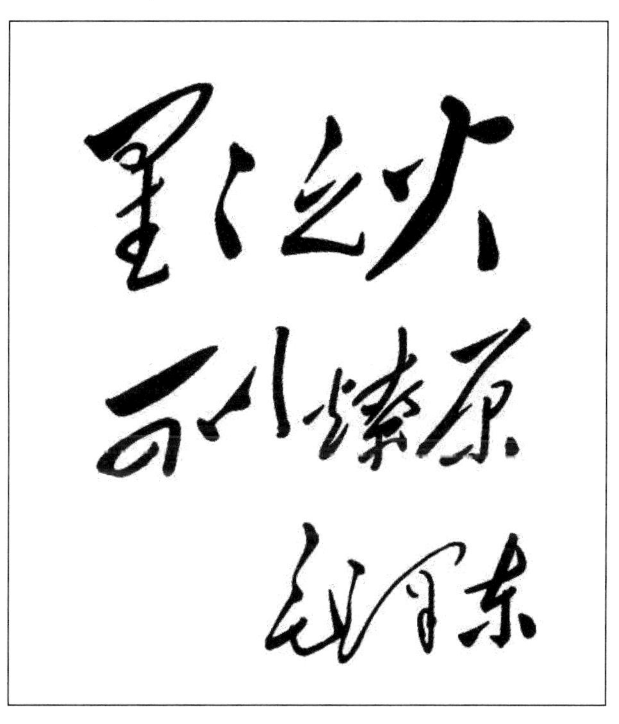

毛泽东手书“星星之火，可以燎原”

总之，毛泽东对于自己选择的方向充满信心，对中国革命高潮快要到来的前景也深信不疑。尽管他承认“只能说出个大的方向”，不可能机械地规定时日，然而却是一个具有行动意义的实实在在的东西，“它是站在地平线上遥望海中已经看得桅杆尖头了的一支航船，它是立于高山之巅远看东方光芒四射喷薄欲出的一轮朝日，它是躁动于母腹中的快要成熟了

---

① 《毛泽东给林彪的信》（1930年1月5日），《中共中央文件选集》第6册，第557页，中共中央党校出版社，1989。

的一个婴儿”。[①]

颇具诗人气质的毛泽东，用这样充满激情的语言描绘了一幅令人鼓舞的图景，目的是要克服林彪以及其他一些红军领导人的悲观心理，激起他们对于在农村创造大片赤色割据局面的热情与信心。因此，毛泽东的这封信显然超越了一般私人之间通信的意义。

毛泽东在信的结尾郑重写上“毛泽东，于上杭古田”，请前委机关把这封信油印散发给红四军各级干部，以便让更多的同志了解他的思想和意图。

第二天，毛泽东给中共中央修书一封，派遣因病不适宜于军队工作的干部陈定郊返回上海，请他将古田会议各种决议，连同过去红四军几次大会决议案，一起交给党中央。他在这封信中详细介绍了红四军自出击东江失败，于 1929 年 11 月 18 日回到上杭官庄以来，至古田会议结束准备出发击破敌人“三省会剿”的情况，还介绍了新选出的 11 名前委委员、3 名候补委员；指出此次会议“选举精神，一洗以前的故习”，改变过去机械规定官长士兵比例，由大会普选实行分配的办法，改为以党组织为单位、由党的领导机关提出候选人，而基层工作官兵的 5 名候补委员，是依据其“观念正确、斗争积极”的条件，经前委介绍而当选，从而纠正了过去的错误。

毛泽东在以前委名义写这封信时仍在古田，朱德率领的红军主力已经出发去连城筹款，以备继续留在闽西破敌，而他也正在忙于撤离前的准备。他写给党中央的最后一句话是：“大会精神及我们的近况，陈同志口头当可报告，此时忙着应敌，要搬家，不多叙了，并致 C 礼！”[②] 落款的署名是“前委于大田”，可能是辗转抄写流传，为“古田”之误。

事实上，毛泽东在古田向党中央发出最后这一封信时，敌军刘和鼎、

---

① 《毛泽东给林彪的信》（1930 年 1 月 5 日），《中共中央文件选集》第 6 册，第 563 页，中共中央党校出版社，1989。

② 《红四军前委向中央的报告》（1930 年 1 月 6 日），古田会议纪念馆编：《古田会议文献资料》，第 434 页，中共党史出版社，2017。

杨逢年两部已到龙岩小池。留驻于离小池不远的苏家坡的中共闽西特委书记邓子恢发现敌情紧张，“即飞函要前委下令入连城部队撤回古田，集中消灭小池敌人”，然后出击坎市、永定之敌。但是前委没有接受闽西特委的意见，仍按原定计划执行。①

1930 年 1 月 9 日，毛泽东在古田召开了最后一次前委会议，会议决定：“二纵队仍向梅村开动与前方取联系。如敌军紧迫，即取间道回赣以解闽西之围；如赣道不通，即退入赤色区域以与敌作坚决的斗争，打破敌人的一面，再行计议。”②

同一天，毛泽东率领前委机关和第二纵队离开古田，北向龙岩县梅村进发，以图在那里与朱德取得联系。③行军途中，获知朱德率全军主力已经改变行动方向由连城西去赣南，毛泽东乃放弃原先计划，率部经由龙岩县梅村、竹贯，转入连城县姑田，转向闽赣边境清流、归化（今明溪）、宁化一线进发，以与先行出发的朱德所率第一、三、四纵队会合。

“风展红旗如画”

古田会议结束，迎来了 1930 年的元旦。一场纷纷扬扬的大雪，把古田的山村 、树木和常年葱翠的山林装扮得如同一个银色的世界。驻扎在这十里山乡各个村庄约 7000 名红军官兵同乡亲们一起，按照当地风俗迎接新的一年的来临。

成千万贫苦农民虽然并不知道朱毛红军在这里召开的一次重要会议刚刚结束，当然也更加不会理解这次会议将会在中国共产党的历史和人民军队发展史上留下“永放光芒”的一页，然而朱毛红军给他们带来翻天覆地的变革却铭记在心。恐怕也是天公作美，1929 年的闽西，风调雨顺，五谷丰登。值此新年来临之际，百姓乡亲们从四面八方涌到古田，给红军弟兄们拜年，尽情地宣泄感恩与喜庆的情怀。

---

①②③ 中央档案馆、福建省档案馆编：《中共闽西特委报告第五号——当前形势与工作策略》（1930 年 1 月 10 日），《福建革命历史文件汇集》甲 8 册，第 160 页，1984。

朱德一直记得，这个新年过得格外欢畅和热闹。细心的史沫特莱，记录下了朱德对这一段时光极其珍贵的回忆：

那年收成很好，把地主赶跑以后，分了田，农民不但够吃，还有余粮拨给军队。他们成千上万地涌到古田区，人人带着铺盖和一个星期的粮食，每一处的人都来给我们送礼。他们带来大批白米，还有鸡鸭，甚至还赶来猪啊牛啊，让我们过年时吃一顿好的。

我们的队伍和老百姓在一块儿做饭，一块儿吃，到了晚上，满街响起锣鼓声，爆竹噼啪乱响，歌声四起。在几千只彩灯的照耀下，彩龙飞舞。农民们一边游行，一边唱歌。

朱德甚至还记得农民在游行时唱的歌，其中一首开头一段的歌词是："你穷我也穷，十人九个穷，九个穷人团结好，老虎地主哪里跑？"[①]

不少亲历其境的红军战士，还有当地年长的乡亲，他们都还记得，在古田会议会址旁边那片绿草如茵的广场上，进行了一场颇为壮观的检阅。参加的有红四军官兵，也有当地的赤卫队和少先队。如潮的民众纷纷涌来，观看这场以前从来没有见过的表演。朱德亲自给参加检阅的官兵和乡亲们每人发了一块被称为"花边"的银圆，庆贺新年。

红军检阅台。古田会议结束后，红四军在会址旁的广场举行阅兵式，与当地群众一起欢庆1930年的新年。

但是在庆贺古田会议胜利结束和迎接新年的锣鼓声中，朱毛红军面临着两大不

① 〔美〕艾格尼丝·史沫特莱：《伟大的道路——朱德的生平和时代》，第308页，生活·读书·新知三联书店，1979。

可回避的问题。一是全军给养告罄，先前在汀州筹集的一个月军饷钱粮均已用完，不少官兵和党支部请求尽快打出去筹饷。二是国民党南京政府调集闽粤赣三省兵力对朱毛红军和闽西苏区发动的第二次“会剿”已经迫近。这就要求前敌委员会尽快作出判断和决策。

前委依据全局形势的发展与总体计划，最初制订了这样的方针：

> 我们当时的政治目标是扩大闽西赤色区域，完成赣南闽西东江的赤色联系，在古田休养，相机击溃敌人，要看清敌人的弱点，然后很好的打出去。我们估量福建政局将有变化，待他变化时打出去，一打就中，才算正确。如果不看清敌人，乱打出去是要不得的，这就是当时领导群众的政治方针。[①]

显然，前委这一方针是暂留古田休养，静待时机，待条件成熟时一举出击，打通闽粤赣三省赤色区域。

红军要等待什么时机呢？就是福建政局的变化。当时，正值福建统治集团内部各派军阀势力为争夺权位，矛盾不断激化。驻守闽中的国民党暂编第二师师长卢兴邦，串通海军陆战队省防司令官林忠，正积极策划，向执掌省政府大权的省府主席杨树庄和暂编第一师师长张贞在省府的实力派施加压力，试图取而代之，夺取全省军政大权。

朱毛红军前委密切注视着福建政局的变化，希图在敌人内部矛盾激化而无暇他顾时，“看清敌人的弱点”，然后乘虚出击，以求一举取胜。

但是，福建政局久等不见变化，古田会议也已圆满结束，而全军钱粮却频频告急。毛泽东以前委名义向中央报告说：古田会议结束之后，决定了对付敌人“会剿”的计划，但当前面临着一个大问题，“即是全军给养业已告罄，当此敌情吃紧之际，若不能等数日内筹得一笔款子（现在全军开向连城筹款），则在闽西久顿，将生困难”。[②] 于是前委决定，

---

① 熊寿祺：《红军第四军状况》（1930 年 5 月），古田会议纪念馆编：《古田会议文献资料》，第 493 页，中共党史出版社，2017。

② 《红四军前委向中央的报告》（1930 年 1 月 6 日），古田会议纪念馆编：《古田会议文献资料》，第 433 页，中共党史出版社，2017。

一面准备应敌，一面立刻设法解决给养，“一、三、四纵队同入连城筹款，二纵队同赤卫队（龙岩的）在小池诱敌，准备连城主力由姑田、白沙、漳平包围龙岩，击溃龙岩之敌”。①

1930 年 1 月 5 日，按照这一改变的计划，朱德率领的全军主力三个纵队从古田先行出发，经庙前向连城推进；毛泽东率前委机关留驻古田赖坊村，二纵队前出小池以诱龙岩之敌，以待朱德率主力到连城完成筹款，转向龙岩西北白沙一线，造成对龙岩包围之势；协同出击，夺取龙岩。

但是，国民党自 11 月间开始发动的对朱毛红军及闽西苏区的第二次“会剿”，也在紧锣密鼓地进行。担任这一次“会剿”总指挥者，还是朱毛红军的老对手第三十一军军长金汉鼎。金汉鼎把他的指挥部从赣南搬到了汀州，下令闽粤赣三省国民党军共 12 个团的兵力，相当于朱毛红军兵力的三四倍，分作 7 路向闽西苏区进逼，并且约定于 1930 年 1 月 4 日同时出击。第一步攻击的目标是连城新泉，进而攻击集结于古田的朱毛红军。这是几年来各派军阀进攻朱毛红军最为一致的一次行动。②

1 月初，闽粤赣三省参与“会剿”的各路军阀开始实施他们的行动计划。蒋介石嫡系刘和鼎之第五十六师的一个团由永定县虎岗向龙岩县大、小池进攻，张贞指挥其暂编第一师杨逢年旅的一个团由龙岩西进占领小池，同刘和鼎部会合；金汉鼎部的一个团由汀州进抵涂坊，向南阳、新泉进逼；金汉鼎部的另一个团由上杭向溪口进攻。③ 种种迹象显示，各路“会剿”部队已经构成了对朱毛红军集结的古田、新泉一线的包围，形势对朱毛红军十分不利。

然而，朱德率部从古田出发时尚未获悉这些情报，对如此紧迫的形势并不了解。当他们前进至离古田大约 50 里的庙前时，才得知“三省会

①② 熊寿祺：《红军第四军状况》（1930 年 5 月），古田会议纪念馆编：《古田会议文献资料》，第 493 页，中共党史出版社，2017。

③ 参见《共青团闽西特委通告第九号》（1930 年 1 月 7 日），中共龙岩地委党史资料征集领导小组、龙岩地区行政公署文物管理委员会编：《闽西革命史文献资料》第 3 辑，第 8 页，1982。

剿”之敌已对朱毛红军形成包围之势。但是红军既已出发，不好再走回头路，仍按原定计划直达连城县。

朱德率部刚入连城，“会剿”之敌也在两天后由新泉追击而至，切断了朱德与在古田的毛泽东的联系。这无疑置朱德于进退维艰的两难境地。再要继续执行原先经由姑田、梅村、白沙与毛泽东所率二纵队夹击龙岩的计划，显然已不可能；若再留闽西又面临敌人的紧追围攻，难以立足。于是“我们决定入江西，四纵队是福建红军，我们打算留他在闽西，但已不能再返闽西了，只好一、三、四纵队同入江西”，以实现扩大赣西南赤色区域，打通闽粤赣三省联系的政治目标。

朱德作出的这一计划，是出于如下的判断：“我们当时估量我们离开闽西，金汉鼎也要离开闽西，闽西赤色区域可以在金走后扩大，对闽西工作有帮助，我们入江西，金汉鼎又只徒唤奈何！”①

这样，朱毛红军工作的重点虽然由闽西转向赣南，但目标仍然同原来的设想一致，至少可以暂时减轻敌人对闽西的压迫，达到击破“三省会剿”的目的。以后的情况表明，这一判断是正确的。朱德率领第一、三、四纵队于1月9日由连城北上经清流县，次日到达宁化，在宁化抄获金汉鼎发出的“会剿”通令，才清楚地了解三省敌军“会剿”的行动部署。朱德乃率部于1月13日再由宁化出发，经济村、禾口西越武夷山，向江西石城进发，1月16日占领广昌。②

萧克回忆，古田会议之后朱毛红军由古田转向赣南的行动，是为了粉碎闽粤赣三省敌人对闽西的第二次“会剿”，“朱毛红军又一次采取‘围魏救赵’的老办法，打破一面找出路”。而这一次行动获得了成功。③

一年以前，也是这样漫天风雪的恶劣天气，也是面临着国民党军前堵后追的紧迫军情，也是向赣南进军，而且也是采取“围魏救赵”的战

---

① 熊寿祺：《红军第四军状况》（1930年5月），古田会议纪念馆编：《古田会议文献资料》，第494页，中共党史出版社，2017。

② 熊寿祺：《红军第四军状况》（1930年5月），古田会议纪念馆编：《古田会议文献资料》，第494页，中共党史出版社，2017。

③ 萧克：《朱毛红军侧记》，第72页，中共中央党校出版社，1993。

术，但那是由一个即将失陷的根据地向一个未知的新区转移，因此红军困苦颠连，连战皆北。而此番行军，是由一个巩固的根据地向另一个正在发展的根据地的转移，形势大不相同。特别是经过了古田会议，全军思想统一，行动一致，面貌焕然一新。

在此一年当中，毛泽东的战略思想，初步完成了由“工农武装割据”向“农村包围城市”理论的转变；朱毛红军的行动实行了由开辟和固守井冈山公开割据，向创建更大范围的中央苏区的战略转变；而红军的自身建设，完成了自红军创建以来由旧军队向彻底的无产阶级思想和党绝对领导的人民军队的转变。

而国民党“三省会剿”的各路军队，失去了作战对象，军心已经涣散。更由于早些时候福建军政当局发生内讧而于 1 月 6 日酿成扣留人质的事变，发生分裂。[①] 喧嚣一时的“会剿”，至此黯然收场。

毛泽东率领的队伍士气高昂，沿途地方党组织和群众都行动起来，协助红军行动。冰雪连天，道路泥泞，山路崎岖，行路困难。老百姓们从家里搬来稻草、谷糠，铺垫在湿滑泥泞的山间小道上，让红军官兵们顺利通过。西越武夷山，便是赣南地界。

毛泽东登临山巅，放眼看去，只见白雪皑皑的山道上，红旗招展，红军大队逶迤不绝，很是壮观。他的胸臆间顿时萌动着一股激情。农历正月初一（1930 年 1 月 30 日），他以“元旦”为题，调寄“如梦令”[②]，吟成一首新的词章：

宁化、清流、归化，
路隘林深苔滑。
今日向何方，
直指武夷山下。

---

① 1930 年 1 月 6 日，驻闽中之国民党暂编第二师师长卢兴邦、海军陆战队省防司令林忠串通一气，在福州发动兵变，以图夺取全省军政大权。

② 中共中央文献研究室编：《毛泽东年谱——（一八九三——一九四九）》，人民出版社、中央文献出版社，1993。

山下山下，

风展红旗如画。

颇具诗人气质的政治家和军事家毛泽东，在崎岖山道上咏成的这首词，既是现实主义的政治理念与战地景象的再现，又具浪漫色彩的咏唱与展望。如果把毛泽东这一年来思想的升腾变化与行动的曲折艰辛，结合起来品读，这首词包孕的意境真是韵味无穷。

1930 年 1 月 24 日，毛泽东与朱德及率领的全军各部队，在江西广昌东韶会师。朱毛红军的历史又翻开了新的一页。

后　记

2008年7月间，福建人民出版社政治理论编辑室拟定一项选题计划，打算在2009年古田会议召开80周年到来时，出版一本专著，既为纪念，又希望以此对那个年代发生的重大历史事件作更深的阐释。编辑室主编李天兵和资深编辑林小影与我商谈他们这一计划，并希望我承担。我对他们的设想深以为然，而且那时离古田会议召开80周年还有一年半时间，早早就作了这样的规划，足见他们的远见。

对于他们的盛情，我很感谢，但我有些犹豫。我自1971年被福建省革委会文化组调去闽西参加古田会议纪念馆筹建，历时4年。在那以后，我的工作虽有调动，但对古田会议及其相关的历史研究始终没有停止，直到现在。其间也写了一些有关的论文与著作。另外，国内学术界和宣传文化部门也发表过不少有关古田会议的学术论著、纪实文学、影视作品。如果再写，还能写出更深刻、更精彩的东西来吗？但是盛情难却，而且作为一个做专业研究的学者，也有这样一份责任。考虑了一些日子以后，我对这个选题有了自己的构想。我接受了他们的邀约，从2008年9月6日开始，着手这本书的撰写，至今刚好8个月。

按照出版社的要求，这本书写得既要有学术性，又要有可读性，以使更多的读者一探这段幽深的历史。也就是要有新的史料，新的解读，增加更多的历史情节，运用尽可能生动的语言。不过这样在研究和表述上可能会有更大的难度，但我以为这是很合理的建议，不妨试一试。

历史是人所创造的，人物是历史的主角，所以这本书的全部内容着重以人物的思想和行为展开。主角是毛泽东、朱德、周恩来、陈毅、彭德怀，还有林彪、刘安恭、邓子恢、傅柏翠、熊寿祺、萧克、曾志，等等。他们都是这一阶段历史的创造者。我尽量通过他们的思想、言论和行动，展现历史的各个场景。因此，我除了征引各种档案文献，还尽可能使用他们的回忆与口述历史资料，例如美国记者埃德加·斯诺的《西行漫记》、艾格尼丝·史沫特莱的《伟大的道路——朱德的生平和时代》，以及《毛泽东自述》、《朱德自述》、《彭德怀自述》、萧克《朱毛红军侧记》，还有陈毅的长篇回忆、傅柏翠的多次口述记录、曾志《一个革命的幸存者——曾志回忆实录》，等等。

令我感到惊异的是，这些史料尽管以前读过许多遍，这次重读却发现不少以前并没有引起注意的内容，竟是十分的珍贵。特别是艾格尼丝·史沫特莱以那优美的文字撰写的朱德的口述历史，再次使我眼界大开。为了获得更加真切的感受，我在写这本书的几个月期间，先后三次去闽西，到古田、新泉、蛟洋、苏家坡乃至永定金丰大山，追寻前人的足迹，拍摄了本书所要用的一些照片。尽管有些地方我去过了无数次，但是每次似乎都有新的感受。

历史发展总是循着客观的规律，有其不以人的意志为转移的轨迹。我想要展示的，正是这样一种规律与轨迹。既不可粉饰，更不能扭曲。我在审视手头所搜集到的数百万字的各种史料之后，只要能够认定是真实可信的，就尽可能加以运用，没有太多的限制与忌讳。当然，这本书所论所述，只是从 1929 年 1 月到 1930 年 1 月一年间的历史，而且只是围绕着朱毛红军发展的轨迹，以古田会议为中心事件而展开的历史，涉及的内容与空间也许并不是那样波澜壮阔。

但是，这是一段那个时代浓缩了的中共党史。在这个历史的舞台上，聚集了当时中国共产党和红军最重要的高层领导人物。通过这部历史，我们可以看到，在这一年当中，毛泽东的战略思想，初步完成了由“工农武装割据”向“农村包围城市”理论的转变；朱毛红军的行动实行了由开辟与固守井冈山的公开割据，向创建更大范围的中央苏区的战略转变；而红军的自身建设，完成了自红军创建以来由旧军队向彻底的无产阶级思想与党的绝对领导的人民军队的转变。这一切，是中共历史上最为重要的篇章之一。而创造这一历史的，不只是毛泽东，还有朱德、周恩来、陈毅，以及其他许多杰出的共产党人和红军官兵。

今天，我写完了这本书的最后一页。但愿不辜负福建人民出版社的委托和期待，也希望读者从中获得更多新的信息与有益的感受。

在写作这本书的过程中，得到了许多朋友的帮助。有的提供资料或历史线索，有的提供图片或者其他各种帮助。他们是江西省社科院首席研究员、中国井冈山干部学院特聘教授余伯流，瑞金中央苏区纪念馆副馆长杨荣彬，龙岩市博物馆馆长张兆声，古田会议纪念馆馆长傅柒生，闽西革命历史博物馆副馆长黄祖洪，长汀县革命历史博物馆副馆长陈伟田，福建革命历史纪念馆副馆长黄宁，古田会议纪念馆曾宪华、蓝松金、陈发来，永定县委党史研究室赖立钦以及福建省革命历史纪念馆蓝桂英、蔡海山，等等。在此一并表示感谢。

蒋伯英

2009 年 5 月 10 日